高等职业教育建筑类系列教材

建设法规

主　编　张叶红　甄小丽

副主编　马维华　张晨霞　王红霞

参　编　杨素霞　梁美平　孙武斌

于建民　赵琦武

机 械 工 业 出 版 社

本书是以“一级注册建造师”职业岗位需求为技能培养目标，以“双证结合”为导向，结合住房城乡建设主管部门主办的建造师执业资格考试而编写的。

本书共分10章，包括建设工程基本法律知识，建设工程许可法律制度，建设工程发包与承包制度，建设工程招标投标制度，建设工程合同和劳动合同法律制度，建设工程监理法规，建设工程质量管理法规，建设安全生产管理法规，建设工程施工现场环境保护、节约能源和文物保护法律制度，解决建设工程纠纷法律制度等内容。本书每章以案例导入引入，章末附本章小结和习题，内容新颖、精练、实用。

本书可作为高职高专院校土建类专业及相关专业学生的教材，也可作为相关工程技术人员的参考用书。

为方便教学，本书配有电子课件，凡选用本书作为授课教材的老师均可登录 www.cmpedu.com，以教师身份免费注册下载。编辑咨询电话：010-88379934。

图书在版编目（CIP）数据

建设法规/张叶红，甄小丽主编. —北京：机械工业出版社，2015.9（2024.9重印）
高等职业教育建筑类系列教材
ISBN 978-7-111-51479-4

Ⅰ.①建…　Ⅱ.①张…②甄…　Ⅲ.①建筑法-中国-高等职业教育-教材　Ⅳ.①D922.297

中国版本图书馆CIP数据核字（2015）第205668号

机械工业出版社（北京市百万庄大街22号　邮政编码100037）
策划编辑：王莹莹　责任编辑：王莹莹　马碧娟
责任校对：黄兴伟　封面设计：马精明
责任印制：常天培
北京中科印刷有限公司印刷
2024年9月第1版第8次印刷
184mm×260mm · 15印张 · 367千字
标准书号：ISBN 978-7-111-51479-4
定价：42.00元

电话服务　　　　　　　　网络服务
客服电话：010-88361066　机 工 官 网：www.cmpbook.com
　　　　　010-88379833　机 工 官 博：weibo.com/cmp1952
　　　　　010-68326294　金 书 网：www.golden-book.com
封底无防伪标均为盗版　机工教育服务网：www.cmpedu.com

前　言

本书以市场经济法规为基础，以最新的《中华人民共和国建筑法》《中华人民共和国合同法》《中华人民共和国招标投标法》《建设工程质量管理条例》《建设工程安全生产管理条例》等法律、法规作为主要研究对象，通过对建设工程基本法律知识、建设工程许可法律制度、建设工程发包与承包制度、建设工程招标投标制度、建设工程合同和劳动合同法律制度、建设工程监理法规、建设工程质量管理法规、建设安全生产管理法规、建设工程施工现场环境保护、节约能源和文物保护法律制度、解决建设工程纠纷法律制度等内容的学习，使学生掌握建设法规、遵守建设法规、应用建设法规。

“建设法规”是建筑工程技术专业的必修课，在注册造价工程师、注册建造师、注册监理工程师考试中也是必考内容。本书是以“一级注册建造师”职业岗位需求为技能培养目标，以“双证结合”为导向，结合住房城乡建设主管部门主办的建造师执业资格考试而编写的。

本书按照“满足生产一线需要、符合岗位需求的高技能人才培养目标”的教学要求，基于一线工作需求的分析，设计仿真案例实训项目，以期达到培养具有专业特色、结合工程实际的高技能人才的目标。

为了强调重点和便于学生自学，本书每章以案例导入引入，以本章小结和习题结束，其中习题主要是注册建造师执业资格考试的历年真题。因此，内容新颖、完整精练、实用性强是本书的最大特点。

本书由张叶红、甄小丽担任主编，马维华、张晨霞、王红霞担任副主编。全书内容共分10章，其中，第1、6、7章由马维华、张晨霞编写，第2、8章由梁美平、杨素霞编写，第3、4章由张叶红、于建民编写，第5章由甄小丽、赵琦武编写，第9、10章由王红霞、孙武斌编写。

在本书编写过程中，参考和引用了大量文献资料，在此谨向原书作者表示衷心的感谢。

因编者水平所限，书中一定存在不妥之处，恳请读者在使用过程中给予指正并提出宝贵意见。

编　者

目　录

第 1 章

建设工程基本法律知识

案例导入

某建筑公司与某学校签订一教学楼施工合同，明确施工单位要保质保量保工期完成学校的教学楼施工任务。工程竣工后，承包方向学校提交了竣工报告。学校为了不影响学生上课，还没组织验收就直接投入了使用。使用过程中，校方发现教学楼存在着质量问题，要求施工单位修理。施工单位认为工程未经验收，学校提前使用出现质量问题，施工单位不应再承担责任。

请分析：本案例中的建设法律关系三要素分别是什么？

1.1 建设工程法律体系

1.1.1 法律体系的基本框架

法律体系通常是指由一个国家现行的各个部门法构成的有机联系的统一整体，也可称为法的体系。根据所调整的社会关系性质不同，法律体系可以划分为不同的部门法。部门法又称法律部门，是根据一定标准、原则所制定的同类法律规范的总称。

我国的部门法分为宪法及宪法相关法、民法商法、行政法、经济法、社会法、刑法、诉讼与非诉讼程序法等。

1. 宪法及宪法相关法

宪法是国家的根本大法，是特定社会政治经济和思想文化条件综合作用的产物，集中反映了各种政治力量的实际对比关系，确认了革命胜利成果和现实的民主政治，规定了国家的根本任务和根本制度，即社会制度、国家制度的原则和国家政权的组织以及公民的基本权利义务等内容。

宪法相关法是指《中华人民共和国全国人民代表大会组织法》《中华人民共和国地方各级人民代表大会和地方各级人民政府组织法》《中华人民共和国全国人民代表大会和地方各级人民代表大会选举法》《中华人民共和国国籍法》《中华人民共和国国务院组织法》等法律。

2. 民法商法

民法是规定并调整平等主体的公民之间、法人之间及公民与法人之间的财产关系和人身关系的法律规范的总称。商法是调整市场经济关系中商人及其商事活动的法律规范的总称。

我国采用的是民商合一的立法模式。商法被认为是民法的特别法和组成部分。《中华人民共和国民法通则》（以下简称《民法通则》）、《中华人民共和国合同法》（以下简称《合同法》)、《中华人民共和国物权法》(以下简称《物权法》)、《中华人民共和国招标投标法》(以下简称《招标投标法》)、《中华人民共和国公司法》等属于民法商法。

3. 行政法

行政法是调整行政主体在行使行政职权和接受行政法制监督过程中与行政相对人、行政法制监督主体之间发生的各种关系，以及行政主体内部发生的各种关系的法律规范的总称。

行政法调整的行政关系，主要包括行政管理关系、行政法制监督关系、行政救济关系、内部行政关系。《中华人民共和国行政处罚法》、《中华人民共和国行政复议法》(以下简称《行政复议法》)、《中华人民共和国行政许可法》、《中华人民共和国环境影响评价法》、《中华人民共和国城乡规划法》(以下简称《城乡规划法》)、《中华人民共和国建筑法》(以下简称《建筑法》)等属于行政法。

4. 经济法

经济法是调整在国家协调、干预经济运行的过程中发生的经济关系的法律规范的总称。《中华人民共和国统计法》、《中华人民共和国土地管理法》(以下简称《土地管理法》)、《中华人民共和国标准化法》、《中华人民共和国预算法》、《中华人民共和国审计法》、《中华人民共和国节约能源法》、《中华人民共和国政府采购法》等属于经济法。

5. 社会法

社会法是调整劳动关系、社会保障和社会福利关系的法律规范的总称。

社会法是在国家干预社会生活过程中逐渐发展起来的一个法律门类，所调整的是政府与社会之间、社会不同部分之间的法律关系。《中华人民共和国残疾人保障法》、《中华人民共和国矿山安全法》、《中华人民共和国劳动法》(以下简称《劳动法》)、《中华人民共和国职业病防治法》(以下简称《职业病防治法》)、《中华人民共和国安全生产法》(以下简称《安全生产法》)、《中华人民共和国劳动合同法》(以下简称《劳动合同法》)等属于社会法。

6. 刑法

刑法是关于犯罪和刑罚的法律规范的总称。这一法律部门的主要内容是《中华人民共和国刑法》(以下简称《刑法》)。

7. 诉讼与非诉讼程序法

诉讼法指的是规范诉讼程序的法律的总称。我国有三大诉讼法，即《中华人民共和国民事诉讼法》(以下简称《民事诉讼法》)、《中华人民共和国刑事诉讼法》、《中华人民共和国行政诉讼法》(以下简称《行政诉讼法》)。非诉讼的程序法主要是《中华人民共和国仲裁法》(以下简称《仲裁法》)。

建设工程法律主要是由经济法的部分内容组成，除此之外，还包括了行政法、民法商法等内容。建设工程法律具有一定的独立性和完整性，有自己的完整体系。建设工程法律体系是指把已经制定的和需要制定的建筑工程方面的法律、行政法规、部门规章和地方性法规、地方政府规章等有机结合起来，形成的一个相互联系、相互补充、相互协调的完整统一的体系。

1.1.2 法的表现形式和效力

1. 法的表现形式

法的表现形式有宪法、法律、行政法规、地方性法规、部门规章、地方政府规章、最高人民法院司法解释、技术规范以及国际公约、国际惯例、国际标准等。

（1）宪法 宪法是国家的根本大法，具有最高的法律地位和效力，任何其他法律、法规都必须符合宪法的规定，而不得与之相抵触。宪法是建筑业的立法依据，同时也明确规定了国家基本建设的方针和原则。

（2）法律 作为建设法规表现形式的法律是指行使国家立法权的全国人民代表大会及其常务委员会制定的规范性文件。

（3）行政法规 行政法规是国家最高行政机关国务院制定颁布的有关行政管理的规范性文件。行政法规的名称一般为“管理条例”，如《建设工程质量管理条例》《建设工程勘察设计管理条例》《建设工程安全生产管理条例》《城市房地产开发经营管理条例》等。

（4）地方性法规 地方性法规是指省、自治区、直辖市以及省级人民政府所在地的市和经国务院批准的较大的市的人民代表大会及其常务委员会制定的，只在本行政区域内具有法律效力的规范性文件，如《天津市建筑市场管理条例》《山西省建筑市场管理条例》等。

（5）部门规章 部门规章是指国务院各部门（包括具有行政管理职能的直属机构）根据法律和国务院的行政法规、决定、命令在本部门的权限范围内按照规定的程序所制定的规定、办法、暂行办法、标准等规范性文件的总称。部门规章的法律地位和效力低于宪法、法律和行政法规。其名称可以是“规定”“办法”和“实施细则”等。目前，大量的建设法规是以部门规章的方式发布的，如原国家发展计划委员会（现为国家发展和改革委员会）发布的《工程建设项目招标范围和规模标准规定》，住房和城乡建设部发布的《房屋建筑和市政基础设施工程质量监督管理规定》《房屋建筑工程和市政基础设施工程竣工验收备案管理暂行办法》《市政公用设施抗灾设防管理规定》等。

（6）地方政府规章 地方政府规章是指由省、自治区、直辖市以及省级人民政府所在地的市和经国务院批准的较大的市的人民政府制定颁布的规范性文件，如《山东省建设工程施工招标投标管理条例实施细则》等。

（7）最高人民法院司法解释 最高人民法院对于法律的系统性解释文件和对法律适用的说明，对人民法院的审判有约束力，具有法律规范的性质，在司法实践中具有重要的地位和作用。在民事领域，最高人民法院制定的司法解释文件有很多，如《关于贯彻执行〈中华人民共和国民法通则〉若干问题的意见（试行）》《最高人民法院关于审理建设工程施工合同纠纷案件适用法律问题的解释》等。

（8）技术规范 技术规范是国家制定或认可的，在全国范围内有效的技术规程、规范、标准、定额、方法等技术文件。它们是建筑业工程技术人员从事经济技术作业、建筑管理监测的依据，如《全国统一建筑工程基础定额》《混凝土结构设计规范》《大体积混凝土施工规范》《砌体结构工程施工质量验收规范》等。

（9）国际公约、国际惯例、国际标准 我国已经加入世界贸易组织，所参加或与外国签订的调整经济关系的国际公约和双边条约，还有国际惯例、国际上通用的建筑技术规程都属于建筑法规的范畴，都应当遵守和实施。例如，涉外建筑工程承包合同非常复杂，它涉及有形贸易、无形贸易、信贷、委托、技术规范等很多法律关系，这些法律关系的调整必须遵守我国承认的国际公约、国际惯例、国际标准。

2. 法的效力

（1）宪法至上 宪法是国家的根本大法，具有最高的法律效力。宪法是其他立法活动的最高法律依据。任何法律、法规都必须遵循宪法而产生，都不能违背宪法的基本准则。

（2）上位法优于下位法　在我国法律体系中，法律的效力仅次于宪法而高于其他法，在全国范围内具有普遍的约束力。行政法规的法律地位和法律效力仅次于宪法和法律，高于地方性法规和规章。地方性法规的效力，高于本级和下级地方政府规章。省、自治区人民政府制定的规章的效力，高于本行政区域内的较大的市的人民政府制定的规章。

自治条例和单行条例依法对法律、行政法规、地方性法规做变通规定的，在本自治地方适用自治条例和单行条例的规定。经济特区法规根据授权对法律、行政法规、地方性法规做变通规定的，在本经济特区适用经济特区法规的规定。

部门规章之间、部门规章与地方政府规章之间具有同等效力，在各自的权限范围内施行。

（3）特别法优于一般法　特别法优于一般法是指公法权力主体在实施公权力行为中，当一般规定与特别规定不一致时，优先适用特别规定。同一机关制定的法律、行政法规、地方性法规、自治条例和单行条例、规章，特别规定与一般规定不一致的，适用特别规定。

（4）新法优于旧法　新法、旧法对同一事项有不同规定时，新法的效力优于旧法。同一机关制定的法律、行政法规、地方性法规、自治条例和单行条例、规章，新的规定与旧的规定不一致的，适用新的规定。

（5）需要由有关机关裁决适用的特殊情况　法律之间对同一事项的新的一般规定与旧的特别规定不一致，不能确定如何适用时，由全国人民代表大会常务委员会裁决。

行政法规之间对同一事项的新的一般规定与旧的特别规定不一致，不能确定如何适用时，由国务院裁决。

地方性法规、规章之间不一致时，由有关机关依照下列规定的权限做出裁决：①同一机关制定的新的一般规定与旧的特别规定不一致时，由制定机关裁决。②地方性法规与部门规章之间对同一事项的规定不一致，不能确定如何适用时，由国务院提出意见，国务院认为应当适用地方性法规的，应当决定在该地方适用地方性法规的规定；国务院认为应当适用部门规章的，应当提请全国人民代表大会常务委员会裁决。③部门规章之间、部门规章与地方政府规章之间对同一事项的规定不一致时，由国务院裁决。

根据授权制定的法规与法律规定不一致，不能确定如何适用时，由全国人民代表大会常务委员会裁决。

1.2　建设工程法律责任

1.2.1　建设工程法律责任的概念及特点

建设工程法律责任是指建设法律关系中的主体由于违反建设法律规范的行为而依法应当承担的法律后果。

建设工程法律责任的特点有：①建设工程法律责任与违法行为相联系；②建设工程法律责任的内容是法律规范明确加以确定的；③建设工程法律责任具有国家强制性；④建设工程法律责任由国家授权机关依法实施。

1.2.2 建设工程法律责任的种类及承担方式

建设工程法律责任根据违法行为的性质可以划分为民事法律责任、行政法律责任和刑事法律责任。

1. 建设工程民事法律责任的种类及承担方式

民事法律责任简称民事责任，是指民事主体在民事活动中，因实施了民事违法行为，根据民法所应承担的对其不利的民事法律后果或者基于法律特别规定而应承担的民事责任。民事责任的功能主要是一种民事救济手段，使受害人被侵犯的权益得以恢复。

(1) 建设工程民事责任的种类　民事责任可以分为违约责任和侵权责任。

违约责任是指合同当事人违反法律规定或合同约定的义务而应承担的责任。

侵权责任是指建筑勘察设计单位、施工单位等，在勘察设计、施工过程中侵犯国家、集体财产权利及自然人的财产权利和人身权利时应承担的法律责任。侵权责任包括一般侵权责任和特殊侵权责任。一般侵权责任是指具备一般侵权行为成立要件，直接由行为人承担民事责任。一般侵权责任以行为人的过错为承担民事责任的归责原则。特殊侵权责任是指损害结果发生后，按照法律的直接规定所确定的侵权责任。特殊侵权责任不以过错的存在判断行为人是否应承担民事责任，或采用过错推定原则。

(2) 建设工程民事责任的承担方式　承担建设工程民事责任的方式主要有：①停止侵害；②排除妨害；③消除危险；④返还财产；⑤恢复原状；⑥修理、重作、更换；⑦赔偿损失；⑧支付违约金；⑨消除影响、恢复名誉；⑩赔礼道歉。

以上承担民事责任的方式，可以单独适用，也可以合并适用。其中，赔偿损失是民法中最普遍使用的一种民事责任的承担方式。侵权责任和违约责任都可以赔偿损失。

2. 建设工程行政法律责任的种类及承担方式

行政法律责任简称行政责任，是指违反有关行政管理的法律法规规定，但尚未构成犯罪的行为，依法应承担的行政法律后果，包括行政处罚和行政处分。

(1) 行政处罚　行政处罚是指行政主体依据法定权限和程序，对违反行政法规的行政相对人给予的法律制裁。

行政处罚的种类有：①警告；②罚款；③没收违法所得，没收非法财物；④责令停产停业；⑤暂扣或者吊销许可证，暂扣或者吊销执照；⑥行政拘留；⑦法律、行政法规规定的其他行政处罚。

在建设工程领域，法律、行政法规所设定的行政处罚主要有警告、罚款、没收违法所得、责令限期改正、责令停业整顿、取消一定期限内参加依法必须进行招标的项目的投标资格、责令停止施工、降低资质等级、吊销资质证书（同时吊销营业执照）、责令停止执业、吊销执业资格证书或其他许可证等。

(2) 行政处分　行政处分是指国家机关、企事业单位和社会团体依据行政管理法规、规章、章程、纪律等，对其所属人员或者职工的违法失职行为所做的处罚。

行政处分的种类有警告、记过、记大过、降级、撤职、开除。例如，《建设工程质量管理条例》规定，国家机关工作人员在建设工程质量监督管理工作中玩忽职守、滥用职权、徇私舞弊，构成犯罪的，依法追究刑事责任；尚不构成犯罪的，依法给予行政处分。

3. 建设工程刑事法律责任的种类及承担方式

刑事法律责任简称刑事责任，是指犯罪主体因违反刑法，实施了犯罪行为所应承担的法律责任。刑事责任是法律责任中最严厉的一种，其承担方式主要是刑罚，也包括一些非刑罚的处罚方法。刑罚是刑法规定的由国家审判机关依法对犯罪分子所适用的剥夺或限制其某种权益的最严厉的法律强制方法。

《刑法》规定，刑罚分为主刑和附加刑。主刑是基本的刑罚，只能独立适用不能附加适用，对一个罪只能适用一个主刑，不能同时适用两个以上的主刑。主刑包括管制、拘役、有期徒刑、无期徒刑、死刑。附加刑是既可以独立适用又可以附加于主刑适用的刑罚方法。附加刑包括罚金、剥夺政治权利、没收财产、驱逐出境。

在建设工程领域，常见的刑事责任有：

1）工程重大安全事故罪。工程重大安全事故罪是指建设单位、设计单位、施工单位、工程监理单位违反国家规定，降低工程质量标准，造成重大安全事故的行为。

2）重大责任事故罪。重大责任事故罪主要是指在生产、作业中违反有关安全管理的规定，或者强令他人违章冒险作业，因而发生重大伤亡事故或者造成其他严重后果的行为。

3）重大劳动安全事故罪。重大劳动安全事故罪主要是指安全生产设施或者安全生产条件不符合国家规定，因而发生重大伤亡事故或者造成其他严重后果的行为。

4）串通投标罪。串通投标罪是指投标人相互串通投标报价，损害招标人或者其他投标人利益。投标人与招标人串通投标，损害国家、集体、公民的合法利益的行为。

【案例 1-1】

1. 背景

某酒店公司决定对本酒店大楼进行拆除和重新装修。在未办理施工备案手续的情况下，将酒店的门窗及内外装饰物拆除工程发包给包工头张某施工。2012 年 5 月 3 日酒店公司与张某签订了拆除合同，约定总价为 200 万元，当年 5 月 3 日开工，至同年 6 月 3 日完工。5 月 11 日下午 4 点左右，张某在现场指挥 4 名工人拆除四楼窗户外铝合金玻璃窗扇时，玻璃窗扇不慎掉下，将 1 名正在进行地面清洁的工人砸成重伤。住房城乡建设主管部门接到事故报案后，立即组织对伤员进行医疗救治，同时展开事故调查。

2. 问题

本案例中建设单位有何违法行为？违法者应承担哪些法律责任？

3. 分析

酒店公司将拆除工程发包给不具有施工资质的自然人是违法行为。《建设工程安全生产管理条例》第 11 条规定："建设单位应当将拆除工程发包给具有相应资质等级的施工单位"。包工头张某不具备施工资质，酒店公司将拆除工程发包给张某，构成违法发包。根据《建设工程安全生产管理条例》第 55 条的规定，建设单位将拆除工程发包给不具有相应资质的施工单位的，责令限期改正，处 20 万元以上 50 万元以下的罚款；造成重大安全事故，构成犯罪的，对直接责任人员，依照刑法有关规定追究刑事责任；造成损失的，依法承担赔偿责任。

酒店公司未办理拆除工程前的备案手续。根据《建设工程安全生产管理条例》第11条的规定，建设单位应当在拆除工程施工15日前，将有关资料报送建设工程所在地的县级以上地方人民政府住房城乡建设主管部门或者其他有关部门备案。由于酒店公司未办理拆除工程施工前的备案手续，依据《建设工程安全生产管理条例》第54条的规定，建设单位未将保证安全施工的措施或者拆除工程的有关资料报送有关部门备案的，责令限期改正，给予警告。

1.3　建设工程法律制度

1.3.1　建设工程法人制度

法人是指具有民事权利能力和民事行为能力，依法独立享有民事权利和承担民事义务的组织。

1. 法人成立的必备条件

1）依法成立。

2）有必要的财产或者经费。

3）有自己的名称、组织机构和场所。

4）能够独立承担民事责任。

2. 法人的分类

法人可以分为企业法人和非企业法人两大类。非企业法人包括行政法人、事业法人、社团法人。企业法人依法经工商行政管理机关核准登记后取得法人资格。企业法人分立、合并或者有其他重要事项变更，应当向登记机关办理登记并报告。企业法人分立、合并，其权利和义务由变更后的法人享有和承担。有独立经费的机关从成立之日起，具有法人资格。具有法人条件的事业单位、社会团体，依法不需要办理法人登记的，从成立之日起具有法人资格；依法需要办理法人登记的，经核准登记，取得法人资格。

3. 法人在建设工程中的地位和作用

大多数建设活动的主体都是法人，如施工单位、监理单位。在工程建设中，法人具有民事权利能力和民事行为能力，依法享有民事权利和承担民事义务，独立承担民事责任。

4. 企业法人与项目经理部的法律关系

项目经理部是施工企业为了完成某项建设工程施工任务而设立的组织。项目经理部是一个由项目经理与技术、生产、材料、成本等管理人员组成的项目管理班子，是一次性的具有弹性的现场生产组织机构。项目经理部不具备法人资格，而是施工企业根据建设工程施工项目而组建的下属机构。项目经理根据企业法人的授权，组织和领导本项目经理部的全面工作；项目经理是企业法人授权的在建设工程施工项目上的管理者；项目经理部行为的法律后果由企业法人承担。

1.3.2 建设工程代理制度

1. 代理的概念及法律特征

所谓代理，是指代理人在代理权限范围内，以被代理人的名义向第三人实施法律行为，而行为后果由被代理人承担的法律制度。代理涉及三方当事人，即被代理人、代理人和代理关系所涉及的第三人。

代理的法律特征如下：

1）代理行为必须是具有法律意义的行为。

2）代理人应该以被代理人的名义实施代理行为。

3）代理人必须在代理权限范围内实施代理行为。

4）代理行为的法律后果归属于被代理人。

2. 代理的种类

（1）委托代理　委托代理是指代理人的代理权根据被代理人的委托授权行为而产生。因委托代理中，被代理人是以意思表示的方法将代理权授予代理人的，故又称意定代理或任意代理。

（2）法定代理　法定代理是指根据法律的规定而发生的代理。无民事行为能力人、限制民事行为能力人的监护人是他的法定代理人。

（3）指定代理　指定代理是指代理人的代理权根据人民法院或其他机关的指定而产生，常发生在诉讼中。例如，在诉讼中，无民事行为能力人、限制民事行为能力人的监护人是他的法定代理人。事先没有确定监护人的，可以由有监护资格的人协商确定，协商不成的，由人民法院在他们之间指定诉讼中的法定代理人。

3. 代理人和被代理人的权利、义务及法律责任

1）代理人在代理权限内，以被代理人的名义实施民事法律行为。被代理人对代理人的代理行为承担民事责任。

2）委托代理人为被代理人的利益需要转托他人代理的，应当事先取得被代理人的同意。事先没有取得被代理人同意的，应当在事后及时告诉被代理人，如果被代理人不同意，则由代理人对自己所转托的人的行为负民事责任，但在紧急情况下，为了保护被代理人的利益而转托他人代理的除外。

3）没有代理权、超越代理权或者代理权终止后的行为，只有经过被代理人的追认，被代理人才承担民事责任。未经追认的行为，由行为人承担民事责任。本人知道他人以本人名义实施民事行为而不做否认表示的，视为同意。

4）代理人不履行代理职责而给被代理人造成损害的，应当承担民事责任。

5）代理人知道被委托事项违法而仍然进行代理活动；或者被代理人知道代理人代理行为违法却不表示反对的，由代理人和被代理人负连带责任。

4. 代理行为的终止

《民法通则》规定，有下列情形之一的，委托代理终止：①代理期间届满或者代理事务完成；②被代理人取消委托或者代理人辞去委托；③代理人死亡；④代理人丧失民事行为能力；⑤作为被代理人或者代理人的法人终止。

【案例 1-2】

1. 背景

王某注册了一家公司，主营业务是对外租赁建筑机械。

2005 年 3 月 8 日，王某委托李某去购买一台压路机。于是，李某启程去压路机的生产厂家。王某在等待中由于心脏病突发而死亡。由于王某去世的时候身边没有人，3 天后，在外工作的儿子回家才发现父亲已经去世。此时，李某已经购买了王某委托购买的压路机。

李某回到王某的家中，向王某的儿子说明了购买压路机的事宜。但是，王某的儿子认为父亲已经于签订购买压路机合同之前就去世了，他与李某的委托代理终止，李某要自行为购买压路机承担责任。

2. 问题

王某儿子的说法正确吗?

3. 分析

这种说法是不正确的。

《民法通则》中仅仅规定了代理人死亡会导致委托代理的终止，而没有规定被代理人死亡也会导致委托代理的终止。事实上，被代理人死亡不一定导致委托代理的终止。最高人民法院《关于贯彻执行〈中华人民共和国民法通则〉若干问题的意见（试行)》第 82 条规定了以下四种情况下，被代理人死亡的，委托代理人的代理行为有效：

（1）代理人不知道被代理人死亡的。

（2）被代理人的继承人均予以承认的。

（3）在被代理人死亡前已经进行，而在被代理人死亡后为了被代理人的利益继续完成的。

（4）被代理人与代理人约定到代理事项完成时代理权终止的。

1.3.3　建设工程物权制度

1. 物权的概念及法律特征

物权是指权利人依法对特定的物享有直接支配和排他的权利，包括所有权、用益物权和担保物权。

物权具有以下特征：

（1）物权是支配权　物权是权利人直接支配的权利，即物权人可以依自己的意志就标的物直接行使权利，无须他人的意思或义务人的行为介入。

（2）物权是绝对权　物权的权利人可以对抗一切不特定的人。物权的权利人是特定的，义务人是不特定的，且义务内容是不作为，即只要不侵犯物权人行使权利就是履行义务。

（3）物权是财产权　物权是一种具有物质内容的、直接体现为财产利益的权利。财产利益包括对物的利用、物的归属和就物的价值设立的担保。

（4）物权具有排他性　物权人有权排除他人对于他行使物权的干涉，而且同一物上不允许有内容不相容的物权并存，即“一物一权”。

2. 物权的分类

物权包括所有权、用益物权和担保物权。

（1）所有权　所有权是所有人依法对自己财产（包括不动产和动产）所享有的占有、使用、收益和处分的权利。所有权是物权中最重要也是最完整的一种权利。

（2）用益物权　用益物权是权利人对他人所有的不动产或者动产，依法享有占有、使用和收益的权利。用益物权包括土地承包经营权、建设用地使用权、宅基地使用权和地役权。

（3）担保物权　担保物权是权利人在债务人不履行到期债务或者发生当事人约定的实现担保物权的情形，依法享有就担保财产优先受偿的权利。债权人在借贷、买卖等民事活动中，为保障实现其债权，需要担保的，可以依照规定设立担保物权。

3. 物权的设立、变更、转让、消灭和保护

（1）不动产物权的设立、变更、转让、消灭　不动产物权的设立、变更、转让和消灭，应当依照法律规定登记，自记载于不动产登记簿时发生效力。经依法登记，发生效力；未经登记，不发生效力，但法律另有规定的除外。依法属于国家所有的自然资源，所有权可以不登记。

物权变动的基础往往是合同关系，如买卖合同导致物权的转让。需要注意的是，当事人之间订立有关设立、变更、转让和消灭不动产物权的合同，除法律另有规定或者合同另有约定外，自合同成立时生效；未办理物权登记的，不影响合同效力。

（2）动产物权的设立和转让　动产物权的设立和转让，应当依照法律规定交付。动产物权的设立和转让，自交付时发生效力，但法律另有规定的除外。船舶、航空器和机动车等物权的设立、变更、转让和消灭，未经登记，不得对抗善意第三人。

（3）物权的保护　物权的保护是指通过法律规定的方法和程序保障物权人在法律许可的范围内对其财产行使占有、使用、收益、处分权利的制度。物权受到侵害的，权利人可以通过和解、调解、仲裁、诉讼等途径解决。

侵害物权，除承担民事责任外，违反行政管理规定的，依法承担行政责任；构成犯罪的，依法追究刑事责任。

1.3.4　建设工程债权制度

1. 债的概念及特征

债是按照合同的约定或者按照法律的规定，在当事人之间产生的特定的权利和义务关系，享有权利的人是债权人，负有义务的人是债务人。

债是特定当事人之间的法律关系。债权人只能向特定的人主张自己的权利，债务人也只需向享有该项权利的特定的人履行义务，即债的相对性。

2. 债的内容

债的内容是指债的主体双方间的权利与义务，即债权人享有的权利和债务人承担的义务，也就是债权与债务。债权是请求特定人为特定行为（作为或不作为）的权利。债权与物权不同，物权是绝对权，而债权是相对权。债权相对性理论的内涵，可以归纳为以下三个方面：①债权主体的相对性；②债权内容的相对性；③债权责任的相对性。

3. 债的发生依据

(1) 合同　合同是平等主体的自然人、法人和其他组织之间设立、变更、终止民事权利义务关系的协议。在当事人之间因产生了合同法律关系，也就是产生了权利义务关系，便设立了债的关系。任何合同关系的设立，都会在当事人之间发生债权债务的关系。合同引起债的关系，是债发生的最主要、最普遍的依据。合同产生的债称为合同之债。

(2) 侵权行为　侵权行为是指不法侵害他人财产或人身权利的行为。在民事活动中，一方实施侵权行为时，根据法律规定，受害人有权要求侵害人承担赔偿损失等责任，而侵害人则有负责赔偿的义务，因此，侵权行为会引起侵害人和受害人之间的债权债务关系，这种因侵权行为而产生的债，称为侵权行为之债。

(3) 无因管理　无因管理是指管理人员和服务人员没有法律上的特定义务，也没有受到他人委托，自觉为他人管理事务或提供服务。无因管理在管理人员或服务人员与受益人之间形成了债的关系。这种由于无因管理而产生的债，称为无因管理之债。

(4) 不当得利　不当得利是指没有法律上或者合同上的依据，有损于他人利益而自身取得利益的行为。由于不当得利造成他人利益的损害，因此在得利者与受害者之间形成了债的关系。得利者应当将所得的不当利益返还给受损失的人。这种因不当得利而产生的债，称为不当得利之债。

4. 建设工程债的常见种类

建设工程债的常见种类有施工合同之债、买卖合同之债、侵权行为之债。

1.3.5　建设工程担保制度

1. 担保的概念

担保是指当事人根据法律规定或者双方约定，促使债务人履行债务实现债权人的权利的法律制度。

担保的方式分为保证、抵押、质押、留置和定金。

第三人为债务人向债权人提供担保时，可以要求债务人提供反担保。反担保适用《中华人民共和国担保法》（以下简称《担保法》）中有关担保的规定。

担保合同是主合同的从合同，主合同无效，担保合同无效。担保合同另有约定的，按其约定。担保合同被确认无效后，债务人、担保人、债权人有过错的，应当根据其过错各自承担相应的民事责任。

2. 保证

保证是指保证人和债权人约定，当债务人不履行债务时，保证人按照约定履行债务或者承担责任的行为。在建筑工程活动中，保证是最为常用的一种担保方式。

(1) 保证的特征　保证属于人保；保证人为主合同当事人以外的第三人；保证人必须具有代为清偿债务的能力、信誉和不特定财产。

(2) 保证的方式　保证的方式有以下两种：①一般保证；②连带责任保证。

当事人在保证合同中约定，债务人不能履行债务时，由保证人承担保证责任的，为一般保证。当事人在保证合同中约定保证人与债务人对债务承担连带责任的，为连带责任保证。连带责任保证的债务人在主合同规定的债务履行期届满没有履行债务的，债权人可以要求债务人履行债务，也可以要求保证人在其保证范围内承担保证责任。

当事人对保证方式没有约定或者约定不明确的，按照连带责任保证承担保证责任。

（3）保证人资格　具有代为清偿债务能力的法人、其他组织或者公民，可以作为保证人。但是，以下组织不能作为保证人：①国家机关不得为保证人，但经国务院批准为使用外国政府或者国际经济组织贷款进行转贷的除外；②学校、幼儿园、医院等以公益为目的的事业单位、社会团体不得为保证人；③企业法人的分支机构、职能部门不得为保证人，企业法人的分支机构有法人书面授权的，可以在授权范围内提供保证。

（4）保证责任　保证合同生效后，保证人就应当在合同约定的保证范围和保证期间承担保证责任。

保证担保的范围包括主债权及利息、违约金、损害赔偿金和实现债权的费用。保证合同另有约定的，按其约定。当事人对保证担保的范围没有约定或者约定不明确的，保证人应当对全部债务承担责任。

保证期间，债权人依法将主债权转让给第三人的，保证人在原保证担保的范围内继续承担保证责任。保证合同另有约定的，按其约定。保证期间，债权人许可债务人转让债务的，应当取得保证人书面同意，保证人对未经其同意转让的债务，不再承担保证责任。债权人与债务人协议变更主合同的，应当取得保证人书面同意，未经保证人书面同意的，保证人不再承担保证责任。保证合同另有约定的，按其约定。

一般保证的保证人未约定保证期间的，保证期间为主债务履行期届满之日起6个月。连带责任保证的保证人与债权人未约定保证期间的，债权人有权自主债务履行期届满之日起6个月内要求保证人承担保证责任。

3. 抵押

抵押是指债务人或者第三人不转移对财产的占有，将该财产作为债权的担保。债务人不履行债务时，债权人有权依照法律规定以该财产折价或者以拍卖、变卖该财产的价款优先受偿。其中，债务人或者第三人称为抵押人，债权人称为抵押权人。提供担保的财产为抵押物。

（1）抵押权的性质　抵押权作为担保物权的一种，具有从属性、不可分性和物上代位性。另外，抵押权是不移转标的物占有的一种担保物权。是否移转标的物的占有是抵押权与其他担保物权的重要区别。由于抵押权的设定不需要移转占有，因此，抵押权的设定不能采用占有移转的公示方法，而必须采用登记或其他方式公示。

（2）抵押权的设定　抵押权的取得，主要通过法律行为获得，但抵押权也可以基于法律行为以外的法律事实获得，如基于继承或者善意取得制度取得抵押权。基于法律行为取得抵押权的，就是抵押权的设定，抵押权的设定是由双方当事人签订抵押合同，抵押合同应当采用书面形式。抵押当事人包括抵押权人和抵押人，其中抵押权人就是债权人，抵押人即抵押财产的所有人，既可能是债务人，也可能是第三人。设定抵押权属于处分财产的行为，因此，抵押人必须对设定抵押的财产享有所有权或处分权。

在债务履行期届满前，抵押权人不得与抵押人约定债务人不履行到期债务时抵押财产归债权人所有。如果双方当事人的抵押合同有这样的条款，则该条款无效。

（3）抵押物　债务人或第三人提供担保的财产称为抵押物。由于抵押物是不转移其占有的，因此能够成为抵押物的财产必须具备一定的条件。这类财产一般不会轻易灭失，其所有权的转移应当经过一定的程序。

下列财产可以作为抵押物：①抵押人所有的房屋和其他地上定着物；②抵押人所有的机器、交通运输工具和其他财产；③抵押人依法有权处置的国有土地使用权、房屋和其他地上定着物；④抵押人依法有权处置的国有机器、交通运输工具和其他财产；⑤抵押人依法承包并经发包方同意抵押的荒山、荒沟、荒丘、荒滩等荒地的土地使用权；⑥依法可以抵押的其他财产。

下列财产不得抵押：①土地所有权；②耕地、宅基地、自留地、自留山等集体所有的土地使用权；③学校、幼儿园、医院等以公益为目的的事业单位、社会团体的教育设施、医疗卫生设施和其他社会公益设施；④所有权、使用权不明或者有争议的财产；⑤依法被查封、扣押、监管的财产；⑥依法不得抵押的其他财产。

当事人以下列财产抵押的，应当办理抵押登记，抵押权自登记时设立：①建筑物和其他土地附着物；②建设用地使用权；③以招标、拍卖、公开协商等方式取得的荒地等土地承包经营权；④正在建造的建筑物。当事人以下列财产抵押的，抵押权自抵押合同生效时设立，未经登记的，不得对抗善意第三人：①生产设备、原材料、半成品、产品；②交通运输工具；③正在建造的船舶、航空器。

办理抵押物登记，应当向登记部门提供主合同、抵押合同、抵押物的所有权或者使用权证书。

4. 质押

质押是指债务人或者第三人将其动产或权利移交债权人占有，将该动产或权利作为债权的担保。债务人不履行债务时，债权人有权依照法律规定以该动产或权利折价或者以拍卖、变卖该动产或权利的价款优先受偿。

质权是一种约定的担保物权，以转移占有为特征。债务人或者第三人为出质人。债权人为质权人，移交的动产或权利为质物。

质押分为动产质押和权利质押。

动产质押是指债务人或者第三人将其动产移交债权人占有，将该动产作为债权的担保。能够用作质押的动产没有限制。

权利质押一般是将权利凭证交付质权人的担保。可以质押的权利包括：①汇票、支票、本票、债券、存款单、仓单、提单；②依法可以转让的股份、股票；③依法可以转让的商标专用权、专利权、著作权中的财产权；④依法可以质押的其他权利。

5. 留置

留置是指债权人按照合同约定占有债务人的动产，债务人不按照合同约定的期限履行债务的，债权人有权依照法律规定留置该财产，以该财产折价或者以拍卖、变卖该财产的价款优先受偿。

由于留置是一种比较强硬的担保方式，必须依法行使，不能通过合同约定产生留置权。因保管合同、运输合同、加工承揽合同发生的债权，债务人不履行债务的，债权人有留置权。法律规定可以留置的其他合同，适用以上规定。当事人可以在合同中约定不得留置的物。

留置权人负有妥善保管留置物的义务。因保管不善致使留置物灭失或者毁损的，留置权人应当承担民事责任。

6. 定金

《担保法》规定，当事人可以约定一方向对方给付定金作为债权的担保。债务人履行债务后，定金应当抵作价款或者收回。给付定金的一方不履行约定的债务的，无权要求返还定金；收受定金的一方不履行约定的债务的，应当双倍返还定金。

定金应当以书面形式约定。当事人在定金合同中应当约定交付定金的期限。定金合同从实际交付定金之日起生效。定金的数额由当事人约定，但不得超过主合同标的额的20%。

1.3.6 建设工程知识产权制度

知识产权制度是保护科学技术和文化艺术成果的重要法律制度，它伴随着人类文明与商品经济的发展而诞生，并日益成为各国保护智力成果、促进科学技术和社会经济发展、进行国际竞争的有力措施。

1. 知识产权的概念及分类

知识产权是权利人对其创造的智力成果依法享有的权利。

知识产权可以分为两大类：一类是著作权，包括邻接权；另一类是工业产权，主要包括商标专用权和专利权。

我国的知识产权包括著作权（版权）、专利权、商标专用权、发现权、发明权以及其他科技成果权。在建筑工程活动中主要是指前三种知识产权，即著作权、商标专用权、专利权。

2. 知识产权的基本特征

（1）财产权和人身权的双重属性　在《民法通则》对民事权利的分类中，其他的民事权利都只有财产权或人身权的单一属性，只有知识产权具有财产权和人身权的双重属性。

（2）专有性　知识产权同其他财产所有权一样，具有绝对的排他性。权利人对智力成果享有专有权，其他人若要利用这一成果必须经过权利人同意，否则构成侵权。

（3）地域性　知识产权在空间上的效力并不是无限的，而要受到地域的限制，其效力只及于确认和保护知识产权的一国法律所能及的地域内。对于有形财产则不存在这一问题，无论财产转移到哪个国家，都不会发生财产所有人自动丧失所有权的情形。

（4）期限性　知识产权仅在法律规定的期限内受到法律保护，一旦超过法定期限，这一权利就自行消灭。该智力成果就成为整个社会的共同财富，为全人类共同所有。有形财产所有权没有时间限制，只要财产存在，权利就必然存在。

3. 知识产权的主要种类

（1）著作权　著作权是指作者及其他著作权人依法对文学、艺术和科学作品所享有的专有权。在我国，著作权等同于版权。

著作权包括人身权和财产权。人身权是指与作者本身密不可分的权利，又称精神权利。它包括发表权、署名权、修改权和保护作品完整权。财产权是指作者对于自己所创作的作品享有使用和获得报酬的权利，也称经济权利。它是指以复制、广播、表演、展览、发行、摄制、放映、信息网络传播或者翻译、注释、改编、编辑等方式使用作品的权利，以及许可他人以上述方式使用作品，并由此获得报酬的权利。

著作权的主体是指从事文学、艺术、科学等领域，创作出作品的作者及其他享有著作权的公民、法人或者其他组织。在特定情况下，国家也可以成为著作权的主体。

著作权保护的客体是作品，在建筑工程活动中，会产生以下许多具有著作权的作品：

1）文字作品。对于施工单位而言，施工单位编制的投标文件等文字作品、项目经理完成的工作报告等，都享有著作权。建设单位编制的招标文件等文字作品也享有著作权。

2）建筑作品。建筑作品是指以建筑物或者构筑物形式表现的有审美意义的作品。

3）图形作品。图形作品是指为施工、生产绘制的工程设计图、产品设计图，以及反映地理现象、说明事物原理或者结构的地图、示意图等作品。

著作权的保护期由于权利内容以及主体的不同而有所不同：①作者的署名权、修改权、保护作品完整权的保护期不受限制。②公民的作品，其发表权、使用权和获得报酬权的保护期为作者终生及其死后50年。如果是合作作品，则截止于最后死亡的作者死亡后第50年的12月31日。③法人或其他组织的作品、著作权（署名权除外）或者由法人或其他组织享有的职务作品，其发表权、使用权和获得报酬权的保护期为50年，截止于作品首次发表后第50年的12月31日，但作品自创作完成后50年内未发表的，不再受《中华人民共和国著作权法》（以下简称《著作权法》）的保护。

（2）商标专用权　商标专用权是指企业、事业单位和个体工商户对其注册的商标依法享有的专用权。商标专用权包括使用权和禁止权两个方面。使用权是商标注册人对其注册商标充分支配和完全使用的权利，权利人也有权将商标使用权转让给他人或通过合同许可他人使用其注册商标。禁止权是商标注册人禁止他人未经其许可而使用注册商标的权利。

注册商标的有效期为10年，自核准注册之日起计算。对已经注册的商标有争议的，可以自该商标核准注册之日起一年内，向商标评审委员会申请裁定。对核准注册前已经提出异议并经过裁定的商标，不得再以相同的事实和理由申请裁定。注册商标有效期届满，需要继续使用的，应当在有效期届满前6个月内申请续展注册；在此期间未能提出申请的，可以给予6个月的宽展期。宽展期满仍未提出申请的，注销其注册商标。每次续展注册的有效期为10年。

注册商标专用权可以转让。转让形式有以下两种：一种是合同转让；另一种是继承转让。无论何种转让都必须依法办理转让手续。注册商标的所有人还可以通过合同方式允许他人有偿使用注册商标。经许可使用他人注册商标的，必须在使用该注册商标的商品上标明被许可人的名称和商品产地。

（3）专利权　专利权是指权利人在法律规定的期限内，对其发明创造所享有的制造、使用和销售的专有权。

《中华人民共和国专利法》（以下简称《专利法》）保护的是发明创造专利权，并规定发明创造是指发明、实用新型和外观设计。

授予专利权的发明和实用新型，应当具备新颖性、创造性和实用性；授予专利权的外观设计，应当同申请日以前在国内外出版物上公开发表过或者国内公开使用过的外观设计不相同和不相近似，并不得与他人在先取得的合法权利相冲突。除了新颖性外，外观设计还应当具备富有美感和适于工业应用两个条件。

发明和实用新型专利权被授予后，除《专利法》另有规定的以外，任何单位或者个人未经专利权人许可，都不得实施其专利，即不得为生产经营目的制造、使用、许诺销售、销售、进口其专利产品，或者使用其专利方法以及使用、许诺销售、销售、进口依照该专利方法直接获得的产品。外观设计专利权被授予后，任何单位或者个人未经专利权人许可，都不得实施其专利，即不得为生产经营目的制造、销售、进口其外观设计专利产品。

发明专利权的期限为20年，实用新型专利权和外观设计专利权的期限为10年，均自申请日起计算。

1.4 建设法律关系

1.4.1 法律关系

法律关系是指由法律规范所确定和调整的人与人或人与社会之间的权利义务关系。这里的“人”，从法律意义上讲，包括两种意义：一种是指自然人，另一种是指法人。

自然人是基于出生而成为民事法律关系主体的有生命的人。自然人包括公民、外国人和无国籍人。自然人作为民事法律关系的主体应当具有相应的民事权利能力和民事行为能力。民事权利能力是法律规定民事主体享有民事权利和承担民事义务的资格，自然人的民事权利能力始于出生，终于死亡，是国家法律直接赋予的。而民事行为能力是指民事主体以自己的行为参与民事法律关系，从而取得享有民事权利和承担民事义务的资格。法律行为主体只有取得了相应的民事权利能力和行为能力以后做出的民事行为，法律才能认可。

自然人民事行为能力的类型有以下三种：

1. 完全民事行为能力人

这类人能够依自己的意志进行活动，独立地享有权利、承担义务和责任。完全民事行为能力人包括以下两种：①年满18周岁且智力与精神状态正常的成年人，具有完全民事行为能力，可以独立进行民事活动，是完全民事行为能力人；②16周岁以上不满18周岁的公民，以自己的劳动收入为主要生活来源的，视为完全民事行为能力人。

2. 限制民事行为能力人

这类人能够在法律许可的范围内或者经法定代理人同意，独立进行民事活动。他们也包括两种：①10周岁以上的未成年人。这种人可以进行与他的年龄、智力相适应的民事活动。②不能完全辨认自己行为的精神病人。这种人可以进行与他的精神健康状况相适应的民事活动；其他民事活动由他的法定代理人代理，或者征得他的法定代理人的同意。

3. 无民事行为能力人

从理论上讲，这类人不能实施任何民事行为。他们也包括两种：①不满10周岁的未成年人。这种人由他的法定代理人代理民事活动。②不能辨认自己行为的精神病人。这种人也由他的法定代理人代理民事活动。

人们在社会生活中结成各种社会关系，当某一社会关系为法律规范所调整并在这一关系的参与者之间形成一定权利义务关系时，即构成法律关系。因此，法律关系是诸多社会关系中的一种特殊社会关系。

社会关系的不同方面需要不同的法律规范去调整，由于各种法律规范所调整的社会关系和规定的权利义务不同，因而形成了内容和性质各不相同的法律关系，如行政法律关系、民事法律关系等。

1.4.2 建设法律关系的构成

建设法律关系是指由建设法规所确认和调整的，在建筑业管理和建设活动过程中所产生的具有相关权利、义务内容的社会关系。

建设法律关系由建设法律关系的主体、建设法律关系的客体和建设法律关系的内容三方面构成。

1. 建设法律关系的主体

建设法律关系的主体是指参加建筑业活动，受建设法律规范调整，在法律上享有权利和承担义务的当事人，主要有自然人、法人和其他组织。在建设活动中可能出现的主体有：

（1）政府相关部门　政府相关部门主要有国家权力机关和国家行政机关。

1）国家权力机关。国家权力机关是指全国人民代表大会及其常务委员会和地方各级人民代表大会及其常务委员会。

国家权力机关参与建设法律关系的职能是审查批准国家建设计划和国家预决算，制定和颁布建设法律，监督检查国家各项建设法律的执行。

2）国家行政机关。国家行政机关是依照国家宪法和法律设立的依法行使国家行政职权，组织管理国家行政事务的机关。它包括国务院及其所属各部、各委、地方各级人民政府及其职能部门。参与建设法律关系的国家行政机关主要有：

① 国家计划机关。国家计划机关主要是中央和省、自治区、直辖市（包括计划单列市）两级的发展和改革委员会。其职权是负责编制长、中期和年度建设计划，组织计划的实施，督促各部门严格执行工程项目建设程序等。

② 国家建设主管机关。国家建设主管机关主要是指住房和城乡建设部。其职权是研究拟定城市规划、村镇规划、工程建设、城市建设、村镇建设、建筑业、住宅房地产业、勘察设计咨询业、市政公用事业等建设法规的部门规章，进行行业管理；指导全国城市规划、村镇规划、城市勘察和市政工程测量工作；制定工程建设实施阶段的国家标准；指导全国建设活动；指导全国城市和村镇建设等十二项工作，主要是对城市建设、村镇建设、工程建设、建筑业、房地产业、市政公用事业进行组织管理和监督，如管理基本建设勘察设计部门和施工队伍，进行城市规划，制定工程建设的各种标准、规范和定额，监督勘察、设计、施工安装的质量等。

③ 国家建设监督机关。它主要包括国家财政机关、中国人民银行、国家审计机关、国家统计机关等。

④ 国家建设各业务主管机关。例如，交通运输部、水利部、工业和信息化部等机关，负责本部门、本行业的建设管理工作。

国家机关还包括审判机关和检察机关。但作为国家机关组成部分的审判机关和检察机关不以管理者身份成为建设法律关系的主体，而是建设法律关系监督与保护的重要机关。

（2）建设单位　建设单位是指进行工程投资建设的国家机关、企业或事业单位。在我国建筑市场上建设单位一般称为业主方或甲方。业主方可以是房地产开发公司，也可以是工厂、学校、医院，还可以是个人或各级人民政府委托的资产管理部门。

业主方作为建设活动的权利主体，是从可行性研究报告批准开始的。任何一个社会组织，当它的建设项目的可行性研究报告没有被批准之前，建设项目尚未被正式确认，它是不能以权利主体的资格参加工程建设的。当建设项目编有独立的总体设计并单独列入建设计划，获得国家批准时，这个社会组织方能成为建设单位，也才能以已经取得的法人资格及自己的名义对外进行经济活动和法律行为。

建设单位作为工程的需要方，是建设投资的支配者，也是工程建设的组织者和监督者。

（3）承包单位　承包单位是指有一定生产能力、机械设备、流动资金，具有承包工程建设任务的营业资格，在建筑市场中能够按照业主方的要求，提供不同形态的建筑产品，并最终得到相应工程价款的建筑企业。在我国建筑市场上，承包单位一般称为建筑企业或乙方，在国际工程承包中习惯称为承包商。按照生产的主要形式，承包单位主要有勘察、设计单位，建筑安装施工企业，建筑装饰施工企业，混凝土构配件、非标准预制件等生产厂家，建筑机械租赁单位，商品混凝土供应站，以及专门提供建筑劳务的企业等。按照它们提供的主要建筑产品不同，还可以分为不同的专业，如水电、铁路、冶金、市政工程等专业公司。按照承包的方式不同，还可以分为总承包企业和专业承包企业。

（4）中介组织　中介组织是指具有相应的专业服务资质，在建筑市场中受发包方、承包方或政府管理机构的委托，对工程建设进行估算测量、咨询代理、建设监理等高智能服务，并取得服务费用的咨询服务机构和其他建设专业中介服务组织。建筑市场的中介组织可分为多种类型，如建筑业协会及其下属的设备安装、机械施工、装饰装修、产品厂商等专业分会，建设监理协会，为工程建设服务的专业会计师事务所、律师事务所、资产与资信评估机构、公证机构、合同纠纷的仲裁调解机构、招标代理机构、工程技术咨询公司、监理公司，质量检查、监督、认证机构，以及其他产品检测、鉴定机构等。

（5）中国建设银行　中国建设银行是我国专门办理工程建设贷款和拨款、管理国家固定资产投资的专业银行。

（6）公民个人　公民个人也可以成为建设法律关系的主体。例如，建筑企业工作人员（建筑工人、专业技术人员、注册执业人员等）同企业单位签订劳动合同时，即成为建设法律关系的主体。

2. 建设法律关系的客体

建设法律关系的客体是指建设法律关系主体享有的权利和承担的义务所共同指向的事物。在通常情况下，建设法律关系主体都是为了某一客体，彼此才设立一定的权利、义务，从而产生建设法律关系，这里的权利、义务所指向的事物，便是建设法律关系的客体。

建设法律关系的客体分为财、物、行为和非物质财富。

（1）财　财一般是指资金及各种有价证券。在建设法律关系中表现为财的客体主要是建设资金，如基本建设贷款合同的标的，即一定数量的货币。

（2）物　法律意义上的物是指可为人们所控制并具有经济价值的生产资料和消费资料。在建设法律关系中表现为物的客体主要是建筑材料，如钢材、水泥等，以及由其构成的建筑物，另外还有建筑机械设备。某个建设项目本身也可以成为建设法律关系的客体。

（3）行为　法律意义上的行为是指人的有意识的活动。在建设法律关系中，行为多表现为完成一定的工作，如勘察设计、施工安全、检查验收等活动。

（4）非物质财富　法律意义上的非物质财富是指人们脑力劳动的成果或智力方面的创作，也称智力成果。在建设法律关系中，如设计单位提供的具有创造性的设计图，该设计单位依法享有专有权，使用单位未经允许不能无偿使用。

3. 建设法律关系的内容

建设法律关系的内容是指建设法律关系的主体对他方享有的权利和负有的义务，这种内容要由相关的法律或合同来确定，它是连接主体的纽带。

根据建设法律关系主体地位不同，其权利义务关系表现为两种不同的情况：一种是基于主体双方地位平等基础上的对等的权利和义务关系；另一种是在主体双方地位不平等基础上产生的不对等的权利和义务关系，如政府有关部门对建设单位和施工企业依法进行的监督和管理活动所形成的法律关系。

我国建设法规中大部分的规定都是建设法律关系的内容。

4. 建设法律关系的产生、变更和终止

(1) 建设法律关系的产生　建设法律关系的产生是指建设法律关系的主体之间形成了一定的权利和义务关系。例如，某建设单位与施工企业签订了建设工程承包合同，主体双方产生了相应的权利和义务。此时，受建设法规调整的建设法律关系即告产生。

(2) 建设法律关系的变更　建设法律关系的变更是指建设法律关系的三个要素发生了变化。

1) 主体变更。主体变更有以下两种表现形式：

① 主体数目发生变化。主体数目发生变化表现为主体的数目增加或者减少。例如，总承包单位将所承揽的工程进行了分包，就导致了主体数目的增加。

② 主体的改变。主体改变也称合同转让，即由另一个新主体代替原主体享有权利、承担义务。

2) 客体变更。客体变更是指建设法律关系中权利义务所指向的事物发生变化。客体变更可以是其范围的变更，也可以是其性质的变更。

① 客体范围的变更。客体范围的变更表现为客体的规模、数量发生了变化。

② 客体性质的变更。客体性质的变更表现为原有的客体已经不复存在，而由新的客体代替了原来的客体。

3) 内容变更。建设法律关系主体与客体的变更，必然导致相应的权利和义务变更，即内容变更。内容变更有如下两种表现形式：

① 权利增加。一方的权利增加，也就意味着另一方义务的增加。

② 权利减少。一方的权利减少，也就意味着另一方义务的减少。

(3) 建设法律关系的终止　建设法律关系的终止是指建设法律关系主体之间的权利义务不复存在，彼此丧失了约束力。建设法律关系的终止可以分为自然终止、协议终止和违约终止。

1) 自然终止。建设法律关系的自然终止是指某类建设法律关系所规范的权利义务顺利地得到履行，取得了各自的利益，从而使该法律关系完结。

2) 协议终止。建设法律关系的协议终止是指建设法律关系主体之间协商解除某类建设法律关系规范的权利或义务，致使该法律关系归于消灭。协议终止有以下两种表现形式：

① 即时协商。这种协议终止指的是当事人双方就终止法律关系事宜即时协商，达成了一致意见后终止了他们的法律关系。

② 约定终止条件。这种协议终止指的是双方当事人在签订合同的时候就约定了终止的条件，当具备这个条件时，不需要与另一方当事人协商，一方当事人即可终止其法律关系。

3) 违约终止。建设法律关系的违约终止是指建设法律关系主体一方违约，或发生不可抗力，致使某类建设法律关系规范的权利不能实现。

(4) 建设法律关系产生、变更和终止的原因　建设法律事实是建设法律关系产生、变更和终止的原因。

1）建设法律事实的概念。建设法律事实是建设法律规范所确定的，能够引起建设法律关系产生、变更或解除的客观现象和客观事实。建设法律关系不会自然而然地产生，也不能仅凭建设法律规范的规定，就可以在当事人之间发生具体的建设法律关系。只有通过一定的建设法律事实，才能在当事人之间产生一定的建设法律关系，或者使原来的建设法律关系变更或解除。不是任何事实都可以成为建设法律事实，只有当建设法规把某种客观情况同一定的法律后果联系起来时，这种事实才被认为是建设法律事实，成为产生建设法律关系的原因，从而和法律后果形成因果关系。

2）建设法律事实的类型。建设法律事实按是否包含当事人的意志分为两类，即事件和行为。

事件是指法律规范所规定的不以当事人的意志为转移的法律事实。当建设法律规范规定把某种自然现象和建设权利义务关系联系在一起的时候，这种现象就成为法律事实的一种，即事件。这是建设法律关系产生、变更或消灭的原因之一，如洪水灾害导致工程施工延期，致使建设安装合同不能履行等。事件可分为：①自然事件，如地震、海啸、台风等；②社会事件，如战争、暴乱、政府禁令等；③意外事件，如爆炸、触礁、失火等。

行为是指能够引起权利义务关系产生、变更或解除的，以人的意志为转移的法律事实。它包含两层意思：一是法律行为必须是有行为能力的人实施的行为，只有法律特别规定时，才能产生法律后果。二是法律行为必须是有意识的行为，但在许多时候，法律也要求“无意识的行为”承担责任，此时称之为无过错责任。对于无过错责任，必须要有法律的规定，否则当事人不承担责任。

行为包括积极的作为或消极的不作为，都能引起法律关系的产生、变更或消灭。

本章小结

本章对建设工程基本法律知识进行了较详细的阐述，包括建设工程法律体系、建设工程法律责任、建设工程法律制度、建设法律关系等。

在建设工程法律体系中，要掌握法律体系的基本框架、法的表现形式和效力。

在建设工程法律责任中，要掌握民事责任、行政责任、刑事责任的种类及承担方式，了解建设工程领域常见的刑事责任。

在建设工程法律制度中，要掌握法人制度、代理制度、物权制度、债权制度、担保制度，了解知识产权制度。

在建设法律关系中，要掌握法律关系的概念、建设法律关系的构成要素，了解建设法律关系的产生、变更和终止以及建设法律事实的概念和类型。

习　题

一、单项选择题

1. 在我国境内从事建筑施工的某国外从业人员的孩子，今年 11 周岁。依据其本国法律，尚属于无民事行为能力人，其在我国境内从事民事行为时，对其民事行为的认定，应

（　　）。

A. 认定为限制民事行为能力人　　B. 认定为完全民事行为能力人

C. 由其国家的使领馆认定　　D. 认定为有民事行为能力

2. 法律效力等级是正确适用法律的关键，下述法律效力排序正确的是（　　）。

A. 国际条约 > 宪法 > 行政法规 > 司法解释

B. 宪法 > 法律 > 行政法规 > 地方政府规章

C. 法律 > 行政法规 > 地方性法规 > 部门规章

D. 行政法规 > 部门规章 > 地方性法规 > 地方政府规章

3. 行为是指人的有意识的活动。包括（　　）。

A. 积极的不作为或消极的作为　　B. 积极的作为或不作为

C. 消极的作为或不作为　　D. 积极的作为或消极的不作为

4. 民事法律关系的变更是指（　　）。

A. 民事法律关系的主体发生了变化

B. 民事法律关系的客体或者内容发生了变化

C. 民事法律关系的主体、客体和内容均发生了变化

D. 民事法律关系的主体、客体和内容至少有一项发生了变化

5. 因发生不可抗力，致使某类民事法律关系规范的权利不能实现的，是民事法律关系的（　　）。

A. 自然终止　　B. 约定终止条件终止

C. 违约终止　　D. 即时协商终止

6. 某施工企业与某房地产开发公司签订工程承包合同，该施工企业承建房地产开发公司开发的某住宅小区建设项目。合同双方约定，一旦工程实施过程中发生安全事故，则工程承包合同终止。该工程承包合同的终止属于（　　）。

A. 即时协商终止　　B. 约定终止条件终止

C. 自然终止　　D. 违约终止

7. 民事责任的承担方式中不包括（　　）。

A. 恢复原状　　B. 没收财产

C. 赔礼道歉　　D. 消除危险

8. 法人可以分为（　　）两大类。

A. 非企业法人、社团法人　　B. 企业法人、事业法人

C. 企业法人、非企业法人　　D. 行政法人、事业法人

9. 施工企业的项目经理属于施工企业的（　　）。

A. 委托代理人　　B. 法定代理人

C. 指定代理人　　D. 授权的项目管理者

10. 下列情形中，属于委托代理终止的是（　　）。

A. 被代理人恢复了民事行为能力　　B. 被代理人取得了民事行为能力

C. 指定代理的人民法院取消指定　　D. 代理期限届满或者代理事务完成

11. 张某原是甲建筑公司的采购员，辞职后与王某合办乙建筑设备租赁公司。张某现以甲建筑公司的名义与其长期负责的甲建筑公司的大客户丙公司签了 2 000t 钢材的购销合同，

丙公司对王某辞职并不知情。则对该合同承担付款义务的应是（　　）。

A. 张某　　B. 乙建筑设备租赁公司

C. 甲建筑公司　　D. 张某、王某与乙建筑设备租赁公司

12. 某施工企业租赁3辆混凝土搅拌车进行混凝土浇筑工作，那么该施工企业对混凝土搅拌车享有的权利是（　　）。

A. 所有权　　B. 占有权

C. 用益物权　　D. 担保物权

13. 根据《物权法》的规定，除法律另有规定或合同另有约定外，当事人之间订立有关设立、变更、转让和消灭不动产物权的合同，自（　　）生效。

A. 不动产登记时　　B. 不动产交付时

C. 签订时　　D. 不动产建造时

14. 引起债权债务关系发生的最主要、最普遍的依据是（　　）。

A. 合同　　B. 扶养

C. 不当得利　　D. 无因管理

15. 某工程项目为赶工期而昼夜施工，严重影响了相邻小区居民的休息，经现场劝阻无效，居民便成立维权小组与该施工企业谈判，要求其停止夜间施工，并赔偿2万元作为抚慰金。关于该施工企业与相邻小区居民之间的关系，以下表述中正确的是（　　）。

A. 构成了不当得利之债　　B. 构成了无因管理之债

C. 构成了侵权之债　　D. 没有构成债的关系

16. 下列财产，不能作为抵押财产的是（　　）。

A. 正在建造的船舶　　B. 在建工程项目

C. 城市土地使用权　　D. 被法院扣押的车辆

17. 某银行与某投资商签订了担保合同，双方当事人没有约定担保方式，此时应按照（　　）。

A. 一般保证承担保证责任　　B. 连带责任保证承担保证责任

C. 部分连带责任保证承担保证责任　　D. 由双方认定的第三方确定保证责任

18. 甲建设单位与乙勘察单位签订了勘察设计合同。合同约定，设计费为150万元，定金为设计费的15%。发包方已支付定金。如果乙勘察单位在规定期限内不履行合同，则应该返还给甲建设单位（　　）。

A. 15万元　　B. 30万元

C. 45万元　　D. 依据发包方损失而定

19. 张某是某建筑工程公司的项目经理，2012年9月，他租用了一台塔吊，租期为1年，2012年11月，李某找到张某说该塔吊已作为抵押物，他就是抵押权人，并出示了抵押合同。该合同显示抵押合同自2012年10月起生效。下列说法正确的是（　　）。

A. 张某不可以继续租用该塔吊

B. 张某可以继续使用，但如果在租期内李某需要实现抵押权，就不可以租用了

C. 在租期内，李某不可就此塔吊实现抵押权

D. 在租期过后，李某不可就此塔吊实现抵押权

20. 知识产权的权利主体依法享有独占使用智力成果的权利，他人不得侵犯。例如，未

经专利人许可不得使用其专利就表现了专利权的（　　）。

A. 归属性　　　　B. 私有性

C. 专有性　　　　D. 持有性

二、多项选择题

1. 下列各选项中，属于民事法律关系客体的有（　　）。

A. 建设工程施工合同中的建筑物

B. 建设工程施工合同中的工程价款

C. 建设工程设计合同中的施工图

D. 建材买卖合同中的建筑材料

E. 建设工程勘察合同中的勘察行为

2. 建设法规的表现形式多种多样，以下属于建设法规的形式的有（　　）。

A. 某省人民代表大会常务委员会通过的《××省建筑市场管理条例》

B. 原建设部（现为住房和城乡建设部）发布的《注册建造师管理规定》

C. 某省人民政府制定的《××省招标投标管理办法》

D. 某市人民政府办公室下发通知要求公办学校全部向外来务工人员子女开放，不收取任何赞助费用

E. 某省住房城乡建设主管部门下发的加强安全管理的通知

3. 地方性法规、规章之间不一致时，由有关机关依照相应规定做出裁决，以下不属于规定权限范围的有（　　）。

A. 部门规章之间、部门规章与地方政府规章之间对同一事项的规定不一致时，由国务院裁决

B. 同一机关制定的新的一般规定与旧的特别规定不一致时，由制定机关裁决

C. 部门规章之间、部门规章与地方政府规章之间对同一事项的规定不一致时，由地方政府提请全国人民代表大会常务委员会裁决

D. 地方性法规与部门规章之间对同一事项的规定不一致，不能确定如何适用时，由国务院提出意见

E. 地方性法规与部门规章之间对同一事项的规定不一致，不能确定如何适用时，由地方政府提请当地人民代表大会常务委员会裁决

4. 法人成立应具备的条件有（　　）。

A. 依法成立　　　　B. 有必要的财产和经费

C. 有自己的名称、组织机构和场所　　　　D. 能独立承担民事责任

E. 有规定数量的专业技术人员

5. 下列属于我国法律体系中包括的法律部门有（　　）。

A. 宪法　　　　B. 法律　　　　C. 行政法规

D. 诉讼法　　　　E. 自治条例和单行条例

6. 下列国家机关中，有权制定地方性法规的有（　　）。

A. 省、自治区、直辖市的人民代表大会及其常务委员会

B. 省、自治区、直辖市的人民政府

C. 省级人民政府所在地的市级人民代表大会及其常务委员会

D. 省级人民政府所在地的市级人民政府

E. 国务院各部委

7. 下列关于刑事责任的说法，正确的有（　　）。

A. 刑事处罚是承担刑事责任的方式

B. 主刑包括管制、拘役、有期徒刑、无期徒刑、缓刑和死刑

C. 附加刑包括罚金、没收财产、监外执行和剥夺政治权利

D. 主刑和附加刑可以共同适用

E. 构成犯罪就一定要接受刑事处罚

8. 下列属于承担民事责任的方式有（　　）。

A. 赔偿损失　　B. 返还财产　　C. 支付利息

D. 支付违约金　　E. 支付定金

9. 刑罚包括主刑和附加刑，其中主刑的种类包括（　　）。

A. 管制　　B. 拘役　　C. 行政拘留

D. 有期徒刑　　E. 剥夺政治权利

10. 下列关于项目经理部与企业法人法律关系的表述中，正确的有（　　）。

A. 项目经理部是一次性的、具有弹性的现场生产组织机构

B. 项目经理部的职责、任务和组织形式由项目经理决定

C. 项目经理是一种施工企业内部的岗位职务

D. 推行项目经理责任制，意味着项目经理是项目经理部的法定代表人

E. 项目经理部未按合同完成施工任务，自行承担违约责任

11.《担保法》规定的担保形式有（　　）。

A. 保证　　B. 抵押　　C. 质押

D. 留置　　E. 预付款

12. 根据《担保法》的规定，下列关于抵押担保和质押担保的说法中，正确的有（　　）。

A. 动产既可用于抵押担保，也可用于质押担保

B. 不动产既可用于抵押担保，也可用于质押担保

C. 动产可用于抵押担保，但不可用于质押担保

D. 动产可用于质押担保，但不可用于抵押担保

E. 不动产可用于抵押担保，但不可用于质押担保

13.《著作权法》保护的对象是作品，根据《著作权法》及其实施条例的规定，作品的种类有很多种。其中，在工程建设领域较为常见的，除文字作品外，还包括（　　）等。

A. 美术作品　　B. 建筑作品　　C. 图形作品

D. 音乐作品　　E. 模型作品

14. 下列抵押财产中，抵押权自登记时设立的有（　　）。

A. 建筑物　　B. 建设用地使用权　　C. 生产设备、原材料

D. 在建工程　　E. 在建的船舶

15.《专利法》保护的对象包括（　　）。

A. 科学发现　　B. 发明　　C. 实用新型

D. 新创造　　E. 外观设计

三、简答题

1. 法律体系的基本框架是什么？
2. 法的表现形式有哪些？
3. 建设工程民事责任、行政责任、刑事责任的种类和承担方式是什么？
4. 什么是建设法律关系？建设法律关系的三要素是什么？
5. 建设法律关系的终止形式有哪些？
6. 建设活动中法人成立的条件是什么？
7. 代理有哪些法律特征？代理分为哪几类？
8. 什么是物权？物权分为哪几种？
9. 什么是债？债的发生依据是什么？
10. 什么是担保？担保的方式分为哪几种？

四、案例题

赵某是某监理公司派出的监理人员，由于工作的需要，赵某长年住在施工单位，长时间的接触使得赵某与施工单位人员建立起了很好的私人关系。

一天，施工单位的主要负责人找到了赵某，向赵某说了目前的困难。原来，施工单位目前正在施工沥青混凝土面层，但是由于所在地区不生产碱性石料，导致进度迟缓，希望赵某能够允许施工单位以一部分酸性石料代替碱性石料使用。赵某很清楚拌制沥青混凝土不可使用酸性石料，但是碍于双方的密切关系，同意了这个要求。

后来，使用酸性石料拌制的沥青混凝土出现了沥青与石料剥离现象，不得不进行大面积返工，给建设单位造成了巨大损失。建设单位要求监理公司予以赔偿。

问题：建设单位要求监理公司予以赔偿是否合理？

第2章

建设工程许可法律制度

案例导入

2013年，某房地产公司与出租汽车公司（以下合并简称建设方）合作，在某市市区共同开发房地产项目。该项目包括两部分：一部分是6.3万m^2的住宅工程；另一部分是与住宅相配套的3.4万m^2的综合楼工程。该项目的住宅工程各项手续和证件齐全，自2013年开工建设到2014年8月已经竣工验收。综合楼工程由于双方对于该工程是作为基建计划还是开发计划申报问题没能统一意见，使得综合楼工程的各项审批手续未能办理。但是住宅工程已竣工验收，配套工程急需跟上，所以施工方在综合楼施工许可证未经审核批准的情况下开始施工。该行为被市监督执法大队发现后及时制止，并责令停工。

请分析：建设方在综合楼工程的建设中有何过错，应如何处理？

2.1 建设工程施工许可制度

建设工程实施施工许可制度是指由国家授权有关行政主管部门，在建设工程施工开始以前，对该项工程是否符合法定的开工必备条件进行审查，对符合条件的建设工程发给施工许可证，允许该工程开工建设的制度。

我国目前对建设工程开工条件的审批，存在着颁发施工许可证和批准开工报告两种形式。多数工程是办理施工许可证，部分工程则为批准开工报告。

2.1.1 建筑工程施工许可证的申领时间与范围

1. 施工许可证的申领时间

施工许可证的申领时间是指申请人应当在什么时候申领施工许可证。根据《建筑法》第7条的规定，施工许可证应在建筑工程开工前申请领取。

2. 申领施工许可证的范围

申领施工许可证的范围是指什么规模的建设工程需要领取施工许可证。根据《建筑法》第7条的规定，除国务院住房城乡建设主管部门确定的限额以下的小型工程，以及按照国务院规定的权限和程序批准开工报告的建筑工程外，在我国境内的建筑工程均应领取施工许可证。

在我国并不是所有的建设工程都必须申领施工许可证，有以下四类工程不需要办理：

（1）国务院住房城乡建设主管部门确定的限额以下的小型工程　根据《建筑工程施工许可管理办法》第2条的规定，工程投资额在30万元以下或者建筑面积在300m^2以下的建筑工程，可以不申请办理施工许可证。省、自治区、直辖市人民政府住房城乡建设主管部门可以根据当地的实际情况，对限额进行调整，并报国务院住房城乡建设主管部门备案。

（2）按照国务院规定的权限和程序批准开工报告的建筑工程　开工报告的审批内容和施工许可证的内容基本相同，同时又经过了国家机关的批准，所以没有必要再进行审批。

（3）抢险救灾及其他临时性房屋建筑和农民自建低层住宅工程　《建筑法》规定：“抢险救灾及其他临时性房屋建筑和农民自建低层住宅的建筑活动，不适用本法。”这几类工程各有其特殊性。所以，从实际出发，法律规定不需要办理施工许可证。

（4）军用房屋建筑　由于此类工程涉及军事秘密，《建筑法》第 84 条规定：“军用房屋建筑工程建筑活动的具体管理办法，由国务院、中央军事委员会依据本法制定。”

2.1.2　建筑工程施工许可证的申领条件

施工许可证的申领条件是指申请领取施工许可证应当达到的要求。

根据《建筑法》第 8 条的规定，申请领取施工许可证，应当具备下列条件：

1. 已经办理该建筑工程用地批准手续

根据《中华人民共和国城市房地产管理法》和《土地管理法》的规定，建设单位取得建设工程用地使用权，可以通过两种方式，即出让和划拨。土地使用权出让是指国家将国有土地使用权在一定年限内让与土地使用者，由土地使用者向国家支付土地使用权出让金的行为。土地使用权划拨是指县级以上人民政府依法批准，在土地使用者缴纳补偿、安置等费用后将该幅土地交付其使用，或者将土地使用权无偿交付给土地使用者使用的行为。建设单位依法以出让或划拨方式取得土地使用权应当向县级以上地方人民政府土地管理部门申请登记，经县级以上地方人民政府土地管理部门核实，由同级人民政府颁发土地使用权证书。建设单位取得土地使用权证书表明已经办理了该建设工程用地批准手续。

2. 在城市规划区的建筑工程已经取得规划许可证

这是在城市规划区的建筑工程开工建设的前提条件。所谓城市规划区，根据《城乡规划法》的有关规定，是指城市市区、近郊区以及城市行政区域内因城市建设和发展需要实行规划控制的区域。城市规划区的具体范围由城市人民政府在编制的城市总体规划中划定。城市规划区所讲的城市，是指国家按行政建制设立的直辖市、市、镇。所谓规划许可证，是指建设单位在向土地管理部门申请征用或划拨土地前，持有关批准文件向城乡规划主管部门提出申请，由城乡规划主管部门颁发的允许工程建设的证件。规划许可证包括建设用地规划许可证和建设工程规划许可证。

3. 施工场地已经基本具备施工条件，需要拆迁的，其拆迁进度符合施工要求

这里的拆迁一般是指房屋拆迁。房屋拆迁是指根据城市规划和国家专项工程的拆迁计划以及当地政府的用地文件，拆除和迁移建设用地范围内的房屋及附属物，并由拆迁人对原房屋及其附属物的所有人或使用人进行补偿和安置的行为。对在城市旧区进行建设工程的新建、扩建和改建，拆迁是施工准备的一项重要任务。对成片进行综合开发的，应根据建设工程建设计划，在满足施工要求的前提下，分期分批进行拆迁。拆迁必须按计划和施工进度要求进行，过迟或过早，都会造成损失和浪费。

4. 已经确定建筑施工企业

建设工程的施工必须由具备相应资质的建筑施工企业来承担。在建设工程开工前，建设单位必须确定承包该建设工程的建筑施工企业，否则建设工程就无法进行。建设单位确定建筑施工企业时要按《招标投标法》的有关规定进行。按照规定应该招标的工程没有招标，应该公开招标的工程没有公开招标，或者肢解发包工程，以及将工程发包给不具备相应资质条件的施工单位的，所确定的施工企业无效。在依法确定建筑施工企业后，双方应当签订建设工程承包合同，明确双方的责任、权利和义务。

5. 有满足施工需要的施工图及技术资料，施工图设计文件已按规定进行了审查

这一项包含三层意思：一是要有满足施工需要的施工图；二是要有满足施工需要的技术资料；三是施工图设计文件已按规定进行了审查。

6. 有保证工程质量和安全的具体措施，并按照规定办理了工程质量、安全监督手续

建设工程的质量状况往往直接关系到人身和财产安全，是至关重要的大问题，在工程施工作业中必须把保证工程质量放在首位。施工企业在编制的施工组织设计中要根据建设工程的特点制定相应的质量、安全技术措施，对专业性较强的工程项目，应当编制专项质量、安全施工组织设计。施工组织设计由施工企业负责编制，按照其隶属关系及工程的性质、规模、技术繁简程度实行分级审批。施工组织设计必须在建设工程开工前编制完毕。

7. 建设资金已经落实

建设资金的落实是建设工程开工后顺利实施的关键。近年来，一些建设单位无视国家固定资产投资的宏观调控和自身的经济实力，违反工程建设程序，在建设资金不落实或资金不足的情况下，盲目上新建设项目，强行要求施工企业带资承包工程和垫款施工，转嫁投资缺口，造成拖欠工程款数额急剧增加，这不仅干扰了国家对固定资产投资的宏观调控和工程建设的正常进行，严重影响了投资效益的提高，也加重了施工企业生产经营的困难。因此，在建设工程开工前，建设资金必须落实。根据《建筑工程施工许可管理办法》第 4 条的规定，建设工期不足 1 年的，到位资金原则上不得少于工程合同价的 50%，建设工期超过 1 年的，到位资金原则上不得少于工程合同价的 30%。建设单位应当提供本单位截至申请之日无拖欠工程款情形的承诺书或者能够表明其无拖欠工程款情形的其他材料，以及银行出具的到位资金证明，有条件的可以实行银行付款保函或者其他第三方担保。计划、财政、审计等部门应严格审查建设项目开工前和年度计划中的资金来源，据实出具资金证明。

8. 法律、行政法规规定的其他条件

法律、行政法规可以根据实践的需要，发展和完善施工许可证的申领条件。目前，已增加的施工许可证申领条件主要是监理和消防设计审核。

1）凡是按照规定应该委托监理的工程必须委托监理，否则，将不予颁发施工许可证。

2）2008 年 10 月修改后颁布的《中华人民共和国消防法》规定，依法应当经公安机关消防机构进行消防设计审核的建设工程，未经依法审核或者审核不合格的，负责审批该工程施工许可的部门不得给予施工许可，建设单位、施工单位不得施工，其他建设工程取得施工许可后经依法抽查不合格的，应当停止施工。

上述八个方面的条件，是建设单位申请领取施工许可证所必须同时具备的必要条件，缺一不可。住房城乡建设主管部门应当自收到申请之日起 15 日内，对符合条件的申请颁发施工许可证。此外，《建筑工程施工许可管理办法》还规定，必须申请领取施工许可证的建筑工程未取得施工许可证的，一律不得开工。任何单位和个人不得将应该申请领取施工许可证的工程项目分解为若干限额以下的工程项目，规避申请领取施工许可证。

2.1.3　申请办理施工许可证的程序

1. 建设单位要取得施工许可证，必须先提出申请

施工许可证的申领，应当由建设单位来承担，而不是施工单位或其他单位。

2. 申请办理施工许可证的程序

建设单位在提出申请办理施工许可证时，应当按照下列程序进行：

1）建设单位向有权颁发施工许可证的住房城乡建设主管部门领取建筑工程施工许可证申请表。

2）建设单位持加盖单位及法定代表人印鉴的建筑工程施工许可证申请表，并附上述规定的证明文件，向发证机关提出申请。

3）发证机关在收到建设单位报送的建筑工程施工许可证申请表和所附证明文件后，要对申请进行认真全面的审查，对于符合条件的，应当自收到申请之日起 15 日内颁发施工许可证；对于证明文件不齐全或者失效的，应当限期要求建设单位补正，审批时间可以自证明文件补正齐全后做相应顺延；对于不符合条件的，应当自收到申请之日起 15 日内书面通知建设单位，并说明理由。

建设工程在施工过程中，建设单位或者施工单位发生变更的，应当重新申请领取施工许可证。

2.1.4　施工许可证争议的解决

对住房城乡建设主管部门不批准施工许可证申请，或长期无故拖延不做出决定的，建设单位可以根据《行政复议法》的规定，向复议机关申请行政复议，对复议决定不服的，可以根据《行政诉讼法》的规定，向人民法院起诉；建设单位也可以根据《行政诉讼法》的规定，直接向人民法院起诉。

2.1.5　施工许可证的有效期与延期

根据《建筑法》第 9 条和《建筑工程施工许可管理办法》第 8 条的规定，施工许可证的有效期与延期有以下几层含义：

1）建设单位应当自领取施工许可证之日起 3 个月内开工，这是一项义务规定，目的是保证施工许可证的有效性，利于发证机关进行监督。建设单位应当如期开工，期限为领取施工许可证之日起 3 个月内。所谓领取施工许可证日，应当是住房城乡建设主管部门通知领取之日，因为领取并不完全由当事人决定，当事人自己想领取就领取，不想领取就不领取那是不行的。

2）工程因故不能开工的，可以申请延期。申请时间是在施工许可证期满前由建设单位向发证机关提出，并说明理由。理由应当是合理的，如出现了不可抗力，“三通一平”没有完成，材料、构件等没有按计划进场等。

3）延期以两次为限，每次不超过 3 个月。也就是说，延期最长为 6 个月，再加上领取之日起的 3 个月，建设单位有理由不开工的最长期限可达 9 个月。如果超过 9 个月仍不开工，该许可证即失去效力。

4）施工许可证的自行废止。所谓自行废止，即自动失去法律效力。施工许可证失去法律效力后，建设单位如组织开工，就必须重新领取新的施工许可证。施工许可证自行废止的情况有两种：一种是既不在 3 个月内开工，又不向发证机关申请延期；另一种是超过了延期的次数和时限，即建设单位在申请的延期内仍没有开工。

2.1.6 中止施工与恢复施工

中止施工与恢复施工是施工活动中两项非常重要的行为，《建筑法》第 10 条和《建筑工程施工许可管理办法》第 9 条对此做出了明确的规定，这样有利于住房城乡建设主管部门掌握建设工程的基本情况，加强对建设施工的监督管理，有利于保证建设工程质量和搞好建设安全生产。

1. 中止施工

中止施工是指建设工程开工后，在施工过程中，因特殊情况的发生而中途停止施工的一种行为。

中止施工后，建设单位应做好两方面的工作：一是向发证机关报告中止施工的情况，包括中止施工的时间、原因、施工部位、维护管理措施等，此报告应在中止施工起 1 个月内完成；二是按照规定做好建设工程的维护管理工作。

2. 恢复施工

恢复施工是指建设工程中止施工后，造成中止施工的情况消除，而继续进行施工的一种行为。在恢复施工时，中止施工不满 1 年的，建设单位应当向该建设工程的发证机关报告恢复施工的有关情况，中止施工满 1 年的，建设工程恢复施工前，建设单位应当报发证机关核验施工许可证。住房城乡建设主管部门对中止施工满 1 年的建设工程进行审查，重新确定其是否仍具备组织施工的条件。符合条件的，应允许恢复施工，施工许可证继续有效；对不符合条件的，不许恢复施工，施工许可证收回，待具备条件后由建设单位重新申领施工许可证。

2.1.7 建设工程开工报告的管理

开工报告的审批也是一种政府行政许可行为。开工报告批准后，建设单位也应按照开工报告规定的期限尽快开工，不得随意改变和拖延时间。为了维护政府的权威和政府许可行为的严肃性，《建筑法》第 7、11 条对此做出了规定。

1）按照国务院有关规定批准开工报告的建筑工程，因特殊情况发生，不能按照开工报告规定期限开工的，建设单位应尽快向批准该开工报告的机关报告情况。

2）按照国务院有关规定批准开工报告的建筑工程，已经按照开工报告规定的期限开始施工，在施工过程中，因特殊情况发生，而中途停止施工的，建设单位应尽快向批准该开工报告的机关报告中止施工的有关情况。

3）因特殊情况不能按照开工报告规定的期限开工，时间超过 6 个月的，开工报告自行失效。建设单位应当按照国务院有关规定重新向批准开工报告的机关办理开工报告的批准手续。

2.2 施工企业从业资格制度

施工企业从业资格包括从业单位的条件和从业单位的资质。

2.2.1 施工企业从业的条件

建设活动不同于一般的经济活动，从业单位条件的高低直接影响建设工程质量和建设安全生产。因此，从事建设活动的单位必须符合严格的资格条件。

1. 有符合国家规定的注册资本和（或）净资产

注册资本反映的是企业法人的财产权。注册资本和净资产也是判断企业经济力量的依据之一。所有从事工程建设施工活动的企业组织，都必须具备基本的责任承担能力，能够担负与其承包施工工程相适应的财产义务。这既是法律上权利与义务相一致、利益与风险相一致原则的体现，也是维护债权人利益的需要。因此，施工企业的注册资本和（或）净资产必须能够适应从事施工活动的需要，不得低于限额。《建筑业企业资质标准》（建市〔2014〕159号）和《施工总承包企业特级资质标准》（建市〔2007〕72号）对建筑工程施工总承包企业的净资产最低限额做出的规定是：特级企业注册资本金3亿元以上，净资产3.6亿元以上；一级企业净资产1亿元以上；二级企业净资产4 000万元以上；三级企业净资产800万元以上。

2. 有符合规定的专业技术人员

工程建设施工活动是一种专业性、技术性很强的活动。因此，从事工程建设施工活动的企业必须拥有足够的专业技术人员，其中一些专业技术人员还须有通过考试和注册取得的法定执业资格。

3. 有符合规定的技术装备

建设活动具有专业性强、技术性强的特点，没有相应的技术装备无法进行。例如，从事建设施工活动，必须有相应的施工机械设备与质量检验测试手段。

4. 有符合规定的已完成工程业绩

工程建设施工活动是一项重要的实践活动。有无承担过相应工程的经验及其业绩好坏，是衡量其实际能力和水平的一项重要标准。

2.2.2 施工企业的资质序列、类别和等级

1. 资质序列、资质类别、资质等级

按2015年1月1日起施行的《建筑业企业资质标准》（建市〔2014〕159号）的规定，建筑业企业资质分为施工总承包、专业承包和施工劳务三个序列。

施工总承包资质、专业承包资质、施工劳务资质序列这三类建筑业企业按照各自的工程性质和技术特点分别划分为若干资质类别。其中，施工总承包企业资质划分为12个资质类别，专业承包企业划分为36个资质类别，施工劳务企业不分类别和等级。

各资质类别按照各自规定的条件划分为以下若干资质等级：

1）施工总承包企业资质一般分为特级、一级、二级、三级。

2）专业承包企业资质一般分为一级、二级、三级或无级别。例如，地基基础工程专业承包企业资质分为一级、二级、三级；预拌混凝土专业承包企业资质不分等级。

2. 工程承接范围

取得施工总承包资质的企业，可以承接施工总承包工程。施工总承包企业可以对承接的施工总承包工程内各专业工程全部自行施工，也可以将专业工程或劳务作业依法分包给具有相应资质的专业承包企业或施工劳务企业。

取得专业承包资质的企业，可以承接施工总承包企业分包的专业工程和建设单位依法发包的专业工程。专业承包企业可以对所承接的专业工程全部自行施工，也可以将劳务作业依法分包给具有相应资质的施工劳务企业。

取得施工劳务资质的企业，可以承接施工总承包企业或专业承包企业分包的劳务作业。

【案例 2-1】

1. 背景

某建设单位于2013 年9 月13 日申请领取施工许可证。但是因为项目所在地发生流感疫情，工程于2014 年10 月1 日才决定开工。

2. 问题

申请的施工许可证对于建设单位是否有效？如果无效，建设单位该如何办理？

3. 分析

建设单位应该向发证机关重新申请施工许可证。因为根据《建筑法》第 9 条和《建筑工程施工许可管理办法》第 8 条的规定，工程因故不能开工的，可以申请延期。延期以两次为限，每次不超过 3 个月。也就是说，延期最长为 6 个月，再加上领取之日起的 3 个月，建设单位有理由不开工的最长期限可达 9 个月。如果超过 9 个月仍不开工，该许可证即失去效力。

2.2.3 施工企业资质违规行为

1. 禁止无资质或越级承揽工程的规定

我国法律规定施工单位除应具备企业法人营业执照外，还应取得相应的资质证书，并严格在其资质等级许可的经营范围内从事施工活动。

（1）禁止无资质承揽工程 《建筑法》规定，承包建筑工程的单位应当持有依法取得的资质证书，并在其资质等级许可的业务范围内承揽工程。《建设工程安全生产管理条例》进一步规定，施工单位从事建设工程的新建、扩建、改建和拆除等活动，应当具备国家规定的注册资本、专业技术人员、技术装备和安全生产等条件，依法取得相应等级的资质证书，并在其资质等级许可的范围内承揽工程。

（2）禁止越级承揽工程 《建筑法》和《建设工程质量管理条例》均规定，禁止施工单位超越本单位资质等级许可的业务范围承揽工程。但是，在联合共同承包和分包工程活动中依然存在着超越资质等级承揽工程的问题。

1）联合共同承包的有关法律规定。《建筑法》规定，两个以上不同资质等级的单位实行联合共同承包的，应当按照资质等级低的单位的业务许可范围承揽工程。

2）分包工程的有关法律规定。《建筑法》规定，禁止总承包单位将工程分包给不具备相应资质条件的单位。《房屋建筑和市政基础设施工程施工分包管理办法》进一步规定，分包工程承包单位必须具有相应的资质，并在其资质等级许可的范围内承揽业务。

将工程分包给无资质或超越资质等级的单位的，应当定性为违法分包。

2. 禁止以其他企业或其他企业以本企业名义承揽工程的规定

《建筑法》规定，禁止建筑施工企业超越本企业资质等级许可的业务范围或者以任何形式用其他建筑施工企业的名义承揽工程。禁止建筑施工企业以任何形式允许其他单位或者个人使用本企业的资质证书、营业执照，以本企业的名义承揽工程。

在分包工程中还要防止出现以其他企业名义或其他企业以本企业名义承揽工程的违法行为。《房屋建筑和市政基础设施工程施工分包管理办法》规定，分包工程发包单位没有将其承包的工程进行分包，在施工现场所设项目管理机构的项目负责人、技术负责人、项目核算负责人、质量管理人员、安全管理人员不是工程承包人本单位人员的，视同准许他人以本企业名义承揽工程。

【案例 2-2】

1. 背景

某工程项目由甲施工企业总承包，该企业将工程的土石方工程分包给乙分包公司，乙分包公司又与社会上的刘某签订任务书，约定由刘某组织人员负责土方开挖、装卸和运输，负责施工的项目管理、技术指导和现场安全，单独核算，自负盈亏。

2. 问题

该分包公司与刘某签订土石方工程任务书的行为应当如何定性？该如何处理？

3. 分析

本案例中，分包公司允许刘某以工程任务书形式承揽土石方工程，并将现场全权交由刘某负责，该项目施工中的技术、质量、安全管理及核算人员均由刘某自行组织而非该分包公司的人员，按照《房屋建筑和市政基础设施工程施工分包管理办法》第15条的规定，这种情况应视同允许他人以本企业名义承揽工程。

《建设工程质量管理条例》第61条规定："勘察、设计、施工、工程监理单位允许其他单位或者个人以本单位名义承揽工程的，责令改正，没收违法所得，……对施工单位处工程合同价款2%以上4%以下的罚款；可以责令停业整顿，降低资质等级；情节严重的，吊销资质证书。"据此，应当对该分包公司做出相应的处罚。

2.3 注册建造师的执业资格制度

注册建造师是指取得中华人民共和国注册建造师执业资格证书和注册证书，从事建设工程项目总承包及施工管理的专业技术人员。

我国注册建造师分为两级，即一级注册建造师和二级注册建造师。

2.3.1 建造师的考试、注册和继续教育的规定

1. 建造师的考试

（1）考试的级别、内容和时间　住房和城乡建设部负责编制一级注册建造师执业资格

考试科目、考试大纲和考试试题，由人力资源和社会保障部、住房和城乡建设部共同组织实施，原则上每年举行一次考试，考试时间定于每年的第三季度。

一级注册建造师执业资格考试设《建设工程经济》《建设工程法规及相关知识》《建设工程项目管理》和《专业工程管理与实务》四个科目。前三个科目属综合知识与能力部分，第四个科目属于专业知识与能力部分。《专业工程管理与实务》按照建设工程的专业要求进行，具体分为建筑工程、公路工程、铁路工程、民航机场工程、港口与航道工程、水利水电工程、市政公用工程、通信与广电工程、矿业工程和机电工程十个专业类别。

二级注册建造师执业资格考试实行全国统一大纲，各省、自治区、直辖市命题并组织考试的制度。

二级注册建造师执业资格考试设《建设工程施工管理》《建设工程法规及相关知识》和《专业工程管理与实务》三个科目。《专业工程管理与实务》按照建设工程的专业分为建筑工程、公路工程、水利水电工程、市政公用工程、矿业工程和机电工程六个专业类别。

考试成绩实行两年为一个周期的滚动管理办法，且必须在连续的两个考试年度内通过全部科目。

（2）考试的条件　申请参加注册建造师考试，必须符合国家规定的教育标准和职业实践要求。

1）一级注册建造师考试报名的条件。凡中华人民共和国公民，遵守国家法律、法规，恪守职业道德，并具备下列条件之一者，可以申请参加一级注册建造师执业资格考试：

① 取得工程类或工程经济类大学专科学历，工作满 6 年，其中从事建设工程项目施工管理工作满 4 年。

② 取得工程类或工程经济类大学本科学历，工作满 4 年，其中从事建设工程项目施工管理工作满 3 年。

③ 取得工程类或工程经济类双学士学位或研究生班毕业，工作满 3 年，其中从事建设工程项目施工管理工作满 2 年。

④ 取得工程类或工程经济类硕士学位，工作满 2 年，其中从事建设工程项目施工管理工作满 1 年。

⑤ 取得工程类或工程经济类博士学位，从事建设工程项目施工管理工作满 1 年。

已取得一级注册建造师执业资格证书的人员，也可根据实际工作需要，选择《专业工程管理与实务》科目的相应专业，报名参加考试。考试合格后核发国家统一印制的相应专业合格证明。该证明作为注册时增加执业专业类别的依据。

2）二级注册建造师考试报名的条件。凡遵纪守法并具备工程类或工程经济类中等专科以上学历并从事建设工程项目施工管理工作满 2 年的人员，可报名参加二级注册建造师执业资格考试。

（3）考试合格证书的颁发　参加一级注册建造师执业资格考试合格，由各省、自治区、直辖市人力资源社会保障部门颁发人力资源和社会保障部统一印制，人力资源和社会保障部、住房和城乡建设部用印的《中华人民共和国一级建造师执业资格证书》。该证书在全国范围内有效。

二级注册建造师执业资格考试合格者，由省、自治区、直辖市人力资源社会保障部门颁发人力资源和社会保障部统一格式的《中华人民共和国二级建造师执业资格证书》。该证书在所在行政区域内有效。

2. 建造师的注册

建造师实行注册执业管理制度。取得注册建造师执业资格证书的人员，必须经过注册登记，方可以注册建造师的名义执业。建造师的注册，根据注册内容的不同分为四种形式，即初始注册、延续注册、变更注册和增项注册。

（1）初始注册

1）申请初始注册的条件。申请初始注册时应当具备以下条件：①经考核认定或考试合格取得资格证书；②受聘于一个相关单位。

初始注册者，可自资格证书签发之日起 3 年内提出申请。逾期未申请者，除具备上述两条外，还须符合本专业继续教育的要求后方可申请初始注册。

2）申请初始注册需要提交的材料。申请初始注册需要提交下列材料：①注册建造师初始注册申请表；②资格证书、学历证书和身份证明复印件；③申请人与聘用单位签订的聘用劳动合同复印件或其他有效证明文件；④逾期申请初始注册的，应当提供达到继续教育要求的证明材料。

3）不予注册（包括初始注册、延续注册、变更注册、增项注册）的情形。注册建造师申请人有下列情形之一的，不予初始注册（延续注册、变更注册或增项注册）：①不具有完全民事行为能力的；②申请在两个或者两个以上单位注册的；③未达到注册建造师继续教育要求的；④受到刑事处罚，刑事处罚尚未执行完毕的；⑤因执业活动受到刑事处罚，自刑事处罚执行完毕之日起至申请注册之日止不满 5 年的；⑥因前项规定以外的原因受到刑事处罚，自处罚决定之日起至申请注册之日止不满 3 年的；⑦被吊销注册证书，自处罚决定之日起至申请注册之日止不满 2 年的；⑧在申请注册之日前 3 年内担任项目经理期间，所负责项目发生过重大质量和安全事故的；⑨申请人的聘用单位不符合注册单位要求的；⑩年龄超过 65 周岁的。

4）初始注册的有效期。注册建造师初始注册的有效期限为 3 年，自核准注册之日起计算。

（2）延续注册　注册有效期满需继续执业的，应当在注册有效期届满 30 日前，按规定申请延续注册，有效期为 3 年。

申请延续注册的，应当提交下列材料：①注册建造师延续注册申请表；②原注册证书；③申请人与聘用单位签订的聘用劳动合同复印件或其他有效证明文件；④申请人注册有效期内达到继续教育要求的证明材料。

（3）变更注册　在有效期内，注册建造师变更执业单位的，应当与原聘用单位解除劳动关系，并按照《注册建造师管理规定》第 7、8 条的规定办理变更注册手续，变更注册后仍延续原注册有效期。

申请变更注册的，应当提交下列材料：①注册建造师变更注册申请表；②注册证书和执业印章；③申请人与聘用单位签订的聘用劳动合同复印件或其他有效证明文件；④工作调动证明（与原聘用单位解除聘用合同或聘用合同到期的证明文件、退休人员的退休证明）。

（4）增项注册　注册建造师需要增加执业专业的，应当按规定申请专业增项注册，并提供相应的资格证明。

（5）注册证书和执业印章的补办　注册建造师因遗失、污损注册证书或执业印章，需要补办的，应当持在公众媒体上刊登的遗失声明的证明，向原注册机关申请补办。原注册机关应当在5日内办理完毕。

（6）重新申请注册　被注销注册或者不予注册的，在重新具备注册条件后，可按前述规定重新申请注册。

3. 注册建造师的继续教育

注册建造师在每一个注册有效期内应当达到国务院住房城乡建设主管部门规定的继续教育要求。

继续教育分为必修课和选修课，在每一注册有效期内各为60学时。经继续教育达到合格标准的，颁发继续教育合格证书。

继续教育的具体要求由国务院住房城乡建设主管部门会同国务院有关部门另行规定。

2.3.2　注册建造师的执业

取得资格证书的人员应当受聘于一个具有建设工程勘察、设计、施工、监理、招标代理、造价咨询等一项或者多项资质的单位，经注册后有权以注册建造师名义从事建设工程项目总承包管理或施工管理，建设工程项目管理服务，建设工程技术经济咨询，以及法律、行政法规和国务院住房城乡建设主管部门规定的其他业务。

担任施工单位项目负责人的，应当受聘并注册于一个具有施工资质的企业。注册建造师不得同时在两个及两个以上的建设工程项目上担任施工单位项目负责人。

建设工程施工活动中形成的有关工程施工管理文件，应当由注册建造师签字并加盖执业印章。

施工单位签署质量合格的文件上，必须有注册建造师的签字盖章。

1. 注册建造师的执业范围

不同级别的注册建造师，其执业范围也是不同的。一级注册建造师可以担任特级、一级建筑业企业资质的建设工程项目施工的项目经理；二级注册建造师可以担任二级及以下建筑业企业资质的建设工程项目施工的项目经理。

2. 注册建造师的执业技术能力

一级注册建造师应当具备的执业技术能力如下：①具有一定的工程技术、工程管理理论和相关经济理论水平，并具有丰富的施工管理专业知识；②能够熟练掌握和运用与施工管理业务相关的法律、法规、工程建设强制性标准和行业管理的各项规定；③具有丰富的施工管理实践经验和资历，有较强的施工组织能力，能保证工程质量和安全生产；④有一定的外语水平。

二级注册建造师应当具备的执业技术能力如下：①了解工程建设的法律、法规、工程建设强制性标准及有关行业管理的规定；②具有一定的施工管理专业知识；③具有一定的施工管理实践经验和资历，有一定的施工组织能力，能保证工程质量和安全生产。

2.3.3　注册建造师的权利和义务

1. 注册建造师的权利

注册建造师享有下列权利：①使用注册建造师名称；②在规定范围内从事执业活动；③在本人执业活动中形成的文件上签字并加盖执业印章；④保管和使用本人的注册证书、执业印章；⑤对本人执业活动进行解释和辩护；⑥接受继续教育；⑦获得相应的劳动报酬；⑧对侵犯本人权利的行为进行申述。

2. 注册建造师的义务

注册建造师应当履行下列义务：①遵守法律、法规和有关管理规定，恪守职业道德；②执行技术标准、规范和规程；③保证执业成果的质量，并承担相应责任；④接受继续教育，努力提高执业水准；⑤保守在执业中知悉的国家秘密和他人的商业、技术等秘密；⑥与当事人有利害关系的，应当主动回避；⑦协助注册管理机关完成相关工作。

3. 注册建造师的禁止行为

注册建造师不得有下列行为：①不履行注册建造师的义务；②在执业过程中，索贿、受贿或者谋取合同约定费用外的其他利益；③在执业过程中实施商业贿赂；④签署有虚假记载等不合格的文件；⑤允许他人以自己的名义从事执业活动；⑥同时在两个或者两个以上单位受聘或者执业；⑦涂改、倒卖、出租、出借或以其他形式非法转让资格证书、注册证书和执业印章；⑧超出执业范围和聘用单位业务范围从事执业；⑨法律、法规、规章禁止的其他行为。

2.3.4　注册建造师执业的检查、监督

国务院住房城乡建设主管部门和县级以上地方人民政府住房城乡建设主管部门或者有关部门对注册建造师执业资格和使用情况有检查、监督的责任。

1. 注册证书和执业印章的失效

注册建造师有下列情形之一的，其注册证书和执业印章失效：①聘用单位破产的；②聘用单位被吊销营业执照的；③聘用单位被吊销或者撤回资质证书的；④已与聘用单位解除聘用合同关系的；⑤注册有效期满且未延续注册的；⑥年龄超过 65 周岁的；⑦死亡或不具有完全民事行为能力的；⑧其他导致注册失效的情形。

2. 注销注册

注册建造师有下列情形之一的，由注册机关办理注销手续，收回注册证书和执业印章或者公告注册证书和执业印章作废：①有上述注册证书和执业印章失效所列情形发生的；②依法被撤销注册的；③依法被吊销注册证书的；④受到刑事处罚的；⑤法律、法规规定应当注销注册的其他情形。

注册建造师有上述所列情形之一的，注册建造师本人和聘用单位应当及时向注册机关提出注销注册申请；有关单位和个人有权向注册机关举报；县级以上地方人民政府住房城乡建设主管部门或者有关部门应当及时告知注册机关。

3. 撤销注册

有下列情形之一的，注册机关依据职权或者根据利害关系人的请求，可以撤销注册建造师的注册：①注册机关工作人员滥用职权、玩忽职守做出准予注册许可的；②超越法定职权做出准予注册许可的；③违反法定程序做出准予注册许可的；④对不符合法定条件的申请人颁发注册证书和执业印章的；⑤依法可以撤销注册的其他情形。

申请人以欺骗、贿赂等不正当手段获准注册的，应当予以撤销。

【案例 2-3】

1. 背景

某建设集团在 2012 年一级建造师注册过程中连续发生 4 人次违规行为：一是该公司李某在申请一级建造师注册时，隐瞒其已在另一个单位注册的事实，提供虚假材料；二是该公司张某在申请一级建造师注册时，未能完成法定的建造师继续教育内容；三是该公司王某在申请一级建造师注册时，提供虚假材料，其实际年龄已 67 周岁；四是该公司陈某因不赡养父母，被该市某区人民法院判处遗弃罪有期徒刑 2 年，缓刑 2 年执行的处罚，陈某在申请一级建造师注册时，没有告知其被刑事处罚的事实。

2. 问题

本案例中 4 名当事人的行为应当如何处理？

3. 分析

1)《注册建造师继续教育管理暂行办法》第 26 条规定："注册建造师应按规定参加继续教育，接受培训测试，不参加继续教育或继续教育不合格的不予注册。"据此，本案例中的张某未能完成建造师继续教育内容，按规定不能予以注册。

2)《注册建造师管理规定》第 15 条规定，申请人受到刑事处罚，刑事处罚尚未执行完毕的，不予注册。本案例中陈某隐瞒事实，申请一级建造师注册属违法行为，应当不予注册。

3)《注册建造师管理规定》第 33 条规定："隐瞒有关情况或者提供虚假材料申请注册的，建设主管部门不予受理或者不予注册，并给予警告，申请人 1 年内不得再次申请注册。"本案例中的李某、张某、王某和陈某 4 人均分别隐瞒事实、提供虚假材料，政府主管部门应当不予受理或者不予注册，并给予警告，在 1 年内不得再次申请注册。

本章小结

本章对建设工程许可法律制度做了较详细的阐述，包括建设工程施工许可制度、施工企业从业资格制度、注册建造师的执业资格制度等。

在建设工程施工许可制度中，要掌握建筑工程施工许可证的申领时间与范围、建筑工程施工许可证的申领条件，了解申请办理施工许可证的程序。

在施工企业从业资格制度中，要掌握施工企业从业的条件、了解施工企业的资质序列、类别和等级，施工企业资质违规行为等。

在注册建造师的执业资格制度中，要了解建造师的考试、注册、继续教育的规定，掌握注册建造师的执业范围和执业技术能力，重点掌握注册建造师的权利和义务。

习　题

一、单项选择题

1. 东州市第二人民医院欲新建一办公大楼，该办公大楼由东州市城建集团承包建造，则施工许可证应由（　　）申领。

A. 东州市城建集团　　B. 东州市第二人民医院

C. 东州市城建集团分包商　　D. 东州市第二人民医院或东州市城建集团

2. 建设单位申领建筑工程施工许可证后，既不开工又不申请延期，或者超过延期的时限的，（　　）。

A. 建筑工程施工许可证自行废止　　B. 由发证机关收回建筑工程施工许可证

C. 由住房城乡建设主管部门处以罚款　　D. 取消该建设项目

3. 建筑工程施工许可证应在（　　）时申领。

A. 投标以前　　B. 施工准备工作完成后

C. 正式施工以后　　D. 施工准备工作完成后，组织施工以前

4.《建筑法》中规定了申领施工许可证的必备条件，下列条件中（　　）不符合《建筑法》的要求。

A. 已办理了用地手续　　B. 已经取得了规划许可证

C. 已经有了方案设计图　　D. 施工单位已落实

5. 上海市百联集团欲新建一座大型综合市场，于2009 年2 月20 日领到建筑工程施工许可证。领取施工许可证后因故不能按规定期限正常开工，故向发证机关申请延期。开工后又因故于2009 年10 月15 日中止施工，2010 年10 月20 日恢复施工。

根据上述背景，按照建设工程施工许可制度的规定，回答以下各题：

1）该工程正常开工的最迟允许日期应为2009 年（　　）。

A. 3 月 19 日　　B. 5 月 19 日　　C. 5 月 20 日　　D. 8 月 20 日

2）该建设单位通过申请延期，所持建筑工程施工许可证的有效期最多可延长到2009 年（　　）为止。

A. 6 月 19 日　　B. 7 月 19 日　　C. 8 月 19 日　　D. 11 月 19 日

3）建设单位申请施工许可证延期的次数最多只有（　　）。

A. 1 次　　B. 2 次　　C. 3 次　　D. 4 次

4）因故中止施工，该建设单位向施工许可证发证机关报告的最迟期限应是 2009 年（　　）。

A. 10 月 15 日　　B. 10 月 22 日　　C. 11 月 14 日　　D. 12 月 14 日

5）该工程恢复施工前，该建设单位应当（　　）。

A. 报发证机关核验施工许可证　　B. 重新申领施工许可证

C. 向发证机关报告　　D. 请发证机关检查施工场地

6. 下列选项中，不属于我国建造师注册类型的是（　　）。

A. 初始注册　　B. 年检注册　　C. 变更注册　　D. 增项注册

7.《建设工程安全生产管理条例》规定，对没有安全施工措施的建设项目，建设行政主管部门不予颁发（　　）。

A. 建设工程规划许可证　　B. 施工许可证

C. 建设用地规划许可证　　D. 安全许可证

8. 王小伟是杭州市建筑设计院的一名工作人员，以下他利用其获得的注册建造师执业资格证书的行为中合法的是（　　）。

A. 将证书借给杭州建筑工程公司并获得相应的报酬

B. 将证书出售给需要者

C. 经所在单位领导同意，将证书中的房屋建筑专业改成了公路工程专业

D. 在完成本单位设计任务的同时，利用这个证书到外单位应聘

9. 张小虎取得注册建造师资格证书并经（　　）后，方有资格以注册建造师名义担任建设工程项目施工的项目经理。

A. 登记　　　　B. 注册

C. 备案　　　　D. 所在单位考核合格

10. 施工企业东方建筑公司的资质等级为二级，而发包方红太阳集团公司的工程项目需要一级资质的建筑商承建。于是东方建筑公司就借用了另一大型建筑企业广厦建筑公司的资质等级证书，承揽了红太阳集团公司的办公大楼工程。后来因该项工程不符合规定的质量标准而给红太阳集团公司造成了损失。那么，赔偿责任应当由（　　）承担。

A. 东方建筑公司

B. 东方建筑公司和广厦建筑公司按资产比例

C. 东方建筑公司和广厦建筑公司连带

D. 广厦建筑公司

11. 注册建造师有权（　　）。

A. 在注册建造师执业范围内超出聘用单位业务范围从事执业活动

B. 在两个或两个以上单位受聘或执业

C. 允许信得过的人以自己的名义从事执业活动

D. 对本人执业活动进行解释和辩护

12. 二级注册建造师李某在2011年8月注册有效期满时办理了延续注册，则他的注册有效期可延续到（　　）。

A. 2013年9月　　　　B. 2013年8月

C. 2014年9月　　　　D. 2015年9月

13. 甲房地产开发公司将一住宅小区工程以施工总承包方式发包给乙建筑公司，乙建筑公司又将其中场地平整及土方工程分包给丙土方公司。在工程开工前，应当由（　　）按照有关规定申请领取施工许可证。

A. 乙建筑公司　　　　B. 丙土方公司

C. 甲房地产开发公司和乙建筑公司共同　　　　D. 甲房地产开发公司

14. 根据《建筑工程施工许可管理办法》，下列不属于建设单位申请领取施工许可证的前提条件的是（　　）。

A. 已经取得安全生产许可证　　　　B. 办理了工程质量监督手续

C. 有满足施工需要的施工图　　　　D. 已经取得规划许可证

15. 某建设工程预计建设工期13个月，按照法律规定，建设单位的到位资金原则上不少于工程合同价的（　　）%。

A. 20　　　　B. 30　　　　C. 40　　　　D. 50

16. 根据施工许可制度的要求，建设项目因故停工，（　　）应当自中止施工之日起1个月内向发证机关报告。

A. 项目经理部　　B. 施工企业　　C. 监理单位　　D. 建设单位

17. 某工程项目建设工期为 5 年，为了保证施工顺利进行，开工前的到位资金原则上不得少于工程合同价的（　　）。

A. 30%　　B. 50%　　C. 70%　　D. 90%

18. 因故不能按期开工超过（　　）个月的，应当重新办理开工报告的批准手续。

A. 3　　B. 4　　C. 5　　D. 6

19. 某建设工程项目的工期为 28 个月，工程合同价为 6 000 万元。根据《建筑工程施工许可管理办法》的规定，建设单位开工前应当到位的资金应不少于（　　）万元。

A. 1 500　　B. 1 800　　C. 2 000　　D. 3 000

20. 2010 年 6 月 1 日，某在建工程因故中止施工，如果在（　　）之后恢复施工，则建设单位应当报发证机关核验施工许可证。

A. 2010 年 7 月 1 日　　B. 2010 年 12 月 1 日

C. 2011 年 3 月 1 日　　D. 2011 年 6 月 1 日

21. 2010 年 8 月 1 日，某建设单位领取了施工许可证。由于某种原因，工程不能按期开工。根据《建筑法》的规定，申请延期应在（　　）前进行。

A. 2010 年 9 月 1 日　　B. 2010 年 10 月 1 日

C. 2010 年 11 月 1 日　　D. 2010 年 12 月 1 日

22. 某公司拟开发建设一星级酒店项目，按照国家有关施工许可的规定，该公司必须先确定（　　），方可取得建筑工程施工许可证。

A. 工程设计企业和工程施工企业　　B. 工程监理企业和工程设计企业

C. 工程施工企业　　D. 工程监理企业和工程施工企业

23. 某建设单位 2010 年 2 月 1 日领取了施工许可证，由于某种原因，工程不能按期开工，故向发证机关申请了两次延期。根据《建筑法》的规定，该工程最迟应在（　　）前进行开工建设。

A. 2010 年 3 月 1 日　　B. 2010 年 8 月 1 日

C. 2010 年 5 月 1 日　　D. 2010 年 11 月 1 日

24. 关于施工许可证的相关规定，下列表述正确的是（　　）。

A. 施工许可证的有效期从申请办理之日起计算，并且期限可以延长

B. 施工许可证的有效期从审批同意之日起计算，但是期限不得延长

C. 施工许可证的有效期从通知领取之日起计算，并且期限可以延长

D. 施工许可证经延期后有效期最长为 6 个月，不得延长

25. 关于施工许可证，下列表述正确的是（　　）。

A. 颁发施工许可证只是表明主管部门对开工条件的认可

B. 只要颁发了施工许可证就不会再被废止

C. 颁发了施工许可证后，工程施工发生中止超 1 年的，应该重新申请施工许可证

D. 领取了施工许可证后，无论什么情况都必须开工建设

26. 注册建造师（　　），方有资格以注册建造师的名义担任建设工程项目施工的项目经理及从事其他施工活动的管理。

A. 取得执业资格后　　B. 经单位聘用后

C. 经注册后　　D. 经有关部门批准后

27. 建设工期不足 1 年的，到位资金原则上不得少于工程合同价的（　　）。

A. 20%　　B. 30%　　C. 40%　　D. 50%

28. 在建的建筑工程因故中止施工的，建设单位应当自中止施工之日起（　　）个月内向发证机关报告，并按照规定做好建筑工程的维护管理工作。

A. 1　　B. 2　　C. 3　　D. 4

29. 取得二级注册建造师资格证书的王明因故未能在 3 年内申请注册，3 年后申请注册时必须（　　）。

A. 重新取得资格证书　　B. 提供达到继续教育要求的证明材料

C. 提供新的业绩证明　　D. 符合延续注册的条件

二、多项选择题

1. 王某于 2008 年通过考试取得中华人民共和国建造师执业资格证书，2010 年 6 月 1 日受聘且注册于具有二级施工企业资质的宏业建筑公司，并取得注册证书。王某以注册建造师名义执业的范围包括（　　）。

A. 担任宏业建筑公司承建的建设工程项目施工的项目经理

B. 从事宏业建筑公司其他施工活动的管理工作

C. 法律、建设法规或国务院住房城乡建设主管部门规定的其他业务

D. 宏业建筑公司所在地方人民政府根据实际需要规定的其他业务

E. 担任各种类型建设工程项目施工的项目经理

2. 上题中，王某在与宏业建筑公司签订聘用合同时，提出自己以注册建造师名义执业应享有下列权利，其中正确的有（　　）。

A. 可对本人执业活动进行解释和辩护

B. 亲自保管和使用本人的注册证书、执业印章

C. 在宏业建筑公司业务范围外从事相关专业的执业活动

D. 对侵犯本人权利的行为进行申述

E. 介入与自己有利害关系的商务活动

3. 下列是一些关于王某从业资格的表述，其中正确的有（　　）。

A. 王某必须在 3 年内不改变执业范围

B. 王某申请延续注册时应提交原注册证书

C. 2010 年 11 月王某变更到另一家施工企业，则变更后的注册有效期到 2013 年 11 月止

D. 王某的初始注册有效期至 2013 年 5 月 31 日

E. 因增加执业专业，王某申请专业增项注册

4. 根据《建筑法》的规定，建设单位申请施工许可证应具备的条件有（　　）。

A. 已经办理该建筑工程用地批准手续

B. 已经取得规划许可证

C. 有满足施工需要的施工图及技术资料

D. 有保证工程质量和安全的具体措施

E. 到位建设资金已经达到工程合同价的 25%

5. 根据我国相关法规的规定，我国建筑业企业的资质分为（　　）。

A. 施工总承包　B. 建筑工程勘察设计　C. 专业承包
D. 工程咨询监理　E. 施工劳务

6. 根据《建筑工程施工许可管理办法》，下列工程项目无须申请施工许可证的有（　　）。
A. 北京故宫修缮工程　B. 长江汛期抢险工程　C. 工地上的工人宿舍
D. 某私人投资工程　E. 部队导弹发射塔

7. 以下工程不需要申请施工许可证的有（　　）。
A. 某公园的喷泉工程投资 38 万元　B. 某配电房建筑面积 $200m^2$
C. 已经领取开工报告的工程　D. 为修建青藏铁路而建的临时性建筑
E. 某军区建的军事指挥所

8. 下列申报施工许可证的材料中，不符合颁发施工许可证条件的有（　　）。
A. 已经交了土地出让金，但土地使用证尚未办好
B. 没有规划许可证，但规划局出具了正在办理的便函
C. 有拆迁许可证，拆迁已经结束
D. 已经订立施工合同，但中标施工企业的资质不能满足要求
E. 办理了质量监督手续

9. 某公司改建办公大楼，该工程由某建筑公司承建，关于施工许可证的有关规定，下列说法正确的有（　　）。
A. 该工程无须领取施工许可证
B. 应由该公司向住房城乡建设主管部门申请领取施工许可证
C. 应由建筑公司向住房城乡建设主管部门申请领取施工许可证
D. 即使未领取施工许可证，该工程也可以开工
E. 未领取施工许可证，该工程不得开工

10. 下列不需要申请施工许可证的建筑工程有（　　）。
A. 部队营房　B. 城市大型立交桥
C. 为抢险救灾修建的道路　D. 施工单位搭建的工地宿舍
E. 已按规定批准开工报告的建筑工程

11. 甲建设单位改建办公大楼，由乙建筑公司承建，下列有关施工许可证的说法正确的有（　　）。
A. 该改建工程无须领取施工许可证
B. 应由甲向住房城乡建设主管部门申请领取施工许可证
C. 应由乙向住房城乡建设主管部门申请领取施工许可证
D. 申请施工许可证时，应当提供安全施工措施的资料
E. 申请施工许可证时，该工程应当有满足施工需要的施工图

三、简答题

1. 什么是建筑工程施工许可制度？
2. 申请领取施工许可证应当具备哪些条件？
3. 施工单位的资质是如何分类和划分资质等级的？
4. 什么是注册建造师？它分为几级？注册建造师的违法行为有哪些？

四、案例题

1. 黄河某灌区节水改造工程2008年度项目开工报告的批复如下："你局2007年12月24日报来的《关于黄河灌区节水改造工程2008年度项目开工的请示》文件已收悉。根据水利部《关于加强水利工程建设项目开工管理工作的通知》（水建管〔2006〕144号）有关要求，对你局2008年度大型灌区续建配套与节水改造项目开工条件进行了审查，经研究，批复如下：

1）黄河灌区节水改造2008年度项目的项目法人、设计批复、筹资方案、质量监督、施工监理以及招标投标、工程合同、材料准备等工作符合水建管〔2006〕144号文件开工条件的有关要求，同意于2008年1月15日起开工建设该项目。

2）要按照国家发展和改革委员会、水利部《大型灌区续建配套与节水改造项目建设管理办法》及基本建设项目有关规章制度的要求，依据工程建设有关批复内容，严格程序，科学组织，精心施工。要加强项目管理，抓好安全生产，保质保量完成工程建设任务，及时发挥工程效益。

3）项目竣工后，由省水利厅主持验收。对项目预备费，要严格按照有关规定要求，不经批准，严禁动用。

4）在项目建设过程中，项目经理部要特别注意加强项目资金管理，严禁挤占、挪用项目建设资金，保证资金安全；要认真履行合同，及时做好单元、分部等阶段验收工作，做好项目施工、监理、质量检测等资料归档、整理工作，保证工程质量和进度；要积极组建灌区农民用水户协会，提高工程效益和管理水平。"

但是，该项目开工报告被批准后，因故未能按时开工。该水利管理局于2008年3月10日、5月10日两次向省水利厅报告工程项目开工准备的进展情况，一直到2008年7月1日才开工建设。

问题：该项目是否需要重新办理开工报告批准手续？为什么？

2. 张某等3人合资在某城区内兴建了一栋6层楼的私房工程，该工程由某施工单位承包，建筑面积3 100m^2，造价150万元，取得了建设工程规划许可证，但未办理施工许可证就开工，被某市城管部门（受委托执法组织）查处，依法对其做出了罚款3万元的行政处罚决定，张某等声称是私房建筑工程，已取得了建设工程规划许可证，无须办理施工许可证，反正两证都一样，办了一个即可，以此为由逾期拒不履行行政处罚决定，法院裁定并强制其履行了义务。

问题：对张某等人的行为应当如何定性？

第3章

建设工程发包与承包制度

案例导入

在施工承包合同中约定由施工单位采购建筑材料。施工期间，建设单位要求施工单位购买某采石场的石料，理由是该石料物美价廉。

请分析：对此要求施工单位可以拒绝吗?

3.1 建设工程发包与承包的一般规定

3.1.1 建筑工程发包与承包的概念

所谓发包、承包，是指一方当事人为另一方当事人完成某项工作，另一方当事人接受工作成果并支付工作报酬的行为。其中，把某项工作交给他人完成并有义务接受工作成果，支付工作报酬，是发包；承揽他人交付某项工作，并完成某项工作，是承包。发包与承包构成发包、承包经济活动不可分割的两个方面、两种行为。

建筑工程发包、承包是指经济活动中，作为交易一方的建设单位，将需要完成的建筑工程勘察、设计、施工等工作交给交易的另一方勘察、设计、施工单位去完成，并按照双方约定支付报酬的行为。其中，建设单位是以建筑工程所有者的身份委托他人完成勘察、设计、施工、安装等工作并支付报酬的公民、法人或其他组织，是发包人，又称甲方；以建筑工程勘察、设计、施工、安装者的身份向建设单位承包，有义务完成发包人交给的建筑工程勘察、设计、施工、安装等工作，并有权获得报酬的企业是承包人，又称乙方。

建筑工程发包、承包制度，是建筑业适应市场经济的产物。建筑工程勘察、设计、施工、安装单位要通过参与市场竞争来承揽建筑工程项目。这样，可以激发企业活力，有利于建筑业健康发展，有利于建筑市场的活跃和繁荣。

3.1.2 建设工程发包与承包的原则

建设工程发包、承包活动是一项特殊的商品交易活动，同时又是一项重要的法律活动。因此，承发包双方必须共同遵循交易活动的一些基本原则并依法进行，才能确保活动顺利、高效、公平地进行。《建筑法》将这些基本原则以法律的形式做了如下规定：

1. 承发包双方依法订立书面合同和全面履行合同义务的原则

这是国际通行的原则。这里所称的书面合同是指建设工程承包合同。由于建筑工程承包合同所涉及的内容特别复杂，合同履行期较长，为便于明确各自的权利与义务，减少纷争，

《建筑法》和《合同法》都明确规定，建设工程承包合同应当采用书面形式。这包括建设工程承包合同的订立、合同条款的变更，均应采用书面形式。全部或者部分使用国有资金投资或者国家融资的建设工程应当采用国家发布的《建设工程施工合同（示范文本）》。

订立建设工程承包合同时，应当以发包单位发出的招标文件和中标通知书规定的承包范围、工期、质量和价款等实质性内容为依据；非招标工程应当以当事人双方协商达成的一致意见为依据订立合同。

承发包双方应根据建设工程承包合同约定的时间、地点、方式、内容及标准等要求，全面、准确地履行合同义务。一旦发生不按照合同约定履行义务的情况，违约方将依法承担违约责任。

2. 建设工程发包、承包实行以招标、投标为主，直接发包为辅的原则

工程发包可以分为招标发包与直接发包两种形式。招标发包是一种科学先进的发包方式，也是国际通用的方式，受到社会和国家的重视。因此，《建筑法》规定，建筑工程依法实行招标发包，对不适于招标发包的可以直接发包。由于我国已于2000年1月1日起开始实施《招标投标法》，因此，对于符合该法要求招标范围的建设工程，必须依照《招标投标法》实行招标发包。招标投标活动，应该遵循公开、公正、公平、诚实信用的原则，择优选择承包单位。

3. 禁止承发包双方采取不正当竞争手段的原则

发包单位及其工作人员在建设工程发包中不得收受贿赂、回扣或者索取其他好处。承包单位及其工作人员不得利用向发包单位及其他工作人员行贿、提供回扣或者给予其他好处等不正当手段承揽工程。

3.2 建设工程发包

3.2.1 建设工程发包的方式

建设工程的发包方式主要有两种，即招标发包和直接发包。

《建筑法》第19条规定："建筑工程依法实行招标发包，对不适用于招标发包的可以直接发包。"

建设工程实行公开招标的，发包单位应当依照法定程序和方式，在具备相应资质条件的投标者中，择优选定中标者。建设工程实行招标发包的，发包单位应当将建设工程发包给依法中标的承包单位。建设工程实行直接发包的，发包单位应当将建设工程发包给具有相应资质条件的承包单位。

3.2.2 禁止将建设工程肢解发包和违法采购

1. 禁止发包单位将建设工程肢解发包

肢解发包指的是建设单位将应当由一个承包单位完成的建设工程分解成若干部分发包给不同的承包单位的行为。

肢解发包的弊端在于：

（1）肢解发包可能导致发包单位变相规避招标　发包单位可能会将大的工程项目肢解

成若干小的工程项目，使得每一个小的工程项目都不满足关于招标规模和标准的规定，从而达到变相规避招标的效果。

（2）肢解发包会不利于投资和进度目标的控制　肢解发包意味着本来应该由一家承包单位完成的项目，现在由两家或者两家以上的承包单位完成了。这就会使得一些岗位出现重复设置的人员，也不利于各工序的协调，难以形成流水作业，不利于投资和进度目标的控制。

（3）肢解发包也会增加发包的成本　肢解发包必然会使得发包的次数增加，这必然会导致发包的费用增加。

（4）肢解发包增加了发包单位管理的成本　肢解发包会导致合同数增加，这必然导致发包单位在管理上会增加难度，进一步导致发包单位在合同管理上会增加成本。

由于肢解发包存在上述弊端，所以，《建筑法》第 24 条规定："禁止将建筑工程肢解发包。……不得将应当由一个承包单位完成的建筑工程肢解成若干部分发包给几个承包单位。"

2. 禁止违法采购

（1）小规模材料设备的采购　工程建设项目不符合《工程建设项目招标范围和规模标准规定》规定的范围和标准的小规模建筑材料、建筑构配件和设备的采购主要有以下三种形式：

1）由建设单位负责采购。

2）由承包单位负责采购。

3）由双方约定的供应商供应。

按照合同约定，建筑材料、建筑构配件和设备由工程承包单位采购的，发包单位不得指定承包单位购入用于工程的建筑材料、建筑构配件和设备或者指定生产厂、供应商。

（2）大规模材料设备的采购　工程建设项目符合《工程建设项目招标范围和规模标准规定》规定的范围和标准的，必须通过招标选择货物供应单位。

《工程建设项目货物招标投标办法》第 5 条规定："工程建设项目货物招标投标活动，依法由招标人负责。"

工程建设项目招标人对项目实行总承包招标时，未包括在总承包范围内的货物达到国家规定规模标准的，应当由工程建设项目招标人依法组织招标。

工程建设项目招标人对项目实行总承包招标时，以暂估价形式包括在总承包范围内的货物达到国家规定规模标准的，应当由总承包中标人和工程建设项目招标人共同依法组织招标。双方当事人的风险和责任承担由合同约定。

3.3　建设工程承包

3.3.1　资质管理

1. 关于资质管理的规定

承包建设工程的单位应当持有依法取得的资质证书，并在其资质等级许可的业务范围内承揽工程。禁止建筑施工企业超越本企业资质等级许可的业务范围或者以任何形式用其他建筑施工企业的名义承揽工程。禁止建筑施工企业以任何形式允许其他单位或者个人使用本企业的资质证书、营业执照，以本企业的名义承揽工程。

2. 关于资质管理纠纷的处理

2005年1月1日开始实行的《最高人民法院关于审理建设工程施工合同纠纷案件适用法律问题的解释》第1条规定，建设工程施工合同具有下列情形之一的，应当根据《合同法》第52条第（5）项的规定，认定无效：①承包人未取得建筑施工企业资质或者超越资质等级的；②没有资质的实际施工人借用有资质的建筑施工企业名义的；③建设工程必须进行招标而未招标或者中标无效的。

上面的三种情形违反了《建筑法》关于发承包的规定，依据《合同法》第52条属于无效的合同。对该合同按照以下办法处理：

1）建设工程施工合同无效，但建设工程经竣工验收合格，承包人请求参照合同约定支付工程价款的，应予支持。

2）建设工程施工合同无效，且建设工程经竣工验收不合格的，按照以下情形分别处理：

① 修复后的建设工程经竣工验收合格，发包人请求承包人承担修复费用的，应予支持。

② 修复后的建设工程经竣工验收不合格，承包人请求支付工程价款的，不予支持。因建设工程不合格造成的损失，发包人有过错的，也应承担相应的民事责任。

3）承包人超越资质等级许可的业务范围签订建设工程施工合同，在建设工程竣工前取得相应资质等级，当事人请求按照无效合同处理的，不予支持。

【案例3-1】

1. 背景

某建筑工程公司法定代表人李某与个体经营者张某是老乡。张某要求能以该公司的名义承接一些工程施工业务，双方便签订了一份承包合同，约定张某可使用该公司的资质证书、营业执照等承接工程，每年上交承包费20万元，如不能按时如数上交承包费，则该公司有权解除合同。合同签订后，张某利用该公司的资质证书、营业执照等多次承揽工程施工业务，但年底只向该公司上交了8万元的承包费。为此，该公司与张某发生激烈争执，并诉至法院。

2. 问题

1）该建筑工程公司与张某是否存在着违法行为？

2）该建筑工程公司的违法行为应当受到哪些处罚？

3. 分析

1）本案例中该建筑工程公司将资质证书、营业执照等出借给张某，允许以其名义对外承揽工程，属于违法行为。《建筑法》第26条第2款明确规定："禁止建筑施工企业以任何形式允许其他单位或者个人使用本企业的资质证书、营业执照，以本企业的名义承揽工程。"

2）《建筑法》第66条规定："建筑施工企业转让、出借资质证书或者以其他方式允许他人以本企业的名义承揽工程的，责令改正，没收违法所得，并处罚款。"《建设工程质量管理条例》第61条进一步规定："违反本条例规定，勘察、设计、施工、工程监理单位允许其他单位或者个人以本单位名义承揽工程的，责令改正，没收违法所得，……对施工单位处工程合同价款2%以上4%以下的罚款；可以责令停业整顿，降低资质等级；情节严重的，吊销资质证书。"据此，该建筑工程公司将被责令改正，没收违法所得，处工程合同价款2%以上4%以下的罚款；根据情节，还可能被责令停业整顿，降低资质等级，甚至吊销资质证书。

3.3.2　建设工程总承包的规定

《建筑法》第24条第1款规定，提倡对建筑工程实行总承包。

总承包通常分为工程总承包和施工总承包两大类。

《建筑法》规定，建筑工程的发包单位可以将建筑工程的勘察、设计、施工、设备采购一并发包给一个工程总承包单位，也可以将建筑工程勘察、设计、施工、设备采购的一项或者多项发包给一个工程总承包单位。

工程总承包是指从事工程总承包的企业受建设单位的委托，按照工程总承包合同的约定，对工程项目的勘察、设计、采购、施工、试运行（竣工验收）等实行全过程或若干阶段的承包。

施工总承包是指发包人将全部施工任务发包给具有施工总承包资质的建筑业企业，由施工总承包企业按照合同的约定向建设单位负责，承包完成施工任务。

1. 工程总承包的方式

按照2003年建设部发布的《关于培育发展工程总承包和工程项目管理企业的指导意见》，工程总承包主要有下列方式：

(1) 设计采购施工（EPC）/交钥匙总承包　设计采购施工总承包是指工程总承包企业按照合同约定，承担工程项目的设计、采购、施工、试运行服务等工作，并对承包工程的质量、安全、工期、造价全面负责。

交钥匙总承包是设计采购施工总承包业务和责任的延伸，最终是向建设单位提交一个满足使用功能、具备使用条件的工程项目。

(2) 设计—施工总承包（D-B）　设计—施工总承包是指工程总承包企业按照合同约定，承担工程项目设计和施工工作，并对承包工程的设计和施工的质量、安全、工期、造价负责。

(3) 设计—采购总承包（E-P）　设计—采购总承包是指工程总承包企业按照合同约定，承担工程项目设计和采购工作，并对工程项目设计和采购的质量、进度等负责。

(4) 采购—施工总承包（P-C）　采购—施工总承包是指工程总承包企业按照合同约定，承担工程项目的采购和施工工作，并对承包工程的采购和施工的质量、安全、工期、造价负责。

2. 总承包企业的资质管理

《建设工程勘察设计资质管理规定》规定，取得工程勘察、工程设计资质证书的企业，可以从事资质证书许可范围内相应的建设工程总承包业务。《建筑业企业资质管理规定》也规定，取得建筑业企业资质证书的企业，可以从事资质许可范围相应等级的建设工程总承包业务。

我国建筑业企业资质分为施工总承包、专业承包和施工劳务三个序列。取得施工总承包资质的企业，可以承接施工总承包工程。施工总承包企业可以对所承接的施工总承包工程内各专业工程全部自行施工，也可以将专业工程或劳务作业依法分包给具有相应资质的专业承包企业或施工劳务企业。

3. 工程总承包单位与工程项目管理

工程项目管理是指从事工程项目管理的企业受建设单位委托，按照合同约定，代表建设单位对工程项目的组织实施进行全过程或若干阶段的管理和服务。工程项目管理企业不直接从事该工程项目的勘察、设计、施工等，也不与该工程项目的总承包企业或勘察、设计，供货、施工等企业签订合同，但可以按合同约定，协助业主与工程项目的总承包企业或勘察、设计、供货、施工等企业签订合同，并受业主委托监督合同的履行。

4. 总承包单位的责任

《建筑法》规定，建筑工程总承包单位按照总承包合同的约定对建设单位负责；分包单位按照分包合同的约定对总承包单位负责。总承包单位和分包单位就分包工程对建设单位承担连带责任。

《建设工程质量管理条例》进一步规定，建设工程实行总承包的，总承包单位应当对全部建设工程质量负责；建设工程勘察、设计、施工、设备采购的一项或者多项实行总承包的，总承包单位应当对其承包的建设工程或者采购的设备的质量负责。总承包单位依法将建设工程分包给其他单位的，分包单位应当按照分包合同的约定对其分包工程的质量向总承包单位负责，总承包单位与分包单位对分包工程的质量承担连带责任。

连带责任是我国民事立法中的一项重要民事责任制度，其目的在于补偿救济，加重民事法律关系当事人的法律责任，有效地保障债权人的合法权益。《民法通则》第 87 条规定："负有连带义务的每个债务人，都负有清偿全部债务的义务，履行了义务的人，有权要求其他负有连带义务的人偿付他应当承担的份额。"总承包单位和分包单位就分包工程承担连带责任，就是当分包工程发生了质量责任或者违约责任时，建设单位可以向总承包单位请求赔偿，也可以向分包单位请求赔偿，总承包单位或分包单位进行赔偿后，有权依据分包合同对于不属于自己责任的赔偿向另一方进行追偿。当然，连带责任也不仅限于连带赔偿责任，还有其他履行工程义务的连带责任。因此，总承包单位除应加强自行完成工程部分的管理外，还有责任强化对分包单位分包工程的监管。

3.3.3 共同承包

《建筑法》第 27 条规定："大型建筑工程或者结构复杂的建筑工程，可以由两个以上的承包单位联合共同承包。"

1. 联合体中各成员单位的责任承担

（1）内部责任　组成联合体的成员单位投标之前必须签订共同投标协议，明确约定各方拟承担的工作和责任，并将共同投标协议连同投标文件一并提交招标人。依据《工程建设项目施工招标投标办法》，联合体投标未附联合体各方共同投标协议的，由评标委员会初审后按废标处理。

（2）外部责任 《建筑法》第 27 条同时规定：“共同承包的各方对承包合同的履行承担连带责任。”依据《民法通则》第 87 条的规定，负有连带义务的每个债务人，都负有清偿全部债务的义务，履行了义务的人，有权要求其他负有连带义务的人偿付他应当承担的份额。

2. 联合体资质的认定

联合体作为投标人也要符合资质管理的规定，因此，也必须对联合体确定资质等级。

《建筑法》第 27 条对如何认定联合体资质做出了原则性规定：“两个以上不同资质等级的单位实行联合共同承包的，应当按照资质等级低的单位的业务许可范围承揽工程。”《招标投标法》及其相关规定对“联合体投标”问题做出了更具体的规定。

3.4 建设工程分包

3.4.1 分包的含义

分包是指总承包单位将其所承包工程中的专业工程或者劳务作业发包给其他承包单位完成的活动。

分包分为专业工程分包和劳务作业分包。

专业工程分包是指总承包单位将其所承包工程中的专业工程发包给具有相应资质的其他承包单位完成的活动。

劳务作业分包是指施工总承包单位或者专业承包单位将其承包工程中的劳务作业发包给施工劳务单位完成的活动。

《建筑法》第 29 条规定，建筑工程总承包单位可以将承包工程中的部分工程发包给具有相应资质条件的分包单位。

3.4.2 对分包单位的认可

《建筑法》第 29 条进一步规定：“除总承包合同中约定的分包外，必须经建设单位认可。”

这条规定实际上赋予了建设单位对分包单位的否决权，即没有经过建设单位认可的分包单位是违法的分包单位。然而，认可分包单位与指定分包单位是不同的。认可是在总承包单位已经做出选择的基础上进行确认，而指定则是先由建设单位做出选择。在国外，可以存在指定分包单位，如 FIDIC（国际咨询工程师联合会）《施工合同条件》中就有指定分包单位。但是，指定分包单位在国内是违法的。《房屋建筑和市政基础设施工程施工分包管理办法》第 7 条明确规定：“建设单位不得直接指定分包工程承包人。”《工程建设项目施工招标投标办法》第 66 条也规定：“招标人不得直接指定分包人。”

3.4.3 违法分包和转包的界定

1. 违法分包

《建筑法》明确规定，禁止总承包单位将工程分包给不具备相应资质条件的单位，也禁止分包单位将其承包的工程再分包。

依据《建筑法》,《建设工程质量管理条例》进一步将违法分包的情形界定为:

1）总承包单位将建设工程分包给不具备相应资质条件的单位的。

2）建设工程总承包合同中未约定，又未经建设单位认可，承包单位将其承包的部分建设工程交由其他单位完成的。

3）施工总承包单位将建设工程主体结构的施工分包给其他单位的。

4）分包单位将其承包的建设工程再分包的。

2. 转包

转包指的是承包单位承包建设工程后，不履行合同约定的责任和义务，将其承包的全部建设工程转给他人或者将其承包的全部建设工程肢解后以分包的名义分别转给其他单位承包的行为。

禁止承包单位将其承包的全部建筑工程转包给他人，禁止承包单位将其承包的全部建筑工程肢解后以分包的名义分别转包给他人。

《房屋建筑和市政基础设施工程施工分包管理办法》中规定，分包工程发包人应当设立项目管理机构，组织管理所承包工程的施工活动。项目管理机构应当具有与承包工程的规模、技术复杂程度相适应的技术、经济管理人员。其中，项目负责人、技术负责人、项目核算负责人、质量管理人员、安全管理人员必须是本单位的人员（即与本单位有合法的人事或者劳动合同、工资以及社会保险关系的人员)。分包工程发包人将工程分包后，未在施工现场设立项目管理机构和派驻相应人员，并未对该工程的施工活动进行组织管理的，视同转包行为。

【案例 3-2】

1. 背景

A 施工公司中标了某大型建设项目的桩基工程施工任务，但该公司拿到桩基工程后，由于施工力量不足，就将该工程全部转交给了具有桩基施工资质的 B 公司。双方还签订了桩基工程施工合同，就合同单价、暂定总价、工期、质量、付款方式、结算方式以及违约责任等做了约定。在合同签订后，B 公司组织实施并完成了该桩基工程施工任务。建设单位在组织竣工验收时，发现有部分桩基工程质量不符合规定的质量标准，便要求 A 施工公司负责返工、修理，并赔偿因此造成的损失。但 A 施工公司以该桩基工程已交由 B 公司施工为由，拒不承担任何赔偿责任。

2. 问题

1）A 施工公司在该桩基工程的承包活动中有何违法行为?

2）A 施工公司是否应对该桩基工程的质量问题承担赔偿责任?

3. 分析

1）本案例中 A 施工公司存在着严重违法的转包行为。《建筑法》第 28 条规定:“禁止承包单位将其承包的全部建筑工程转包给他人，禁止承包单位将其承包的全部建筑工程肢解以后以分包的名义分别转包给他人。”《建设工程质量管理条例》第 78 条进一步明确规定:“本条例所称转包，是指承包单位承包建设工程后，不履行合同约定的责任和义务，将其承包的全部建设工程转给他人或者将其承包的全部建设工程肢解以后以分包的名义分别转给其他单位承包的行为。”

2）A施工公司不仅应对该桩基工程的质量问题依法承担连带赔偿责任，还应当接受相应的行政处罚。《建筑法》第67条规定，承包单位将承包的工程转包的，责令改正，没收违法所得，并处罚款，可以责令停业整顿，降低资质等级；情节严重的，吊销资质证书。承包单位有以上规定的违法行为的，对因转包工程或者违法分包的工程不符合规定的质量标准造成的损失，与接受转包或者分包的单位承担连带赔偿责任。《建设工程质量管理条例》第62条进一步规定："违反本条例规定，承包单位将承包的工程转包或者违法分包的，责令改正，没收违法所得，……对施工单位处工程合同价款0.5%以上1%以下的罚款；可以责令停业整顿，降低资质等级；情节严重的，吊销资质证书。"

3.4.4　总承包单位与分包单位的连带责任

《建筑法》第29条第2款规定："建筑工程总承包单位按照总承包合同的约定对建设单位负责；分包单位按照分包合同的约定对总承包单位负责。总承包单位和分包单位就分包工程对建设单位承担连带责任。"

3.5　违法行为应承担的法律责任

3.5.1　发包单位违法行为应承担的法律责任

《建筑法》规定："发包单位将工程发包给不具有相应资质条件的承包单位的，或者违反本法规定将建筑工程肢解发包的，责令改正，处以罚款。"

《建设工程质量管理条例》规定，建设单位将建设工程发包给不具有相应资质等级的勘察、设计、施工单位或者委托给不具有相应资质等级的工程监理单位的，责令改正，处50万元以上100万元以下的罚款。

建设单位将建设工程肢解发包的，责令改正，处工程合同价款0.5%以上1%以下的罚款；对全部或者部分使用国有资金的项目，并可以暂停项目执行或者暂停资金拨付。

3.5.2　承包单位违法行为应承担的法律责任

《建筑法》规定，超越本单位资质等级承揽工程的，责令停止违法行为，处以罚款，可以责令停业整顿，降低资质等级；情节严重的，吊销资质证书；有违法所得的，予以没收。未取得资质证书承揽工程的，予以取缔，并处罚款；有违法所得的，予以没收。

建筑施工企业转让、出借资质证书或者以其他方式允许他人以本企业的名义承揽工程的，责令改正，没收违法所得，并处罚款，可以责令停业整顿，降低资质等级；情节严重的，吊销资质证书。对因该项承揽工程不符合规定的质量标准造成的损失，建筑施工企业与使用本企业名义的单位或者个人承担连带赔偿责任。

《建筑法》第67条规定："承包单位将承包的工程转包的，或者违反本法规定进行分包的，责令改正，没收违法所得，并处罚款，可以责令停业整顿，降低资质等级；情节

严重的，吊销资质证书。”承包单位有以上规定的违法行为的，对因转包工程或者违法分包的工程不符合规定的质量标准造成的损失，与接受转包或者分包的单位承担连带赔偿责任。

《建设工程质量管理条例》规定，勘察、设计、施工、工程监理单位超越本单位资质等级承揽工程的，责令停止违法行为，对勘察、设计单位或者工程监理单位处合同约定的勘察费、设计费或者监理酬金 1 倍以上 2 倍以下的罚款；对施工单位处工程合同价款 2% 以上 4% 以下的罚款，可以责令停业整顿，降低资质等级；情节严重的，吊销资质证书；有违法所得的，予以没收。未取得资质证书承揽工程的，予以取缔，依照以上规定处以罚款；有违法所得的，予以没收。

勘察、设计、施工、工程监理单位允许其他单位或者个人以本单位名义承揽工程的，责令改正，没收违法所得，对勘察、设计单位和工程监理单位处合同约定的勘察费、设计费和监理酬金 1 倍以上 2 倍以下的罚款，对施工单位处工程合同价款 2% 以上 4% 以下的罚款；可以责令停业整顿，降低资质等级；情节严重的，吊销资质证书。

承包单位将承包的工程转包或者违法分包的，责令改正，没收违法所得，对勘察、设计单位处合同约定的勘察费、设计费 25% 以上 50% 以下的罚款；对施工单位处工程合同价款 0.5% 以上 1% 以下的罚款；可以责令停业整顿，降低资质等级；情节严重的，吊销资质证书。

《房屋建筑和市政基础设施工程施工分包管理办法》规定，对于接受转包、违法分包和用他人名义承揽工程的，处 1 万元以上 3 万元以下的罚款。

3.5.3 其他法律责任

《建筑法》规定，在工程发包与承包中索贿、受贿、行贿，构成犯罪的，依法追究刑事责任；不构成犯罪的，分别处以罚款，没收贿赂的财物，对直接负责的主管人员和其他直接责任人员给予处分。对在工程承包中行贿的承包单位，除依照以上规定处罚外，可以责令停业整顿，降低资质等级或者吊销资质证书。

本章小结

本章对建设工程发包与承包做了较详细的阐述，包括建设工程发包与承包的原则，建设工程发包的条件与方式，建设工程总承包制度、联合承包制度、分包制度以及建设工程发包与承包行为的规范等。

在建设工程发包与承包的一般规定中，要了解建筑工程发包与承包的概念和建设工程发包与承包的原则。

在建设工程发包中，要掌握建设工程发包的方式以及禁止将建设工程肢解发包和违法采购的规定。

在建设工程承包中，要掌握共同承包的相关内容，了解资质管理的规定、建设工程总承包的规定。

在建设工程分包中，要掌握分包、违法分包、转包的相关内容。

在违法行为应承担的法律责任中，要了解违法行为应承担的各种法律责任。

习 题

一、单项选择题

1. 承包建设工程的单位应当在其资质等级许可的业务范围内承揽工程。大型建筑工程或者结构复杂的建筑工程，可以由两个以上的承包单位联合共同承包，但两个以上不同资质等级的单位实行联合共同承包的，应当按照（　　）承揽工程。

A. 资质等级较高的单位的业务许可范围

B. 重新评定的资质业务许可范围

C. 联合承包的各方在各自的资质范围

D. 资质等级低的单位的业务许可范围

2. 施工总承包单位与分包单位依法签订了幕墙工程分包协议，在建设单位组织竣工验收时发现幕墙工程质量不合格。下列表述正确的是（　　）。

A. 分包单位就全部工程对建设单位承担法律责任

B. 分包单位可以不承担法律责任

C. 总包单位就分包工程对建设单位承担全部法律责任

D. 总包单位和分包单位就分包工程对建设单位承担连带责任

3. 下列对分包的有关规定的理解中，错误的是（　　）。

A. 禁止承包单位将其承包的全部建设工程转包给他人

B. 禁止承包单位将其承包的全部建设工程肢解后以分包的名义转包给他人

C. 总承包单位不能将部分工程发包给具有相应资质条件的分包单位

D. 实行施工总承包的，建设工程主体结构的施工必须由总承包单位自行完成

4. 下列关于分包有关规定的说法中错误的是（　　）。

A. 禁止承包单位将其承包的全部建设工程转包给他人

B. 禁止承包单位将其承包的全部建设工程肢解后以分包的名义分别转包给他人

C. 分包单位按照分包合同的约定对总承包单位负责

D. 建设工程总承包单位按照总承包合同的约定对承包单位负责

5. 根据《建筑法》的规定，下列说法错误的是（　　）。

A. 建筑施工企业只能在本企业资质等级许可的业务范围内承揽工程

B. 有两个以上的不同资质等级承包单位联合承揽工程，可以按照资质等级高的单位的业务许可范围承揽工程

C. 建设工程的分包应当经建设单位的认可

D. 禁止承包单位将其承包的全部工程转包他人

6. 按照《建筑法》的规定，以下说法正确的是（　　）。

A. 建筑企业集团公司可以允许所属法人公司以其名义承揽工程

B. 建筑企业可以在其资质等级之上承揽工程

C. 联合体共同承包的，按照资质等级高的单位的业务许可范围承揽工程

D. 施工单位不能将承包的全部建设工程转包给他人

7. 关于建设工程的发包、承包方式，以下说法错误的是（　　）。

A. 建设工程的发包方式分为招标发包和直接发包

B. 未经发包单位同意且无合同约定，承包单位不得对专业工程进行分包

C. 联合体各成员对承包合同的履行承担连带责任

D. 发包单位有权将单位工程的地基与基础、主体结构、屋面等工程分别发包给符合资质的施工单位

8. 甲、乙两建筑公司结成一个联合体去投标，在共同投标协议中约定：如果在施工过程中出现质量问题而遭遇建设单位索赔，则各自承担索赔额的50%。后来甲建筑公司施工部门出现质量问题，建设单位索赔20万元，则下列说法正确的是（　　）。

A. 由于是甲公司的原因导致的，故建设单位只能向甲建筑公司主张权利

B. 因约定各自承担50%，故乙建筑公司只应对建设单位承担10万元的赔偿责任

C. 如果建设单位向乙建筑公司主张，则乙建筑公司应先对20万元索赔额承担责任

D. 只有甲建筑公司无力承担，乙建筑公司才应先承担责任

9. 关于建设工程分包的说法，正确的是（　　）。

A. 分包单位没有资质要求　　B. 分包单位不得再次分包

C. 分包单位由总承包单位自由确定　　D. 分包的工作内容没有限制

10. 关于建设工程共同承包的说法，正确的是（　　）。

A. 中小型工程但技术复杂的，可以采取联合共同承包

B. 两个不同资质等级的单位实施联合共同承包的，应当按照资质等级高的单位的业务许可范围承揽工程

C. 联合体各方应当与建设单位分别签订合同，就承包工程中各自负责的部分承担责任

D. 共同承担的各方就承包合同的履行对建设单位承担连带责任

二、多项选择题

1. 总承包单位依法将建设工程分包给其他单位施工，若分包工程出现质量问题，则应当由（　　）。

A. 总承包单位单独向建设单位承担责任

B. 分包单位单独向建设单位承担责任

C. 承包单位与分包单位向建设单位承担连带责任

D. 承包单位与分包单位分别向建设单位承担责任

E. 分包单位向总承包单位承担责任

2. 建设工程总承包单位将部分工程分包给其他单位，当分包单位不服从总承包单位的安全生产管理而导致安全事故时，正确的处理方式有（　　）。

A. 总承包单位和分包单位承担连带责任

B. 建设单位负责上报事故

C. 施工单位负责人应当立即如实报告建设单位

D. 分包单位应当为事故承担主要责任

E. 事故现场有关人员应当立即报告本单位负责人

3. 关于总承包单位与分包单位对建设工程承担质量责任的说法，正确的有（　　）。

A. 分包单位按照分包合同的约定对其分包工程的质量向总承包单位及建设单位负责

B. 分包单位对分包工程的质量负责，总承包单位未尽到相应监管义务的，承担相应的

补充责任

C. 建设工程实行总承包的，总承包单位应当对全部建设工程质量负责

D. 当分包工程发生质量责任或者违约责任时，建设单位可以向总承包单位或分包单位请求赔偿；总承包单位或分包单位赔偿后，有权就不属于自己责任的赔偿向另一方追偿

E. 当分包工程发生质量责任或者违约责任时，建设单位应当向总承包单位请求赔偿，总承包单位赔偿后，有权要求分包单位赔偿

4. 甲建设单位发包某大型工程项目，乙是总承包单位，丙是具有相应专业承包资质的施工单位，丁是具有施工劳务资质的施工单位，下列关于该项目发包、分包的说法中，正确的有（　　）。

A. 乙可以将专业工程分包给丙　　B. 丙可以将劳务作业分包给丁

C. 乙可以将劳务作业分包给丁　　D. 甲可以将劳务作业发包给丙

E. 甲可以将劳务作业分包给丁

5. 某公司违反《建筑法》的规定，将工程肢解发包，肢解发包（　　）。

A. 可能导致发包单位变相规避招标　　B. 不利于投资和进度目标的控制

C. 增加发包的成本　　D. 增加了发包单位管理的成本

E. 给工程监理的实施造成困难

三、简答题

1. 建设工程承包、发包的特征和原则是什么？

2. 建设工程发包的方式有哪些？发包前应做好哪些工作？

3. 在建设工程承发包中，资质管理应注意什么问题？

4. 工程总承包主要有哪些方式？

5. 何谓违法分包？何谓转包？

6. 共同承包中各成员单位怎么承担责任？联合体资质怎么认定？

四、案例题

1. 建筑公司甲与建筑公司乙组成了一个联合体去投标，它们在共同投标协议中约定如果在施工过程中出现质量问题而遭遇建设单位的索赔，则各自承担索赔额的 50%。后来在施工过程中果然由于建筑公司甲的施工技术问题出现了质量问题并因此遭到了建设单位的索赔，索赔额是 10 万元。但是，建设单位却仅仅要求建筑公司乙赔付这笔索赔款。建筑公司乙拒绝了建设单位的请求，其理由有两点：①质量事故的出现是建筑公司甲的技术原因，应该由建筑公司甲承担责任。②共同投标协议中约定了各自承担 50% 的责任，即使不由建筑公司甲独自承担，那么建筑公司甲也应该承担 50% 的责任，不应由自己拿出这笔钱。

问题：你认为建筑公司乙的理由成立吗？

2. 甲电信公司因建办公楼与乙建筑承包公司签订了工程总承包合同。其后，经甲同意，乙分别与丙建筑设计院和丁建筑工程公司签订了工程勘察设计合同和工程施工合同。勘察设计合同约定：由丙对甲的办公楼及其附属工程提供设计服务，并按勘察设计合同的约定交付有关设计文件和资料。施工合同约定：由丁根据丙提供的设计图进行施工，工程竣工时依据国家有关验收规定及设计图进行质量验收。合同签订后，丙按时将设计文件和有关资料交付给丁，丁依据设计图进行施工。工程竣工后，甲会同有关质量监督部门对工程进行验收，发

现工程存在严重质量问题，是由于设计不符合规范所致。原来丙未对现场进行仔细勘察即自行进行设计，导致设计不合理，给甲带来了重大损失。丙以与甲没有合同关系为由拒绝承担责任，乙又以自己不是设计单位为由推卸责任，甲遂以丙为被告向法院起诉。法院受理后，追加乙为共同被告，判决乙与丙对工程建设质量问题承担连带责任。

问题：

1）本案例中的法律主体及相互关系是什么？

2）对出现的质量问题，以上法律主体将如何承担责任？

第 4 章

建设工程招标投标制度

案例导入

空军某部，根据国防需要，须在北部地区建设一雷达生产厂，军方原拟订在与其合作过的施工单位中通过招标选择一家，可是由于合作单位多达 20 家，军方为达到保密要求，再次决定在这 20 家施工单位内直接选择 1 家军队施工单位。

请分析：上述招标人的做法是否符合《招标投标法》的规定?

4.1 招标投标概述

建设工程招标投标是发包单位事先标明其拟建工程的内容和要求，由愿意承包的单位递送标书，明确其承包工程的价格、工期、质量等条件，再由发包单位从中择优选择工程承包单位的交易方式。

4.1.1 建设工程必须招标的范围、规模

1. 建设工程必须招标的范围

《招标投标法》规定，在中华人民共和国境内进行下列工程建设项目包括项目的勘察、设计、施工、监理以及与工程建设有关的重要设备、材料等的采购，必须进行招标：①大型基础设施、公用事业等关系社会公共利益、公众安全的项目；②全部或者部分使用国有资金投资或者国家融资的项目；③使用国际组织或者外国政府贷款、援助资金的项目。

《工程建设项目招标范围和规模标准规定》进一步规定，关系社会公共利益、公众安全的基础设施项目的范围包括：①煤炭、石油、天然气、电力、新能源等能源项目；②铁路、公路、管道、水运、航空以及其他交通运输业等交通运输项目；③邮政、电信枢纽、通信、信息网络等邮电通信项目；④防洪、灌溉、排涝、引（供）水、滩涂治理、水土保持、水利枢纽等水利项目；⑤道路、桥梁、地铁和轻轨交通、污水排放及处理、垃圾处理、地下管道、公共停车场等城市设施项目；⑥生态环境保护项目；⑦其他基础设施项目。

关系社会公共利益、公众安全的公用事业项目的范围包括：①供水、供电、供气、供热等市政工程项目；②科技、教育、文化等项目；③体育、旅游等项目；④卫生、社会福利等项目；⑤商品住宅，包括经济适用住房；⑥其他公用事业项目。

2. 建设工程必须招标的规模标准

按照《工程建设项目招标范围和规模标准规定》，以上规定范围内的各类工程建设项目，达到下列标准之一的，必须进行招标：①施工单项合同估算价在人民币 200 万元以上

的；②重要设备、材料等货物的采购，单项合同估算价在人民币 100 万元以上的；③勘察、设计、监理等服务的采购，单项合同估算价在人民币 50 万元以上的；④单项合同估算价低于第①②③项规定的标准，但项目总投资额在人民币 3 000 万元以上的。

3. 可以不进行招标的建设工程项目

《招标投标法》规定："涉及国家安全、国家秘密、抢险救灾或者属于利用扶贫资金实行以工代赈、需要使用农民工等特殊情况，不适宜进行招标的项目，按照国家有关规定可以不进行招标。"

《工程建设项目施工招标投标办法》规定，工程建设项目有下列情形之一的，依法可以不进行招标：①涉及国家安全、国家秘密或者抢险救灾而不适宜招标的；②属于利用扶贫资金实行以工代赈需要使用农民工的；③施工主要技术采用特定的专利或者专有技术的；④施工企业自建自用的工程，且该施工企业资质等级符合工程要求的；⑤在建工程追加的附属小型工程或者主体加层工程，原中标人仍具备承包能力的；⑥法律、行政法规规定的其他情形。

此外，对于依法必须招标的具体范围和规模标准以外的建设工程项目，可以不进行招标，采用直接发包的方式。

4.1.2 建设工程招标方式

1. 公开招标和邀请招标

《招标投标法》规定，招标分为公开招标和邀请招标。

（1）公开招标　公开招标是指招标人以招标公告的方式邀请不特定的法人或者其他组织投标。招标人是依法提出招标项目、进行招标的法人或者其他组织。依法必须进行招标的项目的招标公告，应当通过国家指定的报刊、信息网络或者其他媒介发布。

《中华人民共和国招标投标法实施条例》（以下简称《招标投标法实施条例》）规定，国有资金投资占控股或者主导地位的依法必须进行招标的项目，应当公开招标。

（2）邀请招标　邀请招标是指招标人以投标邀请书的方式邀请特定的法人或者其他组织投标。为了保证邀请招标的竞争性，《招标投标法》规定，招标人采用邀请招标方式的，应当向 3 个以上具备承担招标项目的能力、资信良好的特定的法人或者其他组织发出投标邀请书。

国务院发展改革部门确定的国家重点项目和省、自治区、直辖市人民政府确定的地方重点项目不适宜公开招标的，经国务院发展改革部门或者省、自治区、直辖市人民政府批准，可以进行邀请招标。

《招标投标法实施条例》规定，国有资金占控股或者主导地位的依法必须进行招标的项目，应当公开招标，但有下列情形之一的，可以邀请招标：①技术复杂、有特殊要求或者受自然环境限制，只有少量潜在投标人可供选择；②采用公开招标方式的费用占项目合同金额的比例过大。

2. 总承包招标和两阶段招标

《招标投标法实施条例》规定，招标人可以依法对工程以及与工程建设有关的货物、服务全部或者部分实行总承包招标。以暂估价形式包括在总承包范围内的工程、货物、服务属于依法必须进行招标的项目范围且达到国家规定规模标准的，应当依法进行招标。以上所称

暂估价，是指总承包招标时不能确定价格而由招标人在招标文件中暂时估定的工程、货物、服务的金额。

对技术复杂或者无法精确拟定技术规格的项目，招标人可以分两阶段进行招标。第一阶段，投标人按照招标公告或者投标邀请书的要求提交不带报价的技术建议，招标人根据投标人提交的技术建议确定技术标准和要求，编制招标文件。第二阶段，招标人向在第一阶段提交技术建议的投标人提供招标文件，投标人按照招标文件的要求提交包括最终技术方案和投标报价的投标文件。

4.1.3　招标投标活动应遵循的基本原则

《招标投标法》规定，招标投标活动应当遵循公开、公平、公正和诚实信用的原则。

公开，就是必须具有高度的透明度，招标信息、招标程序、开标过程、中标结果都必须公开。使每一个投标人都获得相同的信息。

公平，就是要求给予所有的投标人以平等的机会，使他们享有的权利和履行的义务都是同等的，不得歧视任何一方。

公正，就是要求按事先公布的标准进行评标，公正对待每一个投标人。

诚实信用，这是所有民事活动都应遵守的基本原则之一。它要求当事人应以诚实守信的态度行使权利、履行义务，保证彼此都能得到自己应得的利益，同时不得损害第三者和社会的利益。不得有规避招标、串通招标、泄漏标底、骗取中标等违法行为。

4.1.4　建设工程招标投标交易场所

《招标投标法实施条例》规定，设区的市级以上地方人民政府可以根据实际需要，建立统一规范的招标投标交易场所，为招标投标活动提供服务。招标投标交易场所不得与行政监督部门存在隶属关系，不得以营利为目的。

国家鼓励利用信息网络进行电子招标投标。

4.2　建设工程招标

4.2.1　招标人

《招标投标法》规定："招标人是依照本法规定提出招标项目、进行招标的法人或者其他组织。"正确理解法律意义上的招标人的含义应当把握以下几点：

1）招标人应当是法人或者其他组织。而自然人则不能成为该法律意义上的招标人。根据《民法通则》的有关规定，法人是指具有民事权利能力和民事行为能力，依法独立享有民事权利和承担民事义务的组织。其他组织是指除法人以外的不具备法人条件的其他实体，包括合伙企业、个人独资企业和外国企业以及企业的分支机构等。

2）依法提出招标项目。这里有两层含义：一是要提出招标项目，即根据招标人的实际情况以及《招标投标法》的有关规定确定需要招标的具体项目，办理有关审批手续，落实项目的资金来源等；二是进行招标，即根据《招标投标法》规定的程序和实质内容确定招标方式，编制招标文件，发布招标公告，审查潜在投标人资格，进行开标、评标，确定中标

人及订立书面合同等。

4.2.2 招标的基本程序

建设工程招标的基本程序主要包括履行项目审批手续、委托招标代理机构、编制招标文件及标底、发布招标公告或投标邀请书、资格审查、开标、评标、中标和签订合同，以及终止招标等。

1. 履行项目审批手续

《招标投标法》规定，招标项目按照国家有关规定需要履行项目审批手续的，应当先履行审批手续，取得批准。招标人应当有进行招标项目的相应资金或者资金来源已经落实，并应当在招标文件中如实载明。

《招标投标法实施条例》进一步规定，按照国家有关规定需要履行项目审批、核准手续的依法必须进行招标的项目，其招标范围、招标方式、招标组织形式应当报项目审批，核准部门审批、核准。项目审批、核准部门应当及时将审批、核准确定的招标范围、招标方式、招标组织形式通报有关行政监督部门。

2. 委托招标代理机构

《招标投标法》规定，招标人具有编制招标文件和组织评标能力的，可以自行办理招标事宜。任何单位和个人不得强制其委托招标代理机构办理招标事宜。依法必须进行招标的项目，招标人自行办理招标事宜的，应当向有关行政监督部门备案。

《招标投标法实施条例》进一步规定，招标人具有编制招标文件和组织评标的能力，是指招标人具有与招标项目规模和复杂程度相适应的技术、经济等方面的专业人员。

招标代理机构是依法设立、从事招标代理业务并提供相关服务的社会中介组织。《招标投标法》规定，招标人有权自行选择招标代理机构，委托其办理招标事宜。招标代理机构应当具备下列条件：①有从事招标代理业务的营业场所和相应资金；②有能够编制招标文件和组织评标的相应专业力量；③有符合该法定条件、可以作为评标委员会成员人选的技术、经济等方面的专家库。《招标投标法》还规定，从事工程建设项目招标代理业务的招标代理机构，其资格由国务院或者省、自治区、直辖市人民政府的住房城乡建设主管部门认定。具体办法由国务院住房城乡建设主管部门会同国务院有关部门制定。据此，原建设部于2000年6月颁布了《工程建设项目招标代理机构资格认定办法》，2007年1月经修改后重新发布。

按照《招标投标法实施条例》的规定，招标代理机构在其资格许可和招标人委托的范围内开展招标代理业务，任何单位和个人不得非法干涉。招标代理机构不得在所代理的招标项目中投标或者代理投标，也不得为所代理的招标项目的投标人提供咨询。

3. 编制招标文件及标底

《招标投标法》规定，招标人应当根据招标项目的特点和需要编制招标文件。招标文件应当包括招标项目的技术要求、对投标人资格审查的标准、投标报价要求和评标标准等所有实质性要求和条件以及拟签订合同的主要条款。国家对招标项目的技术、标准有规定的，招标人应当按照其规定在招标文件中提出相应要求。

招标文件不得要求或者标明特定的生产供应者以及含有倾向或者排斥潜在投标人的其他内容。招标人对已发出的招标文件进行必要的澄清或者修改的，应当在招标文件要求提交投

标文件截止时间至少 15 日前，以书面形式通知所有招标文件收受人。该澄清或者修改的内容为招标文件的组成部分。

招标人应当确定投标人编制投标文件所需要的合理时间；但是，依法必须进行招标的项目，自招标文件开始发出之日起至投标人提交投标文件截止之日止，最短不得少于 20 日。

《招标投标法实施条例》进一步规定，招标人可以对已发出的资格预审文件或者招标文件进行必要的澄清或者修改。澄清或者修改的内容可能影响资格预审申请文件或者投标文件编制的，招标人应当在提交资格预审申请文件截止时间至少 3 日前，或者投标截止时间至少 15 日前，以书面形式通知所有获取资格预审文件或者招标文件的潜在投标人；不足 3 日或者 15 日的，招标人应当顺延提交资格预审申请文件或者投标文件的截止时间。

招标人对招标项目划分标段的，应当遵守《招标投标法》的有关规定，不得利用划分标段限制或者排斥潜在投标人。依法必须进行招标的项目的招标人不得利用划分标段规避招标。招标人应当在招标文件中载明投标有效期。投标有效期从提交投标文件的截止之日起算。

潜在投标人或者其他利害关系人对招标文件有异议的，应当在投标截止时间 10 日前提出。招标人应当自收到异议之日起 3 日内做出答复；做出答复前，应当暂停招标投标活动。招标人编制招标文件的内容违反法律、行政法规的强制性规定，违反公开、公平、公正和诚实信用原则，影响潜在投标人投标的，依法必须进行招标的项目的招标人应当在修改招标文件后重新招标。

招标人可以自行决定是否编制标底。一个招标项目只能有一个标底。标底必须保密。

接受委托编制标底的中介机构不得参加受托编制标底项目的投标，也不得为该项目的投标人编制投标文件或者提供咨询。招标人设有最高投标限价的，应当在招标文件中明确最高投标限价或者最高投标限价的计算方法。招标人不得规定最低投标限价。

4. 发布招标公告或投标邀请书

《招标投标法》规定，招标人采用公开招标方式的，应当发布招标公告。招标公告应当载明招标人的名称和地址，招标项目的性质、数量、实施地点和时间以及获取招标文件的办法等事项。

招标人采用邀请招标方式的，应当向 3 个以上具备承担招标项目的能力、资信良好的特定的法人或者其他组织发出投标邀请书。投标邀请书也应当载明招标人的名称和地址，招标项目的性质、数量、实施地点和时间以及获取招标文件的办法等事项。

招标人可以根据招标项目本身的要求，在招标公告或者投标邀请书中，要求潜在投标人提供有关资质证明文件和业绩情况，并对潜在投标人进行资格审查。招标人不得以不合理的条件限制或者排斥潜在投标人，不得对潜在投标人实行歧视待遇。招标人不得向他人透露已获取招标文件的潜在投标人的名称、数量以及可能影响公平竞争的有关招标投标的其他情况。招标人设有标底的，标底必须保密。招标人根据招标项目的具体情况，可以组织潜在投标人踏勘项目现场。

《招标投标法实施条例》进一步规定，招标人应当按照资格预审公告、招标公告或者投标邀请书规定的时间、地点发售资格预审文件或者招标文件。资格预审文件或者招标文件的发售期不得少于 5 日。招标人发售资格预审文件、招标文件收取的费用应当限于补偿印刷、邮寄的成本支出，不得以营利为目的。

5. 资格审查

资格审查分为资格预审和资格后审。

《招标投标法实施条例》规定，招标人采用资格预审办法对潜在投标人进行资格审查的，应当发布资格预审公告、编制资格预审文件。招标人应当合理确定提交资格预审申请文件的时间。依法必须进行招标的项目提交资格预审申请文件的时间，自资格预审文件停止发售之日起不得少于5日。

资格预审应当按照资格预审文件载明的标准和方法进行。国有资金占控股或者主导地位的依法必须进行招标的项目，招标人应当组建资格审查委员会审查资格预审申请文件。

资格审查委员会及其成员应当遵守《招标投标法》及其实施条例有关评标委员会及其成员的规定。

资格预审结束后，招标人应当及时向资格预审申请人发出资格预审结果通知书。未通过资格预审的申请人不具有投标资格。通过资格预审的申请人少于3个的，应当重新招标。

潜在投标人或者其他利害关系人对资格预审文件有异议的，应当在提交资格预审申请文件截止时间2日前提出。招标人应当自收到异议之日起3日内做出答复；做出答复前，应当暂停招标投标活动。招标人编制资格预审文件的内容违反法律、行政法规的强制性规定，违反公开、公平、公正和诚实信用原则，影响资格预审结果的，依法必须进行招标的项目的招标人应当在修改资格预审文件后重新招标。

招标人采用资格后审办法对投标人进行资格审查的，应当在开标后由评标委员会按照招标文件规定的标准和方法对投标人的资格进行审查。

6. 开标

《招标投标法》规定，开标应当在招标文件确定的提交投标文件截止时间的同一时间公开进行；开标地点应当为招标文件中预先确定的地点。

开标由招标人主持，邀请所有投标人参加。开标时，由投标人或者其推选的代表检查投标文件的密封情况，也可以由招标人委托的公证机构检查并公证；经确认无误后，由工作人员当众拆封，宣读投标人名称、投标价格和投标文件的其他主要内容。招标人在招标文件要求提交投标文件的截止时间前收到的所有投标文件，开标时都应当当众予以拆封、宣读。开标过程应当记录，并存档备查。

《招标投标法实施条例》进一步规定，招标人应当按照招标文件规定的时间、地点开标。投标人少于3个的，不得开标；招标人应当重新招标。投标人对开标有异议的，应当在开标现场提出，招标人应当当场做出答复，并做记录。

7. 评标

《招标投标法》规定，评标由招标人依法组建的评标委员会负责。招标人应当采取必要的措施，保证评标在严格保密的情况下进行。任何单位和个人不得非法干预、影响评标的过程和结果。

依法必须进行招标的项目，其评标委员会由招标人的代表和有关技术、经济等方面的专家组成，成员人数为5人以上单数，其中技术、经济等方面的专家不得少于成员总数的2/3。与投标人有利害关系的人不得进入相关项目的评标委员会；已经进入的应当更换。评标委员会成员的名单在中标结果确定前应当保密。

评标委员会可以要求投标人对投标文件中含义不明确的内容做必要的澄清或者说明，但

是澄清或者说明不得超出投标文件的范围或者改变投标文件的实质性内容。评标委员会应当按照招标文件确定的评标标准和方法，对投标文件进行评审和比较；设有标底的，应当参考标底。评标委员会完成评标后，应当向招标人提出书面评标报告，并推荐合格的中标候选人。评标委员会经评审，认为所有投标都不符合招标文件要求的，可以否决所有投标。依法必须进行招标的项目的所有投标被否决的，招标人应当依法重新招标。

《招标投标法实施条例》进一步规定，评标委员会成员应当依照《招标投标法》及其实施条例的规定，按照招标文件规定的评标标准和方法，客观、公正地对投标文件提出评审意见。

招标文件没有规定的评标标准和方法不得作为评标的依据。评标委员会成员不得私下接触投标人，不得收受投标人给予的财物或者其他好处，不得向招标人征询确定中标人的意向，不得接受任何单位或者个人明示或者暗示提出的倾向或者排斥特定投标人的要求，不得有其他不客观、不公正履行职务的行为。

招标项目设有标底的，招标人应当在开标时公布。标底只能作为评标的参考，不得以投标报价是否接近标底作为中标条件，也不得以投标报价超过标底上下浮动范围作为否决投标的条件。有下列情形之一的，评标委员会应当否决其投标：①投标文件未经投标单位盖章和单位负责人签字；②投标联合体没有提交共同投标协议；③投标人不符合国家或者招标文件规定的资格条件；④同一投标人提交两个以上不同的投标文件或者投标报价，但招标文件要求提交备选投标的除外；⑤投标报价低于成本或者高于招标文件设定的最高投标限价；⑥投标文件没有对招标文件的实质性要求和条件做出响应；⑦投标人有串通投标、弄虚作假、行贿等违法行为。

投标文件中有含义不明确的内容、明显文字或者计算错误，评标委员会认为需要投标人做出必要澄清、说明的，应当书面通知该投标人。投标人的澄清、说明应当采用书面形式，并不得超出投标文件的范围或者改变投标文件的实质性内容。评标委员会不得暗示或者诱导投标人做出澄清、说明，不得接受投标人主动提出的澄清、说明。

评标完成后，评标委员会应当向招标人提交书面评标报告和中标候选人名单。中标候选人应当不超过 3 个，并标明排序。评标报告应当由评标委员会全体成员签字。对评标结果有不同意见的评标委员会成员应当以书面形式说明其不同意见和理由，评标报告应当注明该不同意见。评标委员会成员拒绝在评标报告上签字又不书面说明其不同意见和理由的，视为同意评标结果。

8. 中标和签订合同

《招标投标法》规定，招标人根据评标委员会提出的书面评标报告和推荐的中标候选人确定中标人。招标人也可以授权评标委员会直接确定中标人。

招标人和中标人应当自中标通知书发出之日起 30 日内，按照招标文件和中标人的投标文件订立书面合同。招标人和中标人不得再行订立背离合同实质性内容的其他协议。

《招标投标法实施条例》进一步规定，招标人和中标人应当依照《招标投标法》及其实施条例的规定签订书面合同，合同的标的、价款、质量、履行期限等主要条款应当与招标文件和中标人的投标文件的内容一致。

2004 年 10 月发布的《最高人民法院关于审理建设工程施工合同纠纷案件适用法律问题的解释》第 21 条规定：“当事人就同一建设工程另行订立的建设工程施工合同与经过备案

的中标合同实质性内容不一致的，应当以备案的中标合同作为结算工程价款的根据。”

因此，招标人与中标人另行签订合同的行为属违法行为，所签订的合同是无效合同。

9. 终止招标

《招标投标法实施条例》规定，招标人终止招标的，应当及时发布公告，或者以书面形式通知被邀请的或者已经获取资格预审文件、招标文件的潜在投标人。已经发售资格预审文件、招标文件或者已经收取投标保证金的，招标人应当及时退还所收取的资格预审文件、招标文件的费用，以及所收取的投标保证金及银行同期存款利息。

4.2.3 禁止限制、排斥投标人的规定

《招标投标法》规定，依法必须进行招标的项目，其招标投标活动不受地区或者部门的限制。任何单位和个人不得违法限制或者排斥本地区、本系统以外的法人或者其他组织参加投标，不得以任何方式非法干涉招标投标活动。

《招标投标法实施条例》进一步规定，招标人不得以不合理的条件限制、排斥潜在投标人或者投标人。招标人有下列行为之一的，属于以不合理条件限制、排斥潜在投标人或者投标人：①就同一招标项目向潜在投标人或者投标人提供有差别的项目信息；②设定的资格、技术、商务条件与招标项目的具体特点和实际需要不相适应或者与合同履行无关；③依法必须进行招标的项目以特定行政区域或者特定行业的业绩、奖项作为加分条件或者中标条件；④对潜在投标人或者投标人采取不同的资格审查或者评标标准；⑤限定或者指定特定的专利、商标、品牌、原产地或者供应商；⑥依法必须进行招标的项目非法限定潜在投标人或者投标人的所有制形式或者组织形式；⑦以其他不合理条件限制、排斥潜在投标人或者投标人。

招标人不得组织单个或者部分潜在投标人踏勘项目现场。

【案例 4-1】

1. 背景

某工程项目，建设单位通过招标选择了一家具有相应资质的监理单位中标，并在中标通知书发出后与该监理单位签订了监理合同，后双方又签订了一份监理酬金比中标价降低8%的协议。在施工公开招标中，有A、B、C、D、E、F、G、H等施工企业报名投标，经资格预审均符合资格预审公告的要求，但建设单位以A施工企业是外地企业为由，坚持不同意其参加投标。

2. 问题

1）建设单位与监理单位签订的监理合同有何违法行为？应当如何处罚？

2）外地施工企业是否有资格参加本工程项目的投标？建设单位的违法行为应当如何处罚？

3. 分析

1）《招标投标法》第46条规定：“招标人和中标人应当自中标通知书发出之日起30日内，按照招标文件和中标人的投标文件订立书面合同。招标人和中标人不得再行订立背离合同实质性内容的其他协议。”《招标投标法实施条例》第57条第1款又做了

进一步规定："招标人和中标人应当依照《招标投标法》和本条例的规定签订书面合同，合同的标的、价款、质量、履行期限等主要条款应当与招标文件和中标人的投标文件的内容一致。招标人和中标人不得再行订立背离合同实质性内容的其他协议。"本案例中的建设单位与监理单位签订监理合同之后，又签订了一份监理酬金比中标价降低8%的协议，属再行订立背离合同实质性内容其他协议的违法行为。对此，应当依据《招标投标法》第59条关于"招标人与中标人不按照招标文件和中标人的投标文件订立合同的，或者招标人、中标人订立背离合同实质性内容的协议的，责令改正；可以处中标项目金额5‰以上10‰以下的罚款"的规定，予以相应的处罚。

2)《招标投标法》第6条规定："依法必须进行招标的项目，其招标投标活动不受地区或者部门的限制。任何单位和个人不得违法限制或者排斥本地区、本系统以外的法人或者其他组织参加投标，不得以任何方式非法干涉招标投标活动。"本案例中的建设单位以A施工企业是外地企业为由，不同意其参加投标，是一种限制或者排斥本地区以外法人参加投标的违法行为。A施工企业经资格预审符合资格预审公告的要求，是有资格参加本工程项目投标的。对此，《招标投标法》第51条规定："招标人以不合理的条件限制或者排斥潜在投标人的，对潜在投标人实行歧视待遇的，强制要求投标人组成联合体共同投标的，或者限制投标人之间竞争的，责令改正，可以处1万元以上5万元以下的罚款。"

4.3 建设工程投标

4.3.1 投标人

《招标投标法》规定，投标人是响应招标、参加投标竞争的法人或者其他组织。投标人应当具备承担招标项目的能力；国家对投标人资格条件或者招标文件对投标人资格条件有规定的，投标人应当具备规定的资格条件。

与招标人存在利害关系可能影响招标公正性的法人、其他组织或者个人，不得参加投标。单位负责人为同一人或者存在控股、管理关系的不同单位，不得参加同一标段投标或者未划分标段的同一招标项目投标。违反以上规定的，相关投标均无效。

投标人发生合并、分立、破产等重大变化的，应当及时书面告知招标人。投标人不再具备资格预审文件、招标文件规定的资格条件或者其投标影响招标公正性的，其投标无效。

4.3.2 投标文件

1. 投标文件的内容要求

《招标投标法》规定，投标人应当按照招标文件的要求编制投标文件。投标文件应当对招标文件提出的实质性要求和条件做出响应。招标项目属于建设施工项目的，投标文件的内容应当包括拟派出的项目负责人与主要技术人员的简历、业绩和拟用于完成招标项目的机械设备等。

投标文件应包括下列内容：①投标函及投标函附录；②法定代表人身份证明或附有法定代表人身份证明的授权委托书；③联合体协议书；④投标保证金；⑤已标价工程量清单；⑥施工组织设计；⑦项目管理机构；⑧拟分包项目情况表；⑨资格审查资料；⑩投标人须知前附表规定的其他材料。但是，投标人须知前附表规定不接受联合体投标的，或投标人没有组成联合体的，投标文件不包括联合体协议书。

2. 投标文件的补充、修改与撤回

《招标投标法》规定，投标人在招标文件要求提交投标文件的截止时间前，可以补充、修改或者撤回已提交的投标文件，并书面通知招标人。补充、修改的内容为投标文件的组成部分。

《招标投标法实施条例》进一步规定，投标人撤回已提交的投标文件，应当在投标截止时间前书面通知招标人。

3. 投标文件的送达与签收

《招标投标法》规定，投标人应当在招标文件要求提交投标文件的截止时间前，将投标文件送达投标地点。招标人收到投标文件后，应当签收保存，不得开启。投标人少于 3 个的，招标人应当依法重新招标。在招标文件要求提交投标文件的截止时间后送达的投标文件，招标人应当拒收。

《招标投标法实施条例》进一步规定，未通过资格预审的申请人提交的投标文件，以及逾期送达或者不按照招标文件要求密封的投标文件，招标人应当拒收。招标人应当如实记载投标文件的送达时间和密封情况，并存档备查。

4.3.3 投标保证金

投标保证金是指投标人按照招标文件的要求向招标人出具的，以一定金额表示的投标责任担保。其实质是为了避免因投标人在投标有效期内随意撤回、撤销投标或中标后不能提交履约保证金和签署合同等行为而给招标人造成损失。

《工程建设项目施工招标投标办法》规定，招标人可以在招标文件中要求投标人提交投标保证金。投标人不按招标文件要求提交投标保证金的，该投标文件将被拒绝，作为废标处理。

1. 投标保证金的形式与金额

《招标投标法实施条例》规定，招标人在招标文件中要求投标人提交投标保证金的，投标保证金不得超过招标项目估算价的2%。投标保证金有效期应当与投标有效期一致。依法必须进行招标的项目的境内投标单位，以现金或者支票形式提交的投标保证金应当从其基本账户转出。招标人不得挪用投标保证金。

2. 投标保证金的退还

实行两阶段招标的，招标人要求投标人提交投标保证金的，应当在第二阶段提出。招标人终止招标，已经收取投标保证金的，招标人应当及时退还所收取的投标保证金及银行同期存款利息。投标人撤回已提交的投标文件，招标人已收取投标保证金的，应当自收到投标人书面撤回通知之日起5 日内退还。投标截止后投标人撤销投标文件的，招标人可以不退还投标保证金。

招标人最迟应当在书面合同签订后5 日内向中标人和未中标的投标人退还投标保证金及

银行同期存款利息。

4.3.4 禁止投标人实施不正当竞争行为的规定

在建设工程招标投标活动中，投标人的不正当竞争行为主要是投标人相互串通投标、招标人与投标人串通投标、投标人以行贿手段谋取中标、投标人以低于成本的报价竞标、投标人以他人名义投标或者以其他方式弄虚作假骗取中标。

1. 禁止投标人相互串通投标

《中华人民共和国反不正当竞争法》（以下简称《反不正当竞争法》）规定，投标人不得串通投标，抬高标价或者压低标价。《招标投标法》也规定，投标人不得相互串通投标报价，不得排挤其他投标人的公平竞争，损害招标人或者其他投标人的合法权益。

《招标投标法实施条例》进一步规定，禁止投标人相互串通投标。有下列情形之一的，属于投标人相互串通投标：①投标人之间协商投标报价等投标文件的实质性内容；②投标人之间约定中标人；③投标人之间约定部分投标人放弃投标或者中标；④属于同一集团、协会、商会等组织成员的投标人按照该组织要求协同投标；⑤投标人之间为谋取中标或者排斥特定投标人而采取的其他联合行动。

有下列情形之一的，视为投标人相互串通投标：①不同投标人的投标文件由同一单位或者个人编制；②不同投标人委托同一单位或者个人办理投标事宜；③不同投标人的投标文件载明的项目管理成员为同一人；④不同投标人的投标文件异常一致或者投标报价呈规律性差异；⑤不同投标人的投标文件相互混装；⑥不同投标人的投标保证金从同一单位或者个人的账户转出。

2. 禁止招标人与投标人串通投标

《反不正当竞争法》规定，投标人和招标人不得相互勾结，以排挤竞争对手的公平竞争。《招标投标法》也规定，投标人不得与招标人串通投标，损害国家利益、社会公共利益或者他人的合法权益。

《招标投标法实施条例》进一步规定，禁止招标人与投标人串通投标。有下列情形之一的，属于招标人与投标人串通投标：①招标人在开标前开启投标文件并将有关信息泄露给其他投标人；②招标人直接或者间接向投标人泄露标底、评标委员会成员等信息；③招标人明示或者暗示投标人压低或者抬高投标报价；④招标人授意投标人撤换、修改投标文件；⑤招标人明示或者暗示投标人为特定投标人中标提供方便；⑥招标人与投标人为谋求特定投标人中标而采取的其他串通行为。

3. 禁止投标人以行贿手段谋取中标

《反不正当竞争法》规定，经营者不得采用财物或者其他手段进行贿赂以销售或者购买商品。在账外暗中给予对方单位或者个人回扣的，以行贿论处；对方单位或者个人在账外暗中收受回扣的，以受贿论处。《招标投标法》也规定，禁止投标人以向招标人或者评标委员会成员行贿的手段谋取中标。

投标人以行贿手段谋取中标是一种严重的违法行为，其法律后果是中标无效，有关责任人和单位要承担相应的行政责任或刑事责任，给他人造成损失的还应承担民事赔偿责任。

4. 投标人不得以低于成本的报价竞标

以低于成本的报价竞标不仅属于不正当竞争行为，还易导致中标后的偷工减料，影响建设工程质量。《反不正当竞争法》规定，经营者不得以排挤竞争对手为目的，以低于成本的价格销售商品。《招标投标法》则规定，投标人不得以低于成本的报价竞标。中标人的投标应当符合下列条件之一：①能够最大限度地满足招标文件中规定的各项综合评价标准；②能够满足招标文件的实质性要求，并且经评审的投标价格最低，但是投标价格低于成本的除外。

5. 投标人不得以他人名义投标或者以其他方式弄虚作假骗取中标

《反不正当竞争法》规定，经营者不得采用下列不正当手段从事市场交易，损害竞争对手：①假冒他人的注册商标；②擅自使用知名商品特有的名称、包装、装潢，或者使用与知名商品近似的名称、包装、装潢，造成和他人的知名商品相混淆，使购买者误认为是该知名商品；③擅自使用他人的企业名称或者姓名，引人误认为是他人的商品；④在商品上伪造或者冒用认证标志、名优标志等质量标志，伪造产地，对商品质量做引人误解的虚假表示。

《招标投标法》规定："投标人不得以低于成本的报价竞标，也不得以他人名义投标或者以其他方式弄虚作假，骗取中标。"《招标投标法实施条例》进一步规定，使用通过受让或者租借等方式获取的资格、资质证书投标的，属于《招标投标法》第33条规定的以他人名义投标。投标人有下列情形之一的，属于《招标投标法》第33条规定的以其他方式弄虚作假的行为：①使用伪造、变造的许可证件；②提供虚假的财务状况或者业绩；③提供虚假的项目负责人或者主要技术人员简历、劳动关系证明；④提供虚假的信用状况；⑤其他弄虚作假的行为。

【案例4-2】

1. 背景

柴某与姜某是老乡，二人在外打拼了多年，一直想承揽一项大的建筑装饰业务。某市一商业大厦的装饰工程公开招标，当时柴某、姜某均没有符合承揽该工程的资质等级证书。为了得到该装饰工程，柴某、姜某以缴纳高额管理费和其他优厚条件，分别借用了A装饰公司、B装饰公司的资质证书并以其名义报名投标。这两家装饰公司均通过了资格预审。之后，柴某与姜某商议，由柴某负责与招标方协调，姜某负责联系另外一家入围装饰业务招标的法定代表人张某，与张某串通投标价格，约定事成之后利益共享，并签订利益共享协议。为了增加中标的可能性，他们故意让入围的一家资质等级较低的装饰公司在投标时报高价，而柴某借用的资质等级高的A装饰公司则报较低价格。就这样，柴某终以借用的A装饰公司名义成功中标，拿下了该项装饰工程。

2. 问题

1）柴某与姜某有哪些违法行为？

2）该违法行为应当受到何种处罚？

3. 分析

1）柴某与姜某有两项违法行为：一是弄虚作假，以他人名义投标。《招标投标法》第33条规定："投标人不得以低于成本的报价竞标，也不得以他人名义投标或者以其他方式弄虚作假，骗取中标。"《招标投标法实施条例》第42条进一步规定，使用通过受让或者租借等方式获取的资格、资质证书投标的，属于《招标投标法》第33条规定的以他人名义投标。二是串通投标。《招标投标法》第32条规定：“投标人不得相互串通投标报价，不得排挤其他投标人的公平竞争，损害招标人或者其他投标人的合法权益。投标人不得与招标人串通投标，损害国家利益、社会公共利益或者他人的合法权益。”《招标投标法实施条例》第39条进一步规定，有下列情形之一的，属于投标人相互串通投标：①投标人之间协商投标报价等投标文件的实质性内容；②投标人之间约定中标人；③投标人之间约定部分投标人放弃投标或者中标；④属于同一集团、协会、商会等组织成员的投标人按照该组织要求协同投标；⑤投标人之间为谋取中标或者排斥特定投标人而采取的其他联合行动。

2）对于以他人名义投标的违法行为，《招标投标法》第54条规定，投标人以他人名义投标或者以其他方式弄虚作假，骗取中标的，中标无效，给招标人造成损失的，依法承担赔偿责任；构成犯罪的，依法追究刑事责任。依法必须进行招标的项目的投标人有上述行为尚未构成犯罪的，处中标项目金额5‰以上10‰以下的罚款，对单位直接负责的主管人员和其他直接责任人员处单位罚款数额5%以上10%以下的罚款；有违法所得的，并处没收违法所得；情节严重的，取消其1~3年内参加依法必须进行招标的项目的投标资格并予以公告，直至由工商行政管理机关吊销营业执照。《招标投标法实施条例》第68条第2款进一步规定，投标人有下列行为之一的，属于《招标投标法》第54条规定的情节严重行为，由有关行政监督部门取消其1~3年内参加依法必须进行招标的项目的投标资格：①伪造、变造资格、资质证书或者其他许可证件骗取中标；②3年内2次以上使用他人名义投标；③弄虚作假骗取中标给招标人造成直接经济损失30万元以上；④其他弄虚作假骗取中标情节严重的行为。投标人自《招标投标法实施条例》第68条第2款规定的处罚执行期限届满之日起3年内又有该款所列违法行为之一的，或者弄虚作假骗取中标情节特别严重的，由工商行政管理机关吊销营业执照。此外，对出让或者出租资质证书供他人投标的，《招标投标法实施条例》第69条规定：“出让或者出租资格、资质证书供他人投标的，依照法律、行政法规的规定给予行政处罚；构成犯罪的，依法追究刑事责任。”

对于串通投标的违法行为，《招标投标法》第53条规定：“投标人相互串通投标或者与招标人串通投标的，……中标无效，处中标项目金额5‰以上10‰以下的罚款，对单位直接负责的主管人员和其他直接责任人员处单位罚款数额5%以上10%以下的罚款；有违法所得的，并处没收违法所得；情节严重的，取消其1~2年内参加依法必须进行招标的项目的投标资格并予以公告，直至由工商行政管理机关吊销营业执照；构成犯罪的，依法追究刑事责任。给他人造成损失的，依法承担赔偿责任。”《招标投标法实施条例》第67条第2款进一步规定，投标人有下列行为之一的，属于《招标投标法》第53条规定的情节严重行为，由有关行政监督部门取消其1~2年内参加依法必须进行招标的项目的投标资格：①以行贿谋取中标；②3年内2次以上串通投标；③串通投标行为损害招标人、其他投标人或者国家、集体、公民的合法利益，造成直接经济损失30万元以上；④其他串通投标情节严重的行为。投标人自《招标投标法实施条例》第67条第2款规定的处罚执行期限届满之日起3年内又有该款所列违法行为之一的，或者串通投标、以行贿谋取中标情节特别严重的，由工商行政管理机关吊销营业执照。

对于构成犯罪的，《刑法》第223条规定：“投标人相互串通投标报价，损害招标人或者其他投标人利益，情节严重的，处3年以下有期徒刑或者拘役，并处或者单处罚金。投标人与招标人串通投标，损害国家、集体、公民的合法利益的，依照前款的规定处罚。”

4.3.5 联合体投标

《招标投标法》规定，两个以上法人或者其他组织可以组成一个联合体，以一个投标人的身份共同投标。

联合体共同投标一般适用于大型建设项目和结构复杂的建设项目。

《招标投标法实施条例》进一步规定，招标人应当在资格预审公告、招标公告或者投标邀请书中载明是否接受联合体投标。招标人接受联合体投标并进行资格预审的，联合体应当在提交资格预审申请文件前组成。资格预审后联合体增减、更换成员的，其投标无效。

1. 联合体投标的特点

联合体投标有如下特点：①联合体由两个或者两个以上的投标人组成，参与投标是各方的自愿行为；②联合体是一个临时性的组织，不具有法人资格；③联合体各方以一个投标人的身份共同投标，中标后，招标人与联合体各方共同签订一个承包合同，联合体各方就中标项目向招标人承担连带责任；④联合体各方签订共同投标协议后，不得再以自己的名义单独投标，也不得组成新的联合体或参加其他联合体在同一项目中投标。

2. 联合体的资格条件

联合体各方均应当具备承担招标项目的相应能力；国家有关规定或者招标文件对投标人资格条件有规定的，联合体各方均应当具备规定的相应资格条件。由同一专业的单位组成的联合体，按照资质等级较低的单位确定资质等级。

3. 共同投标协议

《招标投标法》规定，联合体各方应当签订共同投标协议，明确约定各方拟承担的工作和责任，并将共同投标协议连同投标文件一并提交招标人。联合体中标的，联合体各方应当共同与招标人签订合同，就中标项目向招标人承担连带责任。联合体投标未附联合体各方共同投标协议的，将由评标委员会初审后按废标处理。

【案例4-3】

1. 背景

有一省重点工程项目由于工程复杂、技术难度高，一般施工队伍难以胜任，建设单位便自行决定采取邀请招标方式，于9月28日向通过资格预审的A、B、C、D、E等五家施工企业发出了投标邀请书。这五家施工企业均接受了邀请，并于规定时间购买了招标文件。按照招标文件的规定，10月18日下午4时为提交投标文件的截止时间，

10 月 21 日下午 2 时在建设单位办公大楼第 2 会议室开标。A、B、D、E 施工企业均在此截止时间之前提交了投标文件，但 C 施工企业却因中途堵车，于 10 月 18 日下午 5 时才将投标文件送达。10 月 21 日下午 2 时，当地招标投标监管机构在该建设单位办公大楼第 2 会议室主持了开标。

2. 问题

1）该建设单位自行决定采取邀请招标的做法是否合法？

2）建设单位是否可以接收 C 施工企业的投标文件？

3）开标应当由谁主持？开标时间是否合适？

3. 分析

1）《招标投标法》第 11 条规定："国务院发展计划部门确定的国家重点项目和省、自治区、直辖市人民政府确定的地方重点项目不适宜公开招标的，经国务院发展计划部门或者省、自治区、直辖市人民政府批准，可以进行邀请招标。"因此，本案例中的建设单位擅自决定对省重点工程项目采取邀请招标的做法，违反了《招标投标法》的有关规定，是不合法的。

2）《招标投标法》第 28 条第 2 款规定："在招标文件要求提交投标文件的截止时间后送达的投标文件，招标人应当拒收。"《招标投标法实施条例》第 36 条第 1 款规定："未通过资格预审的申请人提交的投标文件，以及逾期送达或者不按照招标文件要求密封的投标文件，招标人应当拒收。"据此，建设单位应当对 C 施工企业逾期送达的投标文件予以拒收。如果未依法而接受，则按照《招标投标法实施条例》第 64 条的规定："招标人有下列情形之一的，由有关行政监督部门责令改正，可以处 10 万元以下的罚款：……（四）接受应当拒收的投标文件。招标人有前款……第四项所列行为之一的，对单位直接负责的主管人员和其他直接责任人员依法给予处分。"

3）《招标投标法》第 35 条规定："开标由招标人主持，邀请所有投标人参加。"据此，本案例中由当地招标投标监管机构主持开标是不合法的。《招标投标法》第 34 条规定："开标应当在招标文件确定的提交投标文件截止时间的同一时间公开进行。"因此，本案例中的开标时间不合适。

4.4 建设工程开标、评标、中标

4.4.1 开标

1. 开标的时间、地点

开标应当在招标文件确定的提交投标文件截止时间的同一时间公开进行；开标地点应当为招标文件中预先确定的地点。

2. 开标的参与人

开标由招标人主持，邀请所有投标人参加。开标时，由投标人或者其推选的代表检查投标文件的密封情况，也可以由招标人委托的公证机构检查并公证。

3. 开标的程序

经确认无误后，由工作人员当众拆封，宣读投标人名称、投标价格和投标的其他主要内容。开标过程应当记录，并存档备查。

4. 开标时无效投标文件的认定

根据《房屋建筑和市政基础设施工程施工招标投标管理办法》第35条的规定，在开标时，投标文件出现下列情形之一的，应当作为无效投标文件，不得进入评标：

1）投标文件未按照招标文件的要求予以密封的。

2）投标文件中的投标函未加盖投标人的企业及企业法定代表人印章的，或者企业法定代表人委托代理人没有合法、有效的委托书（原件）及委托代理人印章的。

3）投标文件的关键内容字迹模糊、无法辨认的。

4）投标人未按照招标文件的要求提供投标保函或者投标保证金的。

5）组成联合体投标的，投标文件未附联合体各方共同投标协议的。

4.4.2 评标

1、评标委员会

（1）评标委员会的组成　根据《招标投标法》第37条的规定，评标由招标人依法组建的评标委员会负责。依法必须进行招标的项目，其评标委员会由招标人的代表和有关技术、经济等方面的专家组成，成员为5人以上单数，其中技术、经济等方面的专家不得少于成员总数的2/3。评标委员会成员的名单在中标结果确定前应当保密。

（2）评标专家的选取　根据《招标投标法》和《评标委员会和评标方法暂行规定》的有关规定，技术、经济等方面的评标专家由招标人从国务院有关部门或者省、自治区、直辖市人民政府有关部门提供的专家名册或者招标代理机构的专家库的相关专业的专家名单中确定。一般招标项目可以采取随机抽取方式，技术特别复杂、专业性要求特别高或者国家有特殊要求的招标项目，采取随机抽取方式确定的专家难以胜任的，可以由招标人直接确定。

（3）对评标委员会成员的职业道德要求和保密义务　根据《招标投标法》和《评标委员会和评标方法暂行规定》的有关规定，评标委员会成员应当客观、公正地履行职责，遵守职业道德，对所提出的评审意见承担个人责任。评标委员会成员不得与任何投标人或者与招标结果有利害关系的人进行私下接触，不得收受投标人、中介人、其他利害关系人的财物或者其他好处。

2. 评标的标准和方法

招标人应当采取必要的措施，保证评标在严格保密的情况下进行。任何单位和个人不得非法干预、影响评标的过程和结果。评标委员会应当按照招标文件确定的评标标准和方法，对投标文件进行评审和比较；设有标底的，应当参考标底。

3. 按废标处理的情形

《工程建设项目施工招标投标办法》第50条规定，以下情形将被作为废标处理：①投标文件未经投标单位盖章和单位负责人签字；②投标联合体没有提交共同投标协议；③投标人不符合国家或者招标文件规定的资格条件；④同一投标人提交两个以上不同的投标文件或者投标报价，但招标文件要求提交备选投标的除外；⑤投标报价低于成本或高于招标文件设定的最高投标限价；⑥投标文件没有对招标文件的实质性要求和条件做出响应；⑦投标人有串通投标、弄虚作假、行贿等违法行为。

《招标投标法》第 42 条规定："评标委员会经评审，认为所有投标都不符合招标文件要求的，可以否决所有投标。依法必须进行招标的项目的所有投标被否决的，招标人应当依照本法重新招标。"

4. 投标文件的澄清、说明和修正

评标委员会可以要求投标人对投标文件中含义不明确的内容做必要的澄清或者说明，但是澄清或者说明不得超出投标文件的范围或者改变投标文件的实质性内容。评标委员会在对实质上响应招标文件要求的投标进行报价评估时，除招标文件另有约定外，应当按下述原则进行修正：①用数字表示的数额与用文字表示的数额不一致时，以文字数额为准；②单价与工程量的乘积与总价之间不一致时，以单价为准，若单价有明显的小数点错位，则应以总价为准，并修改单价。

调整后的报价经投标人确认后产生约束力。

5. 评标报告和中标候选人

（1）评标报告　评标委员会完成评标工作后，应当向招标人提出书面评标报告，并抄送有关行政监督部门。

评标报告由评标委员会全体成员签字。对评标结论持有异议的评标委员会成员可以书面方式阐述其不同意见和理由。评标委员会成员拒绝在评标报告上签字且不陈述其不同意见和理由的，视为同意评标结论。评标委员会应当对此做出书面说明并记录在案。

（2）中标候选人　评标委员会推荐的中标候选人应当限定在 1～3 人，并表明排列顺序。中标人的投标，应当符合下列条件之一：

1）能够最大限度地满足招标文件中规定的各项综合评价标准。

2）能够满足招标文件的实质性要求，并且经评审的投标价格最低；但是投标价格低于成本的除外。

4.4.3　中标

1. 公示中标候选人

《招标投标法实施条例》规定，依法必须进行招标的项目，招标人应当自收到评标报告之日起 3 日内公示中标候选人，公示期不得少于 3 日。

投标人或者其他利害关系人对依法必须进行招标的项目的评标结果有异议的，应当在中标候选人公示期间提出。招标人应当自收到异议之日起 3 日内做出答复；做出答复前，应当暂停招标投标活动。

2. 确定中标人

《招标投标法》规定，招标人根据评标委员会提出的书面评标报告和推荐的中标候选人确定中标人。招标人也可以授权评标委员会直接确定中标人。

在确定中标人前，招标人不得与投标人就投标价格、投标方案等实质性内容进行谈判。

《招标投标法实施条例》进一步规定，国有资金占控股或者主导地位的依法必须进行招标的项目，招标人应当确定排名第一的中标候选人为中标人。排名第一的中标候选人放弃中标、因不可抗力不能履行合同、不按照招标文件要求提交履约保证金，或者被查实存在影响中标结果的违法行为等情形，不符合中标条件的，招标人可以按照评标委员会提出的中标候选人名单排序依次确定其他中标候选人为中标人，也可以重新招标。

中标候选人的经营、财务状况发生较大变化或者存在违法行为，招标人认为可能影响其履约能力的，应当在发出中标通知书前由原评标委员会按照招标文件规定的标准和方法审查确认。

3. 中标通知书和报告招标投标情况

《招标投标法》规定，中标人确定后，招标人应当向中标人发出中标通知书，并同时将中标结果通知所有未中标的投标人。中标通知书对招标人和中标人具有法律效力。中标通知书发出后，招标人改变中标结果的，或者中标人放弃中标项目的，应当依法承担法律责任。

依法必须进行招标的项目，招标人应当自确定中标人之日起15日内，向有关行政监督部门提交招标投标情况的书面报告。

4. 履约保证金

履约担保是工程发包单位为防止承包单位在合同执行过程中违反合同规定或违约，并弥补给发包单位造成的经济损失。

《招标投标法》规定，招标文件要求中标人提交履约保证金的，中标人应当提交。

《招标投标法实施条例》进一步规定，履约保证金不得超过中标合同金额的10%。中标人应当按照合同约定履行义务，完成中标项目。

本章小结

本章对建设工程招标投标做了较详细的阐述，包括招标投标概述，建设工程招标、投标、开标、评标、中标的相关法律规定。

在招标投标概述中，要掌握建设工程必须招标的范围和规模、建设工程招标方式，了解招标投标活动应遵循的基本原则。

在建设工程招标中，要掌握招标的基本程序，了解招标人的概念以及禁止限制、排斥投标人的规定。

在建设工程投标中，要掌握投标文件、投标保证金、联合体投标的相关内容，了解投标人的概念以及禁止投标人实施不正当竞争行为的规定。

在建设工程开标、评标、中标中，要掌握评标、中标的相关内容，了解开标的相关内容。

习　题

一、单项选择题

1. 招标投标活动应当遵循的原则是（　　）。

A. 公开、公平、公正和最低价中标　　B. 自愿、公平、公正和等价有偿

C. 公开、公平、公正和诚实信用　　D. 自愿、公平、等价有偿和诚实信用

2. 联合体中标的（　　）。

A. 联合体各方应当共同与招标人签订合同，就中标项目向招标人承担连带责任

B. 联合体各方应当分别与招标人签订合同，就中标项目向招标人承担连带责任

C. 联合体各方应当共同与招标人签订合同，就中标项目向招标人独立承担责任

D. 联合体各方应当分别与招标人签订合同，就中标项目向招标人独立承担责任

3. 甲、乙两个同一专业的施工单位分别具有该专业二、三级企业资质，甲、乙两个单位的项目经理数量合计符合一级企业资质要求。甲、乙两个单位组成联合体参加投标。则该联合体资质等级应为（　　）。

A. 一级　　B. 二级　　C. 三级　　D. 暂定级

4. 根据《招标投标法》的有关规定，评标委员会成员应当客观、公正地履行职务，遵守职业道德，对所提出的评审意见承担（　　）。

A. 个人责任　　B. 集体责任　　C. 连带责任　　D. 共同责任

5. 某必须招标的建设项目，共有三家单位投标，其中一家未按招标文件要求提交投标保证金，则关于对投标的处理，下列说法中，正确的是（　　）。

A. 评标委员会可以否决全部投标，招标人应当重新招标

B. 评价委员会可以否决全部投标，招标人可以直接发包

C. 评价委员会必须否决全部投标，招标人应当重新招标

D. 评价委员会必须否决全部投标，招标人可以直接发包

6. 下列关于招标投标活动中公开原则的叙述中，（　　）是错误的。

A. 进行招标活动的信息公开

B. 开标的程序、评标的标准和程序、中标的结果等都应公开

C. 开标的程序、中标的结果都应公开，但评标的标准和程序不能公开

D. 招标公告必须通过国家指定的报刊、信息网络或者其他公共媒介发布

7. 抢险救灾紧急工程应采用（　　）方式选择实施单位。

A. 公开招标　　B. 邀请招标　　C. 议标　　D. 直接委托

8. 按照招标投标公开程度的不同，工程施工招标分为（　　）。

A. 指定招标和公开招标　　B. 全部招标和部分招标

C. 公开招标、邀请招标和议标　　D. 公开招标和邀请招标

9. 在依法必须进行招标的工程范围内，对于重要设备、材料等货物的采购，其单项合同估算价在（　　）万元人民币以上的，必须进行招标。

A. 50　　B. 100　　C. 150　　D. 200

10. 下列建设项目中，可以不招标的是（　　）。

A. 使用财政预算资金的体育项目中合同估算价为 80 万元的材料采购合同

B. 上市公司投资的商品房项目中合同估算价为 500 万元的材料采购合同

C. 个人捐资的教育项目中合同估算价为 80 万元的监理合同

D. 外商投资的供水项目中合同估算价为 1 000 万元的施工合同

11. 根据《关于禁止串通招标投标行为的暂行规定》的规定，（　　）不属于投标人之间串通投标的行为。

A. 投标人之间内部竞价，内定中标人，然后再参加投标

B. 投标人与招标人商定，在招标投标时压低或抬高标价，中标后再给投标人或者招标人额外补偿

C. 投标人相互约定，在招标项目中一致抬高或者压低投标价

D. 投标人相互约定，在招标项目中轮流以高价位或低价位中标

12. 某工程项目的招标投标活动中，发现投标人甲以低于成本的报价竞标。这里的成本是指（　　）。

A. 整个建筑行业的平均成本　　B. 所有投标人的平均成本

C. 投标人甲的成本　　D. 项目所在地的平均成本

13. 提交投标文件的投标人少于（　　）个的，招标人应当依法重新招标。

A. 2　　B. 3　　C. 4　　D. 5

14. 根据《招标投标法》的规定，招标人需要对发出的招标文件进行澄清或修改时，应当在招标文件要求提交投标文件的截止时间至少（　　）天前，以书面形式通知所有招标文件收受人。

A. 10　　B. 15　　C. 20　　D. 30

15. 某工程建设项目设计招标中，甲设计单位投标报价为 2 000 万元，则其投标保证金最高应为（　　）万元。

A. 10　　B. 20　　C. 4　　D. 40

16. 根据《招标投标法》的规定，依法必须进行招标的项目，自招标文件开始发出之日起至投标人提交投标文件截止之日止，最短不得少于（　　）日。

A. 15　　B. 20　　C. 25　　D. 30

17. 两个以上法人或者其他组织组成联合体投标时，国家有关规定或者招标文件对投标人资格条件有规定的，联合体的资质应符合（　　）。

A. 各方的总和条件符合规定的资质条件即可

B. 有一方具备规定的相应资质条件即可

C. 各方均应具备规定的资质条件

D. 主要一方具备相应的资质条件即可

18. 开标应在招标文件确定的（　　）公开进行。

A. 提交投标文件截止时间之后 1 日内　　B. 提交投标文件截止时间之后 2 日内

C. 提交投标文件截止时间的同一时间　　D. 提交投标文件截止时间之后 3 日内

19. 开标地点应当为（　　）。

A. 招标投标双方确认的地点　　B. 住房城乡建设主管部门指定的场所

C. 招标文件中预先确定的地点　　D. 投标人共同认可的地点

20. 依据《招标投标法》，某建设单位就一个办公楼群项目进行招标，则该项目的评标工作由（　　）来完成。

A. 该建设单位的领导　　B. 该建设单位的上级主管部门

C. 当地的政府部门　　D. 该建设单位依法组建的评标委员会

21. 评标委员会为（　　）人以上的单数。

A. 5　　B. 7　　C. 9　　D. 3

22. 评标委员会中技术、经济等方面的专家不得少于成员总数的（　　）。

A. 1/3　　B. 3/5　　C. 2/3　　D. 2/5

23. 关于投标保证金的说法，正确的是（　　）。

A. 投标保证金有效期应当与投标有效期一致

B. 投标保证金不得超过招标项目估算价的 10%

C. 实行两阶段招标的，招标人要求投标人提交投标保证金的，应当在第一阶段提出

D. 投标截止后投标人撤销投标文件的，招标人应当退还投标保证金，但无须支付银行同期存款利息

24. 根据《招标投标法实施条例》，国有资金占控股地位的依法必须进行招标的项目，关于如何确定中标人的说法，正确的是（　　）。

A. 招标人可以确定任何一名中标候选人为中标人

B. 招标人可以授权评标委员会直接确定中标人

C. 排名第一的中标候选人放弃中标，必须重新招标

D. 排名第一的中标候选人被查实不符合条件的，招标人可以按照评标委员会提出的中标候选人名单排序依次确定其他中标候选人为中标人，也可以重新招标

25. 关于评标的说法，正确的是（　　）。

A. 招标委员会可以向招标人征询确定中标人的意向

B. 招标项目设有标底的，可以投标报价是否接近标底作为中标条件

C. 评标委员会成员拒绝在评标报告上签字的，视为不同意评标结果

D. 投标文件中有含义不明确的内容、明显文字或计算错误的，评标委员会可以要求投标人做出必要澄清、说明

二、多项选择题

1. 根据《招标投标法》和《工程建设项目施工招标投标办法》的规定，下列工程项目属于工程建设项目招标范围的有（　　）。

A. 某市市政府建造一座座席为 5 万人的体育场

B. 中国银行建造设在上海的分行总部大楼

C. 某房地产开发股份公司向中国建设银行贷款 2 亿元开发居民住宅

D. 某大学接受联合国教科文组织的援助建造试验中心

E. 某跨国公司在中国设立的分公司的办公大楼

2. 下列可以不进行招标的项目有（　　）。

A. 中国农业银行投资建设的项目　　B. 保密工程

C. 抢险救灾等紧急情况下的工程项目　　D. 使用扶贫资金的项目

E. 涉及国家安全的项目

3. 某招标项目的评标委员会组成：招标人代表 2 人，建设行政监督部门代表 2 人，技术、经济方面专家 4 人，招标人直接指定的技术专家 1 人。下列关于此评标委员会人员组成的说法正确的有（　　）。

A. 不应该包括建设行政监督部门代表

B. 不应该包括招标人代表

C. 技术、经济方面的专家所占比例不符合规定

D. 招标人代表所占比例偏低

E. 作为一般项目，招标人可以直接指定专家

4. 根据《招标投标法》的有关规定，经过评审，中标人的产生途经可以（　　）。

A. 由评标委员会直接自行确定

B. 由招标人直接自行确定
C. 招标人根据评标委员会的评审报告和推荐确定
D. 招标人授权评标委员会直接确定
E. 由政府住房城乡建设主管部门确定
5. 下列关于开标程序的说法中，正确的有（　　）。
A. 开标应当在招标文件确定的提交投标文件截止时间的同一时间公开进行
B. 开标由政府主管部门主持
C. 开标时由投标人或者其推选的代表检查投标文件的密封情况，也可由招标人委托的公正机构检查并公证
D. 开标时招标人可以有选择地读投标文件
E. 开标过程应当记录，并存档备查
6. 以下关于联合体投标的说法中，正确的有（　　）。
A. 联合体各方均应当具备承担招标项目的相应能力
B. 由同一专业组成的联合体，按照资质等级较高的单位确定资质等级
C. 联合体各方均应该具备招标文件规定的投标人资格条件
D. 联合体各方应当签订共同投标协议
E. 联合体中标的，联合体各方应当共同与招标人签订合同
7. 下列情形之中，视为投标人相互串通投标的有（　　）。
A. 不同投标人的投标文件相互混装
B. 属于同一集团、协会、商会等组织成员的投标人按照该组织要求协同投标
C. 招标人授意投标人撤换、修改投标文件
D. 不同投标人委托同一单位办理投标
E. 单位负责人为同一人或者存在控股、管理关系的不同单位参加同一招标项目不同阶段的投标

三、简答题

1. 建设工程必须招标的范围、规模有哪些？
2. 建设工程招标方式有哪些？
3. 招标的基本程序是什么？
4. 投标文件应包括哪些内容？
5. 投标保证金的金额有何要求？
6. 联合体投标的特点是什么？
7. 联合体投标需要注意些什么？
8. 评标委员会的组成要求是什么？
9. 在建设工程招标投标中，作为废标处理的情况有哪些？
10. 中标人的投标，应当符合哪些条件？
11. 投标人相互串通投标的情况有哪些？

四、案例题

1. 某投资公司建设一幢办公楼，采用公开招标方式选择施工单位，投标保证金的有效期时间同投标有效期。提交投标文件的截止时间为 2013 年 5 月 30 日。该公司于 2013 年 3

月 6 日发出招标公告，后有 A、B、C、D、E 等五家建筑施工单位参加了投标，E 单位由于工作人员疏忽于 6 月 2 日提交投标保证金。开标会于 6 月 3 日由该省住房城乡建设主管部门主持，D 单位在开标前向投资公司要求撤回投标文件。经过综合评选，最终确定 B 单位中标。双方按规定签订了施工承包合同。

问题：

1）E 单位的投标文件按要求应当如何处理？为什么？

2）对 D 单位撤回投标文件的要求应当如何处理？为什么？

3）上述招标投标程序中，有哪些不妥之处？请说明理由。

2. 某市政协的综合办公楼进行施工招标，要求投标企业为建筑工程施工总承包一级及以上资质。资格预审公告后，有 15 家单位报名参加。

1）资格预审时，有招标人代表提出不能使用民营企业，应选择国有大中型企业。

2）资格预审文件中规定资格审查采用合格制，评审过程中招标人发现合格的投标申请人达到 12 家之多，因此要求对他们进行综合评价和比较，并采用投票方式优选出 7 家作为最终的资格预审合格投标人。

3）现场踏勘时，有 2 家单位因故未能参加，招标人按该 2 家单位放弃投标考虑。

4）到投标截止时间有 1 家投标人因路上堵车迟到了 5 分钟（已事先电话告知招标人），招标人拒绝接收其投标文件。

5）开标仪式上，有 1 家投标人未派代表出席，但其投标文件提前寄到了招标人处，招标人以该投标人代表未在场为由，没有开启其投标文件。

6）发出中标通知书之前，招标人书面要求中标人做出了 2% 的让利。

问题：上述程序中，有哪些不妥之处？试说明理由。

第 5 章

建设工程合同和劳动合同法律制度

案例导入

2008 年 5 月，某外企公司有 3 位员工已在该企业工作满 10 年，需要续签新的劳动合同。但该公司不打算再与其续签劳动合同。该公司人力资源部的经理依据之前的各地关于无固定期限劳动合同的做法与规定，向 3 位员工下发了到期不再续签劳动合同的书面通知。但 3 位员工不服，认为在该公司工作了这么多年，公司不应该这样做，于是他们向有关人员进行咨询。

请分析：

1）该 3 位员工坚决要求签订劳动合同，并且要求签订无固定期限劳动合同，依据《劳动合同法》的规定，是否应当签订无固定期限劳动合同？

2）在公司不同意的情况下，是否可以签订无固定期限劳动合同？

5.1 建设工程合同制度

建设工程合同是承包人进行工程建设，发包人支付价款的合同。

5.1.1 合同的订立原则和分类

1. 合同的订立原则

合同的订立，应当遵循平等原则、自愿原则、公平原则、诚实信用原则、合法原则等。

（1）平等原则 《合同法》规定，合同当事人的法律地位平等，一方不得将自己的意志强加给另一方。这一原则包括以下三方面的内容：

1）合同当事人的法律地位一律平等。不论所有制性质、单位大小和经济实力强弱，其法律地位都是平等的。

2）合同中的权利义务对等。也就是说，享有权利的同时就应当承担义务，而且彼此的权利、义务是对等的。

3）合同当事人必须就合同条款充分协商，在互利互惠基础上取得一致，合同方能成立。任何一方都不得将自己的意志强加给另一方，更不得以强迫命令、胁迫等手段签订合同。

（2）自愿原则 《合同法》规定，当事人依法享有自愿订立合同的权利，任何单位和个人不得非法干预。

自愿原则体现了民事活动的基本特征，是民事法律关系区别于行政法律关系、刑事法律关系的特有原则。自愿原则贯穿于合同活动的全过程，包括订不订立合同自愿，与谁订立合同自愿，合同内容由当事人在不违法的情况下自愿约定，在合同履行过程中当事人可以协议补充、协议变更有关内容，双方也可以协议解除合同。可以约定违约责任，以及自愿选择解决争议的方式。总之，只要不违背法律、行政法规强制性的规定，合同当事人有权自愿决定，任何单位和个人不得非法干预。

（3）公平原则　《合同法》规定，当事人应当遵循公平原则确定各方的权利和义务。

公平原则主要包括：

1）订立合同时，要根据公平原则确定双方的权利和义务。不得欺诈，不得假借订立合同恶意进行磋商。

2）根据公平原则确定风险的合理分配。

3）根据公平原则确定违约责任。

公平原则作为合同当事人的行为准则，可以防止当事人滥用权利，保护当事人的合法权益，维护和平衡当事人之间的利益。

（4）诚实信用原则　《合同法》规定，当事人行使权利、履行义务应当遵循诚实信用原则。

诚实信用原则主要包括：

1）订立合同时，不得有欺诈或其他违背诚实信用的行为。

2）履行合同义务时，当事人应当根据合同的性质、目的和交易习惯，履行及时通知、协助、提供必要条件、防止损失扩大、保密等义务。

3）合同终止后，当事人应当根据交易习惯，履行通知、协助、保密等义务，也称后契约义务。

（5）合法原则　《合同法》规定，当事人订立、履行合同，应当遵守法律、行政法规，尊重社会公德，不得扰乱社会经济秩序，损害社会公共利益。

一般来讲，合同的订立和履行，属于合同当事人之间的民事权利义务关系，只要当事人的意思不与法律规范、社会公共利益和社会公德相抵触，即承认合同的法律效力。但是，合同绝不仅仅是当事人之间的问题，有时可能会涉及社会公共利益、社会公德和经济秩序。为此，对于损害社会公共利益、扰乱社会经济秩序的行为，国家应当予以干预。但是，这种干预要依法进行，由法律、行政法规做出规定。

【案例5-1】

1. 背景

甲施工企业于2000年承建某单位办公楼，2001年4月竣工验收合格并交付使用。2006年5月，甲施工企业致函该单位，说明屋面防水保修期满及以后使用维护的注意事项。

2. 问题

此事件体现了《合同法》的什么原则？

3. 分析

此事件体现了诚实信用原则。诚实信用原则具体包括：①在订立合同时，不得有欺诈或其他违背诚实信用的行为；②在履行合同义务时，当事人应当遵循诚实信用的原则，根据合同的性质、目的和交易习惯，履行及时通知、协助、提供必要的条件、防止损失扩大、保密等义务；③合同终止后，当事人也应当遵循诚实信用的原则，根据交易习惯履行通知、协助、保密等义务，即后契约义务。

2. 合同的分类

合同的分类是指按照一定的标准，将合同划分成不同的类型。合同的分类，有利于当事人找到能达到自己交易目的的合同类型，订立符合自己愿望的合同条款，便于合同的履行，也有助于司法机关在处理合同纠纷时准确地适用法律，正确处理合同纠纷。

（1）有名合同与无名合同　根据法律是否明文规定了合同的名称，可以将合同分为有名合同与无名合同。

有名合同又称典型合同，是指法律上已经确定了一定的名称及具体规则的合同。《合同法》中所规定的15类合同，都属于有名合同，如建设工程合同等。

无名合同又称非典型合同，是指法律上尚未确定一定的名称与规则的合同。合同当事人可以自由决定合同的内容，即使当事人订立的合同不属于有名合同的范围，只要不违背法律的禁止性规定和社会公共利益，仍然是有效的。

有名合同与无名合同的区分意义，主要在于两者适用的法律规则不同。对于有名合同，应当直接适用《合同法》的相关规定，如建设工程合同直接适用《合同法》第16章的规定。对于无名合同，《合同法》规定："本法分则或其他法律没有明确规定的合同，适用本法总则的规定，并可以参照本法分则或其他法律最相类似的规定。"因此，无名合同首先应当适用《合同法》的一般规则，然后可比照最相类似的有名合同的规则，确定合同效力、当事人的权利义务等。

（2）双务合同与单务合同　根据合同当事人是否互相负有给付义务，可以将合同分为双务合同与单务合同。

双务合同是指当事人双方互负对待给付义务的合同，即双方当事人互享债权、互负债务，一方的合同权利正好是对方的合同义务，彼此形成对价关系。例如，建设工程施工合同中，承包人有获得工程价款的权利，而发包人则有按约支付工程价款的义务。大部分合同都是双务合同。

单务合同是指合同当事人中仅有一方负担义务，而另一方只享有合同权利的合同。例如，在赠与合同中，受赠人享有接受赠与物的权利，但不负担任何义务。无偿委托合同、无偿保管合同均属于单务合同。

（3）诺成合同与实践合同　根据合同的成立是否需要交付标的物，可以将合同分为诺成合同与实践合同。

诺成合同又称不要物合同，是指当事人双方意思表示一致就可以成立的合同。大多数合同都属于诺成合同，如建设工程合同、买卖合同、租赁合同等。

实践合同又称要物合同，是指除当事人双方意思表示一致以外，尚须交付标的物才能成立的合同，如保管合同。

（4）要式合同与不要式合同　根据法律对合同的形式是否有特定要求，可以将合同分为要式合同与不要式合同。

要式合同是指根据法律规定必须采取特定形式的合同。例如，《合同法》规定，建设工程合同应当采用书面形式。

不要式合同是指当事人订立的合同依法并不需要采取特定的形式，当事人可以采取口头方式，也可以采取书面形式或其他形式。

要式合同与不要式合同的区别，实际上是一个关于合同成立与生效的条件问题。如果法律规定某种合同必须经过批准或登记才能生效，则合同未经批准或登记便不生效；如果法律规定某种合同必须采用书面形式才成立，则当事人未采用书面形式时合同便不成立。

（5）有偿合同与无偿合同　根据合同当事人之间的权利义务是否存在对价关系，可以将合同分为有偿合同与无偿合同。

有偿合同是指一方通过履行合同义务而给对方某种利益，对方要得到该利益必须支付相应代价的合同，如建设工程合同等。

无偿合同是指一方给付对方某种利益，对方取得该利益时并不支付任何代价的合同，如赠与合同等。

（6）主合同与从合同　根据合同相互间的主从关系，可以将合同分为主合同与从合同。

主合同是指能够独立存在的合同；依附于主合同方能存在的合同为从合同。例如，发包人与承包人签订的建设工程施工合同为主合同，为确保该主合同的履行，发包人与承包人签订的履约保证合同为从合同。

5.1.2 合同的要约与承诺

1. 合同订立与合同成立

合同的成立一般要经过要约和承诺两个阶段。《合同法》规定，当事人订立合同，采取要约、承诺方式。

2. 要约

要约是订立合同的必经阶段，不经过要约，合同是不可能成立的。发出要约的人称为要约人，接受要约的人称为受要约人。

（1）要约的构成要件　要约是希望和他人订立合同的意思表示，该意思表示应当符合下列规定：

1）内容具体确定。所谓具体，是指要约的内容须具有足以使合同成立的主要条款。如果没有包含合同的主要条款，则受要约人难以做出承诺，即使做出了承诺，也会因为双方的这种合意不具备合同的主要条款而使合同不能成立。所谓确定，是指要约的内容须明确。

2）表明经受要约人承诺，要约人即受该意思表示约束。要约须具有订立合同的意图，表明一经受要约人承诺，要约人即受该意思表示的约束。

（2）要约邀请　《合同法》规定，要约邀请是希望他人向自己发出要约的意思表示。寄送的价目表、拍卖公告、招标公告、招股说明书、商业广告等为要约邀请。

要约邀请可以向特定人发出，也可以向不特定的人发出。要约邀请只是邀请他人向自己发出要约，如果自己承诺，合同才成立。因此，要约邀请处于合同的准备阶段，没有法律约束力。

在建设工程招标投标活动中，招标文件是要约邀请，对招标人不具有法律约束力；投标文件是要约，应受自己做出的与他人订立合同的意思表示的约束。

（3）要约的法律效力　《合同法》规定，要约到达受要约人时生效；如投标人向招标人发出的投标文件，自到达招标人时起生效。

要约的有效期间由要约人在要约中规定。要约人如果在要约中定有存续期间，则受要约人必须在此期间内承诺。要约可以撤回，但撤回要约的通知应当在要约到达受要约人之前或者与要约同时到达受要约人。要约可以撤销，但撤销要约的通知应当在受要约人发出承诺通知之前到达受要约人。

有下列情形之一的，要约不得撤销：①要约人确定了承诺期限或者以其他形式明示要约不可撤销；②受要约人有理由认为要约是不可撤销的，并已经为履行合同做了准备工作。

3. 承诺

《合同法》规定，承诺是受要约人同意要约的意思表示。例如，招标人向投标人发出的中标通知书，就是承诺。

（1）承诺的方式　承诺应当以通知的方式做出，但根据交易习惯或者要约表明可以通过行为做出承诺的除外。这里的行为通常是指履行行为，如预付价款、工地上开始工作等。

（2）承诺的生效　承诺通知到达要约人时生效。承诺不需要通知的，根据交易习惯或者要约的要求做出承诺的行为时生效。

（3）承诺的内容　承诺的内容应当与要约的内容一致。受要约人对要约的内容做出实质性变更的，为新要约。有关合同标的、数量、质量、价款或者报酬、履行期限、履行地点和方式、违约责任和解决争议方法等的变更，是对要约内容的实质性变更。

【案例5-2】

1. 背景

甲建筑公司收到了某水泥厂寄发的价目表但无其他内容。甲建筑公司按标明价格提出订购1 000t某型号水泥，并附上主要合同条款，却被告知因原材料价格上涨故原来的价格不再适用，要采用提价后的新价格。

2. 问题

1）水泥厂的价目表属于什么性质？

2）甲建筑公司的订购属于什么性质？

3）水泥厂的新报价属于什么性质？

3. 分析

要约邀请是希望他人向自己发出要约的意思表示。寄送的价目表、拍卖公告、招标公告、招股说明书、商业广告等为要约邀请。但是如果商业广告的内容符合要约规定的，视为要约。所以水泥厂的价目表属于要约邀请，甲建筑公司的订购属于要约，水泥厂的新报价属于新要约。

5.1.3　建设工程施工合同的法定形式和内容

1. 建设工程施工合同的法定形式

《合同法》明确规定，建设工程合同应当采用书面形式。

2. 建设工程施工合同的内容

《合同法》规定，施工合同的内容包括工程范围、建设工期、中间交工工程的开工和竣工时间、工程质量、工程造价、技术资料交付时间、材料和设备供应责任、拨款和结算、竣工验收、质量保修范围和质量保证期、双方相互协作等条款。

3. 建设工程施工合同发、承包双方的主要义务

（1）发包人的主要义务

1）不得违法发包。

2）提供必要施工条件。发包人未按照约定的时间和要求提供原材料、设备、场地、资金、技术资料的，承包人可以顺延工程日期，并有权要求赔偿停工、窝工等损失。

3）及时检查隐蔽工程。隐蔽工程在隐蔽以前，承包人应当通知发包人检查。发包人没有及时检查的，承包人可以顺延工程日期，并有权要求赔偿停工、窝工等损失。

4）及时验收工程。建设工程竣工后，发包人应当根据施工图及说明书、国家颁布的施工验收规范和质量检验标准及时进行验收。

5）支付工程价款。发包人应当按照合同约定的时间、地点和方式等，向承包人支付工程价款。

（2）承包人的主要义务

1）不得转包和违法分包工程。承包人不得将其承包的全部建设工程转包给第三人，不得将其承包的全部建设工程肢解以后以分包的名义分别转包给第三人。禁止承包人将工程分包给不具备相应资质条件的单位。禁止分包单位将其承包的工程再分包。

2）自行完成建设工程主体结构施工。建设工程主体结构的施工必须由承包人自行完成。承包人将建设工程主体结构的施工分包给第三人的，该分包合同无效。

3）接受发包人的有关检查。发包人在不妨碍承包人正常作业的情况下，可以随时对作业进度、质量进行检查。隐蔽工程在隐蔽以前，承包人应当通知发包人检查。

4）交付竣工验收合格的建设工程。建设工程竣工经验收合格后，方可交付使用；未经验收或者验收不合格的，不得交付使用。

5）建设工程质量不符合约定的，无偿修理。因施工人的原因致使建设工程质量不符合约定的，发包人有权要求施工人在合理期限内无偿修理或者返工、改建。经过修理或者返工、改建后，造成逾期交付的，施工人应当承担违约责任。

【案例 5-3】

1. 背景

甲建筑公司（以下简称甲公司）拟向乙建材公司（以下简称乙公司）购买一批钢材。双方经过口头协商，约定购买钢材 100t，单价 3 500 元人民币，并拟订了准备签字盖章的买卖合同文本。乙公司签字盖章后，交给了甲公司准备签字盖章。由于施工进度紧张，在甲公司催促下，乙公司在未收到甲公司签字盖章的合同文本情形下，将 100t 钢材送到甲公司工地现场。甲公司接收并投入工程使用。后因拖欠货款，双方产生了纠纷。

2. 问题

甲、乙公司的买卖合同是否成立？

3. 分析

《合同法》第 32 条规定："当事人采用合同书形式订立合同的，自双方当事人签字或者盖章时合同成立。"第 37 条还规定："采用合同书形式订立合同，在签字或者盖章之前，当事人一方已经履行主要义务，对方接受的，该合同成立。"

5.1.4 建设工程工期和支付价款的规定

1. 建设工程工期

2013 年 4 月经住房和城乡建设部、国家工商行政管理总局修改后发布的《建设工程施工合同（示范文本）》规定，工期是指在合同协议书中约定的承包人完成工程所需的期限，包括按照合同约定所做的期限变更。

开工日期、暂停施工、工期顺延、竣工日期等，直接决定了工期天数。

（1）开工日期　开工日期包括计划开工日期和实际开工日期。计划开工日期是指合同协议书约定的开工日期。实际开工日期是指监理人按照约定发出的符合法律规定的开工通知中载明的开工日期。经发包人同意后，监理人发出的开工通知应符合法律规定。监理人应在计划开工日期 7 天前向承包人发出开工通知，工期自开工通知中载明的开工日期起算。

（2）暂停施工　暂停施工包括发包人或承包人原因引起的暂停施工、指示暂停施工和紧急情况下的暂停施工。

因发包人原因引起暂停施工的，监理人经发包人同意后，应及时下达暂停施工指示。情况紧急且监理人未及时下达暂停施工指示的，按照紧急情况下的暂停施工执行。因发包人原因引起的暂停施工，发包人应承担由此增加的费用和（或）延误的工期，并支付承包人合理的利润。

因承包人原因引起的暂停施工，承包人应承担由此增加的费用和（或）延误的工期，且承包人在收到监理人复工指示后 84 天内仍未复工的，视为"承包人明确表示或者以其行为表明不履行合同主要义务的"承包人违约的情形。

监理人认为有必要，并经发包人批准后，可向承包人做出暂停施工的指示，承包人应按监理人的指示暂停施工。

因紧急情况需暂停施工，且监理人未及时下达暂停施工指示的，承包人可先暂停施工，并及时通知监理人。监理人应在接到通知后 24 小时内发出指示，逾期未发出指示的，视为同意承包人暂停施工。监理人不同意承包人暂停施工的，应说明理由，承包人对监理人的答复有异议，按照争议解决的约定处理。

（3）工期顺延　因发包人原因未按计划开工日期开工的，发包人应按实际开工日期顺延竣工日期，确保实际工期不低于合同约定的工期总日历天数。因发包人原因导致工期延误需要修订施工进度计划的，按照施工进度计划修订的约定执行。

因承包人原因造成工期延误的，可以在专用合同条款中约定竣工违约金的计算方法和逾期竣工违约金的上限。承包人支付逾期竣工违约金后，不免除承包人继续完成工程及修补缺陷的义务。

（4）竣工日期　竣工日期包括计划竣工日期和实际竣工日期。

计划竣工日期是指合同协议书约定的竣工日期。实际竣工日期是指工程经竣工验收合格的，以承包人提交竣工验收申请报告之日为实际竣工日期，并在工程接收证书中载明；因发包人原因，未在监理人收到承包人提交的竣工验收申请报告 42 天内完成竣工验收，或完成竣工验收不予签发工程接收证书的，以提交竣工验收申请报告的日期为实际竣工日期；工程未经竣工验收，发包人擅自使用的，以转移占有工程之日为实际竣工日期。

2004 年 10 月发布的《最高人民法院关于审理建设工程施工合同纠纷案件适用法律问题的解释》规定，当事人对建设工程实际竣工日期有争议的，按照以下情形分别处理：①建设工程经竣工验收合格的，以竣工验收合格之日为竣工日期；②承包人已经提交竣工验收报告，发包人拖延验收的，以承包人提交验收报告之日为竣工日期；③建设工程未经竣工验收，发包人擅自使用的，以转移占有建设工程之日为竣工日期。

2. 工程价款的支付

按照合同约定的时间、金额和支付条件支付工程价款，是发包人的主要合同义务，也是承包人的主要合同权利。

《合同法》规定，合同生效后，当事人就质量、价款或者报酬、履行地点等内容没有约定或者约定不明确的，可以协议补充；不能达成补充协议的，按照合同有关条款或者交易习惯确定。

如果按照合同有关条款或者交易习惯仍不能确定，则《合同法》规定，价款或者报酬不明确的，按照订立合同时履行地的市场价格履行；依法应当执行政府定价或者政府指导价的，按照规定履行；执行政府定价或者政府指导价的，在合同约定的交付期限内政府价格调整时，按照交付时的价格计价。逾期交付标的物的，遇价格上涨时，按照原价格执行；价格下降时，按照新价格执行。逾期提取标的物或者逾期付款的，遇价格上涨时，按照新价格执行；价格下降时，按照原价格执行。履行期限不明确的，债务人可以随时履行，债权人也可以随时要求履行，但应当给对方必要的准备时间。

（1）支付工程竣工结算价款的前提条件和支付程序　工程经竣工验收合格是承包人取得工程价款的前提条件。

工程预付款、进度款的支付程序按照合同约定进行。工程竣工结算价款的支付程序一般为：①承包人向发包人递交竣工结算报告及完整的结算资料；②发包人对承包人的竣工结算报告及结算资料进行审核；③发包人确认竣工结算报告后通知经办银行向承包人支付工程竣工结算价款；④发包人、承包人对工程竣工结算价款发生争议时，按照合同约定的争议解决条款处理。

（2）合同价款的确定　招标工程的合同价款由发包人、承包人依据中标通知书中的中标价格在协议书内约定。非招标工程的合同价款由发包人、承包人依据工程预算书在协议书内约定。合同价款在协议书内约定后，任何一方不得擅自改变。

合同价款的确定方式有固定价格合同、可调价格合同、成本加酬金合同，双方可在专用合同条款内约定采用其中一种。

此外，对于“黑白合同”的纠纷，《最高人民法院关于审理建设工程施工合同纠纷案件适用法律问题的解释》第 21 条规定：“当事人就同一建设工程另行订立的建设工程施工合同与经过备案的中标合同实质性内容不一致的，应当以备案的中标合同作为结算工程价款的根据。”

（3）解决工程价款结算争议的规定

1）视为发包人认可承包人的单方结算价。《最高人民法院关于审理建设工程施工合同纠纷案件适用法律问题的解释》规定，当事人约定，发包人收到竣工结算文件后，在约定期限内不予答复，视为认可竣工结算文件的，按照约定处理。承包人请求按照竣工结算文件结算工程价款的，应予支持。

2）对工程量有争议的工程款结算。《最高人民法院关于审理建设工程施工合同纠纷案件适用法律问题的解释》规定，当事人对工程量有争议的，按照施工过程中形成的签证等书面文件确认。承包人能够证明发包人同意其施工，但未能提供签证文件证明工程量发生的，可以按照当事人提供的其他证据确认实际发生的工程量。

3）欠付工程款的利息支付。发包人拖欠承包人工程款，不仅应当支付工程款本金，还应当支付工程款利息。

《最高人民法院关于审理建设工程施工合同纠纷案件适用法律问题的解释》规定，当事人对欠付工程价款利息计付标准有约定的，按照约定处理；没有约定的，按照中国人民银行发布的同期同类贷款利率计息。利息从应付工程价款之日计付。当事人对付款时间没有约定或者约定不明的，下列时间视为应付款时间：①建设工程已实际交付的，为交付之日；②建设工程没有交付的，为提交竣工结算文件之日；③建设工程未交付，工程价款也未结算的，为当事人起诉之日。

（4）工程垫资的处理 《最高人民法院关于审理建设工程施工合同纠纷案件适用法律问题的解释》规定，当事人对垫资和垫资利息有约定，承包人请求按照约定返还垫资及其利息的，应予支持，但是约定的利息计算标准高于中国人民银行发布的同期同类贷款利率的部分除外。

当事人对垫资没有约定的，按照工程欠款处理。当事人对垫资利息没有约定，承包人请求支付利息的，不予支持。

（5）承包人工程价款的优先受偿权 《合同法》第 286 条规定，发包人未按照约定支付价款的，承包人可以催告发包人在合理期限内支付价款。发包人逾期不支付的，除按照建设工程的性质不宜折价、拍卖的以外，承包人可以与发包人协议将该工程折价，也可以申请人民法院将该工程依法拍卖。建设工程的价款就该工程折价或者拍卖的价款优先受偿。

2002 年 6 月发布的《最高人民法院关于建设工程价款优先受偿权问题的批复》中规定：①人民法院在审理房地产纠纷案件和办理执行案件中，应当依照《合同法》第 286 条的规定，认定建筑工程的承包人的优先受偿权优于抵押权和其他债权；②消费者交付购买商品房的全部或者大部分款项后，承包人就该商品房享有的工程价款优先受偿权不得对抗买受人；③建筑工程价款包括承包人为建设工程应当支付的工作人员报酬、材料款等实际支出的费用，不包括承包人因发包人违约所造成的损失；④建设工程承包人行使优先权的期限为 6 个月，自建设工程竣工之日或者建设工程合同约定的竣工之日起计算。

【案例 5-4】

1. 背景

某电器公司与某建筑公司签订了建设工程施工合同，对工程内容、工程价款、支付时间、工程质量、工期、违约责任等做了具体约定。在施工过程中，电器公司对施工图先后做了8次修改，但未能按期交付施工图，致使工期有所拖延。竣工验收时，电器公司对部分工程质量提出了异议。经双方协商无果，电器公司向人民法院提起了诉讼，要求建筑公司因工期延误承担违约责任。

2. 问题

1）建筑公司是否应当对工期的延误承担违约责任？

2）建筑公司今后在施工合同中应当注意哪些问题？

3. 分析

1）对于工期的延误，该建筑公司不应当承担违约责任，但需要举证。因为该建筑公司在施工过程中，电器公司对施工图做了8次修改，并未按期交付施工图，导致工期延误，建筑公司不应当为此而承担违约责任。但是，建筑公司应当向人民法院将电器公司修改的施工图及施工图修改的时间等相关证据予以举证，即证明工期延误并非本建筑公司的行为所致。

2）该建筑公司在今后的施工合同签订与履行过程中，应当对可能出现的工期延误情况做出专门的预期性约定，或者在合同履行中对由于对方原因而导致合同延期的情况做出书面认定，以备将来发生诉讼时有据可查。

5.1.5　建设工程赔偿损失的规定

1. 发包人应当承担的损失

（1）未及时检查隐蔽工程造成的损失　《合同法》规定，隐蔽工程在隐蔽以前，承包人应当通知发包人检查。发包人没有及时检查的，承包人可以顺延工程日期，并有权要求赔偿停工、窝工等损失。

（2）未按照约定提供原材料、设备等造成的损失　发包人未按照约定的时间和要求提供原材料、设备、场地、资金、技术资料的，承包人可以顺延工程日期，并有权要求赔偿停工、窝工等损失。

（3）因发包人原因致使工程中途停建、缓建造成的损失　因发包人的原因致使工程中途停建、缓建的，发包人应当采取措施弥补或者减少损失，赔偿承包人因此造成的停工、窝工、倒运、机械设备调迁、材料和构件积压等损失和实际费用。

（4）提供图样或者技术要求不合理且怠于答复等造成的损失　承揽人（承包人）发现定作人（发包人）提供的图样或者技术要求不合理的，应当及时通知定作人（发包人）。因定作人（发包人）怠于答复等原因造成承揽人（承包人）损失的，应当赔偿损失。

（5）中途变更承揽工作要求造成的损失　定作人（发包人）中途变更承揽工作的要求，造成承揽人（承包人）损失的，应当赔偿损失。

（6）要求压缩合同约定工期造成的损失　《建设工程安全生产管理条例》规定，建设单位要求施工单位压缩合同约定的工期造成损失的，依法承担赔偿责任。

（7）验收违法行为造成的损失　《建设工程质量管理条例》规定，建设单位有下列行为之一，造成损失的，依法承担赔偿责任：①未组织竣工验收，擅自交付使用的；②验收不合格，擅自交付使用的；③对不合格的建设工程按照合格工程验收的。

2. 承包人应当承担的损失

（1）转让、出借资质证书等造成的损失 《建筑法》规定，建筑施工企业转让、出借资质证书或者以其他方式允许他人以本企业的名义承揽工程的，对因该项承揽工程不符合规定的质量标准造成的损失，建筑施工企业与使用本企业名义的单位或者个人承担连带赔偿责任。

（2）转包、违法分包造成的损失 承包单位将承包的工程转包的，或者违反规定进行分包的，对因转包工程或者违法分包的工程不符合规定的质量标准造成的损失，与接受转包或者分包的单位承担连带赔偿责任。

（3）偷工减料等造成的损失 建筑施工企业在施工中偷工减料，使用不合格的建筑材料、建筑构配件和设备，或者有其他不按照工程设计图或者施工技术标准施工的行为的；造成建筑工程质量不符合规定的质量标准的，负责返工、修理，并赔偿因此造成的损失。

（4）与监理单位串通造成的损失 工程监理单位与承包单位串通，为承包单位谋取非法利益，给建设单位造成损失的，应当与承包单位承担连带赔偿责任。

（5）不履行保修义务造成的损失 建筑施工企业违反规定，不履行保修义务或者拖延履行保修义务的，并对在保修期内因屋顶、墙面渗漏、开裂等质量缺陷造成的损失，承担赔偿责任。

（6）保管不善造成的损失 《合同法》规定，承揽人（承包人）应当妥善保管定作人（发包人）提供的材料以及完成的工作成果，因保管不善造成毁损、灭失的，应当承担损害赔偿责任。

（7）合理使用期限内造成的损失 因承包人的原因致使建筑工程在合理使用期限内造成人身和财产损害的，承包人应当承担损害赔偿责任。

【案例5-5】

1. 背景

某工程项目通过公开招标的方式确定了三个不同性质的施工单位承担该项工程的全部施工任务，建设单位分别与A公司签订了土建施工合同；与B公司签订了设备安装合同；与C公司签订了电梯安装合同。三个合同协议中都对甲方提出了一个相同的条款，即“建设单位应协调现场其他施工单位，为三公司创造可利用条件”。

合同执行过程中发生如下事件：

事件一：A公司在签订合同后因自身资金周转困难，随后和承包商D签订了分包合同，在分包合同中约定承包商D按照建设单位（业主）与A公司约定的合同金额的10%向A公司支付管理费，一切责任由承包商D承担。

事件二：由于A公司在现场施工时间拖延5天，造成B公司的开工时间相应推迟了5天，B公司向A公司提出了索赔。

事件三：顶层结构楼板吊装后，A公司立刻拆除塔吊，改用卷扬机运材料做屋面及装饰，C公司原计划由甲方协调使用塔吊将电梯设备吊上9层楼顶的设想落空后，提出用A公司的卷扬机运送，A公司提出卷扬机吨位不足，不能运送。最后，C公司只好为设备的吊装重新设计方案。C公司就新方案的实施引起的费用增加和二期延误向建设单位提出索赔。

2. 问题

1）事件一中 A 公司的做法是否符合国家有关法律规定？其行为属于什么行为？

2）事件二中 B 公司向 A 公司提出索赔是否正确？如不正确，则请说明正确的做法。

3）事件三中 C 公司向建设单位提出索赔是否合理？理由是什么？

3. 分析

1）A 公司的做法不符合国家有关法律的规定。A 公司的行为属于非法转包行为，这是《招标投标法》中禁止的行为。

2）事件二中 B 公司向 A 公司提出索赔不正确。正确的做法是 B 公司就因 A 公司的拖延造成其开工推迟的工期和费用损失，向建设单位提出索赔。

3）事件三中 C 公司向建设单位提出索赔是合理的。因为在施工合同中约定，建设单位应协调现场其他施工单位为承包单位创造可利用条件。

5.1.6 无效合同和效力待定合同的规定

1. 无效合同

无效合同是指合同内容或者形式违反了法律、行政法规的强制性规定和社会公共利益，因而不能产生法律约束力，不受法律保护的合同。

无效合同的特征是具有违法性、具有不可履行性、自订立之时就不具有法律效力。

（1）无效合同的类型 《合同法》规定，有下列情形之一的，合同无效：

1）一方以欺诈、胁迫的手段订立合同，损害国家利益。

2）恶意串通，损害国家、集体或者第三人利益。常见的有代理人与第三人勾结，订立合同，损害被代理人利益的行为。

3）以合法形式掩盖非法目的。例如，当事人通过虚假的买卖行为达到隐匿财产、逃避债务的目的。

4）损害社会公共利益。例如，与他人签订合同出租赌博场所。

5）违反法律、行政法规的强制性规定。法律是指全国人民代表大会及其常务委员会颁布的法律，行政法规是指由国务院颁布的法规。在实践中，有的将仅违反地方规定的合同认定为无效是违法的。

（2）建设工程无效施工合同的主要情形 《最高人民法院关于审理建设工程施工合同纠纷案件适用法律问题的解释》规定，建设工程施工合同具有下列情形之一的，应当根据《合同法》第 52 条第 5 项的规定（即违反法律、行政法规的强制性规定），认定无效：①承包人未取得建筑施工企业资质或者超越资质等级的；②没有资质的实际施工人借用有资质的建筑施工企业名义的；③建设工程必须进行招标而未招标或者中标无效的。

同时还规定，承包人非法转包、违法分包建设工程或者没有资质的实际施工人借用有资质的建筑施工企业名义与他人签订建设工程施工合同的行为无效。

（3）无效合同的法律后果 《合同法》规定，无效的合同或者被撤销的合同自始没有法律约束力。合同部分无效，不影响其他部分效力的，其他部分仍然有效。

合同无效、被撤销或者终止的，不影响合同中独立存在的有关解决争议方法的条款的效力。

合同无效或者被撤销后，因该合同取得的财产，应当予以返还；不能返还或者没有必要返还的，应当折价补偿。有过错的一方应当赔偿对方因此所受到的损失，双方都有过错的，应当各自承担相应的责任。

（4）无效施工合同的工程款结算 《最高人民法院关于审理建设工程施工合同纠纷案件适用法律问题的解释》规定，建设工程施工合同无效，但建设工程经竣工验收合格，承包人请求参照合同约定支付工程价款的，应予支持。

建设工程施工合同无效，且建设工程经竣工验收不合格的，按照以下情形分别处理：①修复后的建设工程经竣工验收合格，发包人请求承包人承担修复费用的，应予支持；②修复后的建设工程经竣工验收不合格，承包人请求支付工程价款的，不予支持。

2. 效力待定合同

效力待定合同是指合同虽然已经成立，但因其不完全符合有关生效要件的规定，其合同效力能否发生尚未确定，一般须经有权人表示承认才能生效。

《合同法》规定的效力待定合同有以下三种：

（1）限制民事行为能力人订立的合同 《合同法》规定，限制民事行为能力人订立的合同，经法定代理人追认后，该合同有效，但纯获利益的合同或者与其年龄、智力、精神健康状况相适应而订立的合同，不必经法定代理人追认。

相对人可以催告法定代理人在1个月内予以追认。法定代理人未做表示的，视为拒绝追认。合同被追认之前，善意相对人有撤销的权利。撤销应当以通知的方式做出。

（2）无权代理人订立的合同 行为人没有代理权、超越代理权或者代理权终止后以被代理人名义订立的合同，未经被代理人追认。对被代理人不发生效力，由行为人承担责任。相对人可以催告被代理人在1个月内予以追认。被代理人未做表示的，视为拒绝追认。合同被追认之前，善意相对人有撤销的权利。撤销应当以通知的方式做出。

（3）无权处分行为 无处分权的人处分他人财产，经权利人追认或者无处分权的人订立合同后取得处分权的，该合同有效。

【案例5-6】

1. 背景

某施工单位从租赁公司租赁了一批工程模板。施工完毕，施工单位以自己的名义将该批模板卖给其他公司。后租赁公司同意将该批模板卖给施工单位。

2. 问题

此时施工单位出卖模板的合同是否有效？

3. 分析

《合同法》第51条规定：“无处分权的人处分他人财产，经权利人追认或者无处分权的人订立合同后取得处分权的，该合同有效。”故此合同有效。

5.1.7 合同的履行、变更、转让、撤销和终止

1. 合同的履行

《合同法》规定，当事人应当按照约定全面履行自己的义务。当事人应当遵循诚实信用

原则，根据合同的性质、目的和交易习惯履行通知、协助、保密等义务。

2. 合同的变更

当事人协商一致，可以变更合同。法律、行政法规规定变更合同应当办理批准、登记等手续的，依照其规定。当事人对合同变更的内容约定不明确的，推定为未变更。

《合同法》第77条规定："当事人协商一致，可以变更合同。法律、行政法规规定变更合同应当办理批准、登记等手续的，依照其规定。"

（1）合同的变更须经当事人双方协商一致　如果双方当事人就变更事项达成一致意见，则变更后的内容取代原合同的内容，当事人应当按照变更后的内容履行合同。如果一方当事人未经对方同意就改变合同的内容，则不仅变更的内容对另一方没有约束力，其做法还是一种违约行为，应当承担违约责任。

（2）合同变更须遵循法定的程序　法律、行政法规规定变更合同事项应当办理批准、登记手续的，应当依法办理相应手续。如果没有履行法定程序，则即使当事人已协议变更了合同，其变更内容也不发生法律效力。

（3）对合同变更内容约定不明确的推定　合同变更的内容必须明确约定。如果当事人对于合同变更的内容约定不明确，则将被推定为未变更。任何一方不得要求对方履行约定不明确的变更内容。

3. 合同的转让

（1）合同权利的转让

1）合同权利的转让范围。《合同法》规定，债权人可以将合同的权利全部或者部分转让给第三人，但有下列情形之一的除外：①根据合同性质不得转让的权利，例如，当事人基于信任关系订立的委托代理合同等，便属于合同权利不得转让的合同；②按照当事人约定不得转让的权利；③依照法律规定不得转让的权利。

2）合同权利的转让应当通知债务人。《合同法》规定，债权人转让权利的，应当通知债务人。未经通知，该转让对债务人不发生效力。债权人转让权利的通知不得撤销，但经受让人同意的除外。

（2）合同义务的转让　《合同法》规定，债务人将合同的义务全部或者部分转移给第三人的，应当经债权人同意。

合同义务的转移分为以下两种情况：一种情况是合同义务的全部转移，在这种情况下，新的债务人完全取代了旧的债务人，新的债务人负责全面履行合同义务；另一种情况是合同义务的部分转移，即新的债务人加入到原债务中，与原债务人一起向债权人履行义务。无论是转移全部义务还是部分义务，债务人都需要征得债权人的同意。未经债权人同意，债务人转移合同义务的行为对债权人不发生效力。

（3）合同中权利和义务的一并转让　《合同法》规定，当事人一方经对方同意，可以将自己在合同中的权利和义务一并转让给第三人。

权利和义务一并转让是指合同一方当事人将其权利和义务一并转移给第三人，由第三人全部承受这些权利和义务。权利义务一并转让的后果是导致原合同关系的消灭，第三人取代了转让方的地位，产生出一种新的合同关系。只有经对方当事人同意，才能将合同的权利和义务一并转让。如果未经对方同意，一方当事人擅自一并转让权利和义务的，其转让行为无效，对方有权就转让行为给自己造成的损害，追究转让方的违约责任。

4. 可撤销合同

所谓可撤销合同，是指因意思表示不真实，通过有撤销权的机构行使撤销权，使已经生效的意思表示归于无效的合同。

（1）可撤销合同的种类　《合同法》规定，下列合同，当事人一方有权请求人民法院或者仲裁机构变更或者撤销：

1）因重大误解订立的合同。

2）在订立合同时显失公平的合同。例如，标的物的价值与价款过于悬殊，承担责任或风险显然不合理的合同，都可称为显失公平的合同。

3）以欺诈、胁迫的手段或者乘人之危订立的合同。

（2）合同撤销权的行使　《合同法》规定，有下列情形之一的，撤销权消灭：

1）具有撤销权的当事人自知道或者应当知道撤销事由之日起 1 年内没有行使撤销权。

2）具有撤销权的当事人知道撤销事由后明确表示或者以自己的行为放弃撤销权。

（3）被撤销合同的法律后果　《合同法》规定，无效的合同或者被撤销的合同自始没有法律约束力。合同无效、被撤销或者终止的，不影响合同中独立存在的有关解决争议方法的条款的效力。

5. 合同的终止

《合同法》规定，有下列情形之一的，合同的权利义务终止：①债务已经按照约定履行；②合同解除；③债务相互抵消；④债务人依法将标的物提存；⑤债权人免除债务；⑥债权债务同归于一人；⑦法律规定或者当事人约定终止的其他情形。

（1）合同解除的特征　合同解除具有如下特征：①合同的解除适用于合法有效的合同，而无效合同、可撤销合同不发生合同解除；②合同解除须具备法律规定的条件；③合同解除须有解除的行为；④合同解除使合同关系自始消灭或者向将来消灭，可视为当事人之间未发生合同关系，或者合同尚存的权利义务不再履行。

（2）合同解除的种类　合同的解除分为以下两大类：

1）约定解除合同。《合同法》第 93 条规定，当事人协商一致，可以解除合同。当事人可以约定一方解除合同的条件。解除合同的条件成立时，解除权人可以解除合同。

2）法定解除合同。《合同法》第 94 条规定，有下列情形之一的，当事人可以解除合同：①因不可抗力致使不能实现合同目的；②在履行期限届满之前，当事人一方明确表示或者以自己的行为表明不履行主要债务；③当事人一方延迟履行主要债务，经催告后在合理期限内仍未履行；④当事人一方延迟履行债务或者有其他违约行为致使不能实现合同目的；⑤法律规定的其他情形。

（3）解除合同的程序　《合同法》规定，当事人一方依照《合同法》第 93 条第 2 款、第 94 条的规定主张解除合同的，应当通知对方。合同自通知到达对方时解除。对方有异议的，可以请求人民法院或者仲裁机构确认解除合同的效力。法律、行政法规规定解除合同应当办理批准、登记等手续的，依照其规定。

当事人对异议期限有约定的依照约定，没有约定的，最长期限为 3 个月。

（4）施工合同的解除

1）发包人解除施工合同。《最高人民法院关于审理建设工程施工合同纠纷案件适用法律问题的解释》规定，承包人具有下列情形之一，发包人请求解除建设工程施工合同的，应予支持：①明确表示或者以行为表明不履行合同主要义务的；②合同约定的期限内没有完工，且在发包人催告的合理期限内仍未完工的；③已经完成的建设工程质量不合格，并拒绝修复的；④将承包的建设工程非法转包、违法分包的。

2）承包人解除施工合同。《最高人民法院关于审理建设工程施工合同纠纷案件适用法律问题的解释》规定，发包人具有下列情形之一，致使承包人无法施工，且在催告的合理期限内仍未履行相应义务，承包人请求解除建设工程施工合同的，应予支持：①未按约定支付工程价款的；②提供的主要建筑材料、建筑构配件和设备不符合强制性标准的；③不履行合同约定的协助义务的。

（5）施工合同解除的法律后果　《最高人民法院关于审理建设工程施工合同纠纷案件适用法律问题的解释》规定，建设工程施工合同解除后，已经完成的建设工程质量合格的，发包人应当按照约定支付相应的工程价款；已经完成的建设工程质量不合格的，参照《最高人民法院关于审理建设工程施工合同纠纷案件适用法律问题的解释》第 3 条规定处理。《最高人民法院关于审理建设工程施工合同纠纷案件适用法律问题的解释》第 3 条规定，建设工程施工合同无效，且建设工程经竣工验收不合格的，按照以下情形分别处理：①修复后的建设工程经竣工验收合格，发包人请求承包人承担修复费用的，应予支持；②修复后的建设工程经竣工验收不合格，承包人请求支付工程价款的，不予支持。因一方违约导致合同解除的，违约方应当赔偿因此而给对方造成的损失。

【案例 5-7】

1. 背景

A 服务公司因建办公楼与 B 建设工程总公司签订了建筑工程承包合同。其后，经 A 服务公司同意，B 建设工程总公司分别与 C 建筑设计院和 D 建筑工程公司签订了建筑工程勘察设计合同和建筑安装合同。建筑工程勘察设计合同约定由 C 建筑设计院对 A 服务公司的办公楼水房、化粪池、给水排水、空调及煤气外管线工程提供勘察、设计服务，做出工程设计书及相应的设计图和资料。建筑安装合同约定由 D 建筑工程公司根据 C 建筑设计院提供的设计图进行施工，工程竣工时依据国家有关验收规定及设计图进行质量验收。合同签订后，C 建筑设计院按时做出设计书并将相关设计图资料交付 D 建筑工程公司，D 建筑工程公司依据设计图进行施工。工程竣工后，发包人会同有关质量监督部门对工程进行验收，发现工程存在严重的质量问题，主要是由于设计不符合规范所致。原来 C 建筑设计院未对现场进行仔细勘察即自行进行设计导致设计不合理，给发包人带来了重大损失。由于设计人拒绝承担责任，B 建设工程总公司又以自己不是设计人为由推卸责任，发包人遂以 C 建筑设计院为被告向法院起诉。

2. 问题

如何认定 B 建设工程总公司和 C 建筑设计院的责任？

3. 分析

本案例中，A 服务公司是发包人，B 建设工程总公司是总承包人，C 建筑设计院和 D 建筑工程公司是分包人。对工程质量问题，B 建设工程总公司作为总承包人应承担责任，而C建筑设计院和D建筑工程公司也应该依法分别向发包人承担责任。总承包人以不是自己勘察设计和建筑安装的理由企图不对发包人承担责任，以及分包人以与发包人没有合同关系为由不向发包人承担责任是没有法律依据的。所以B建设工程总公司和C建筑设计院应共同承担连带责任。

5.1.8 违约责任及违约责任的免除

1. 违约责任的概念和特征

《合同法》规定，当事人一方不履行合同义务或者履行合同义务不符合约定的，应当承担继续履行、采取补救措施或者赔偿损失等违约责任。

2. 承担违约责任的种类

合同当事人违反合同义务，承担违约责任的种类主要有继续履行、采取补救措施、停止违约行为、赔偿损失、支付违约金或定金等。

其中，违约金有法定违约金和约定违约金两种。由法律规定的违约金为法定违约金；由当事人约定的违约金为约定违约金。

《合同法》规定，当事人可以约定一方违约时应当根据违约情况向对方支付一定数额的违约金，也可以约定因违约产生的损失赔偿额的计算方法。

约定的违约金低于造成的损失的，当事人可以请求人民法院或者仲裁机构予以增加；约定的违约金过分高于造成的损失的，当事人可以请求人民法院或者仲裁机构予以适当减少。

当事人可以依照《担保法》，约定一方向对方给付定金作为债权的担保。债务人履行债务后，定金应当抵作价款或者收回。给付定金的一方不履行约定的债务的，无权要求返还定金；收受定金的一方不履行约定的债务的，应当双倍返还定金。

当事人既约定违约金，又约定定金的，一方违约时，对方可以选择适用违约金或者定金条款。

3. 违约责任的免除

《合同法》规定，因不可抗力不能履行合同的，根据不可抗力的影响，部分或者全部免除责任，但法律另有规定的除外。当事人迟延履行后发生不可抗力的，不能免除责任。《合同法》所称不可抗力，是指不能预见、不能避免并不能克服的客观情况。

当事人一方因不可抗力不能履行合同的，应当及时通知对方，以减轻可能给对方造成的损失，并应当在合理期限内提供证明。

【案例5-8】

1. 背景

水泥厂为承包商供应水泥，承包商已经支付了全部货款。交货时承包商因水泥厂交货时间比合同约定晚了两天而要求支付违约金，水泥厂表示拒绝并把水泥卸在合同约定的地点。第二天上午乌云密布，下午降暴雨把部分水泥淋湿硬化。

2. 问题

该部分损失应该由谁承担？

3. 分析

《合同法》规定，当事人一方违约后，对方应当采取适当措施防止损失的扩大；没有采取适当措施致使损失扩大的，不得就扩大的损失要求赔偿。当事人因防止损失扩大而支出的合理费用，由违约方承担。所以这部分损失应该由承包商承担。

5.1.9 《建设工程施工合同（示范文本）》的使用及法律地位

《建设工程施工合同（示范文本）》由合同协议书、通用合同条款、专用合同条款三部分组成。合同示范文本对当事人订立合同起着参考作用，但不要求当事人必须采用合同示范文本，即合同示范文本具有引导性、参考性，并无法律强制性。

5.2 劳动合同及劳动关系制度

5.2.1 劳动合同订立的规定

1. 订立劳动合同应当遵守的原则

《劳动合同法》规定，订立劳动合同，应当遵循合法、公平、平等自愿、协商一致、诚实信用的原则。

2. 劳动合同的种类

《劳动合同法》规定，劳动合同分为固定期限劳动合同、无固定期限劳动合同和以完成一定工作任务为期限的劳动合同。

（1）劳动合同期限　劳动合同期限是指劳动合同的有效时间，是劳动关系当事人双方享有权利和履行义务的时间。它一般始于劳动合同的生效之日，终于劳动合同的终止之时。劳动合同期限由用人单位和劳动者协商确定，劳动合同期限是劳动合同存在的前提条件。

（2）固定期限劳动合同　固定期限劳动合同可以是 1 年、2 年，也可以是 5 年、10 年，甚至更长时间。但是，超过两次签订固定期限劳动合同的，用人单位就应当与劳动者签订无固定期限劳动合同。

（3）无固定期限劳动合同　无固定期限劳动合同是指用人单位与劳动者约定无确定终止时间的劳动合同。无确定终止时间的劳动合同并不是没有终止时间，一旦出现了法定的解除情形（如到了法定退休年龄）或者双方协商一致解除，则无固定期限劳动合同同样可以解除。

用人单位与劳动者协商一致，可以订立无固定期限劳动合同。有下列情形之一，劳动者提出或者同意续订、订立劳动合同的，除劳动者提出订立固定期限劳动合同外，应当订立无固定期限劳动合同：①劳动者在该用人单位连续工作满 10 年的；②用人单位初次实行劳动合同制度或者国有企业改制重新订立劳动合同时，劳动者在该用人单位连续工作满 10 年且距法定退休年龄不足 10 年的；③连续订立两次固定期限劳动合同，且劳动者没有《劳动合同法》第 39 条和第 40 条第 1、2 项规定的情形，续订劳动合同的。需要注意的是，用人单位自用工之日起满 1 年不与劳动者订立书面劳动合同的，视为用人单位与劳动者已订立无固定期限劳动合同。

（4）以完成一定工作任务为期限的劳动合同　以完成一定工作任务为期限的劳动合同是指用人单位与劳动者约定以某项工作的完成为合同期限的劳动合同。

3. 劳动合同的基本条款

劳动合同应当具备以下条款：①用人单位的名称、住所和法定代表人或者主要负责人；②劳动者的姓名、住址和居民身份证或者其他有效身份证件号码；③劳动合同期限；④工作内容和工作地点；⑤工作时间和休息休假；⑥劳动报酬；⑦社会保险；⑧劳动保护、劳动条件和职业危害防护；⑨法律、法规规定应当纳入劳动合同的其他事项。

劳动合同除上述规定的必备条款外，用人单位与劳动者可以约定试用期、培训、保守秘密、补充保险和福利待遇等其他事项。

4. 订立劳动合同应当注意的事项

（1）建立劳动关系即应订立劳动合同　用人单位自用工之日起即与劳动者建立了劳动关系。《劳动合同法》规定，建立劳动关系，应当订立书面劳动合同。已建立劳动关系，未同时订立书面劳动合同的，应当自用工之日起1个月内订立书面劳动合同。

合同有书面形式、口头形式和其他形式。按照《劳动合同法》的规定，除了非全日制用工以小时计酬为主，劳动者在同一用人单位一般平均每日工作时间不超过4小时，每周工作时间累计不超过24小时的用工形式可以订立口头协议外，建立劳动关系应当订立书面劳动合同。

（2）劳动报酬和试用期　劳动合同对劳动报酬和劳动条件等标准约定不明确，引发争议的，用人单位与劳动者可以重新协商；协商不成的，适用集体合同规定；没有集体合同或者集体合同未规定劳动报酬的，实行同工同酬；没有集体合同或者集体合同未规定劳动条件等标准的，适用国家有关规定。

劳动合同期限3个月以上不满1年的，试用期不得超过1个月；劳动合同期限1年以上不满3年的，试用期不得超过2个月；3年以上固定期限和无固定期限的劳动合同，试用期不得超过6个月。同一用人单位与同一劳动者只能约定1次试用期。以完成一定工作任务为期限的劳动合同或者劳动合同期限不满3个月的，不得约定试用期。试用期包含在劳动合同期限内。劳动合同仅约定试用期的，试用期不成立，该期限为劳动合同期限。

劳动者在试用期的工资不得低于本单位相同岗位最低档工资或者劳动合同约定工资的80%，并不得低于用人单位所在地的最低工资标准。

（3）劳动合同的生效与无效　劳动合同由用人单位与劳动者协商一致，并经用人单位与劳动者在劳动合同文本上签字或者盖章生效。双方当事人签字或者盖章时间不一致的，以最后一方签字或者盖章的时间为准；如果一方没有写签字时间，则另一方写明的签字时间就是合同生效时间。

下列劳动合同无效或者部分无效：①以欺诈、胁迫的手段或者乘人之危，使对方在违背真实意思的情况下订立或者变更劳动合同的；②用人单位免除自己的法定责任、排除劳动者权利的；③违反法律、行政法规强制性规定的。只要不影响其他部分效力的，其他部分仍然有效。劳动合同被确认无效，劳动者已付出劳动的，用人单位应当向劳动者支付劳动报酬。劳动报酬的数额，参照本单位相同或者相近岗位劳动者的劳动报酬确定。

对劳动合同的无效或者部分无效有争议的，由劳动争议仲裁机构或者人民法院确认。

5. 集体合同

企业职工一方与用人单位通过平等协商，可以就劳动报酬、工作时间、休息休假、劳动安全卫生、保险福利等事项订立集体合同。集体合同草案应当提交职工代表大会或者全体职工讨论通过。集体合同由工会代表企业职工一方与用人单位订立；尚未建立工会的用人单位，由上级工会指导劳动者推举的代表与用人单位订立。企业职工一方与用人单位还可订立劳动安全卫生、女职工权益保护、工资调整机制等专项集体合同。

用人单位违反集体合同，侵犯职工劳动权益的，工会可以依法要求用人单位承担责任；因履行集体合同发生争议，经协商解决不成的，工会可以依法申请仲裁、提起诉讼。

5.2.2 劳动合同的履行、变更、解除和终止

1. 劳动合同的履行和变更

(1) 用人单位应当履行向劳动者支付劳动报酬的义务　用人单位应当按照劳动合同约定和国家规定，向劳动者及时足额支付劳动报酬。劳动报酬是指劳动者为用人单位提供劳动而获得的各种报酬，通常包括三个部分：①货币工资，包括各种工资、奖金、津贴、补贴等；②实物报酬，即用人单位以免费或低于成本价提供给劳动者的各种物品和服务等；③社会保险，即用人单位为劳动者支付的医疗、失业、养老、工伤等保险金。

(2) 依法限制用人单位安排劳动者的加班　用人单位应当严格执行劳动定额标准，不得强迫或者变相强迫劳动者加班。用人单位安排加班的，应当按照国家有关规定向劳动者支付加班费。

(3) 劳动者有权拒绝违章指挥、强令冒险作业　《劳动合同法》规定，劳动者对危害生命安全和身体健康的劳动条件，有权对用人单位提出批评、检举和控告。

劳动者拒绝用人单位管理人员违章指挥、强令冒险作业的，不视为违反劳动合同。

(4) 用人单位发生变动不影响劳动合同的履行　用人单位如果发生变更名称、法定代表人、主要负责人或者投资人等事项，也不影响劳动合同的履行。

用人单位发生合并或者分立等情况，原劳动合同继续有效，劳动合同由承继其权利和义务的用人单位继续履行。

(5) 劳动合同的变更　用人单位与劳动者协商一致，可以变更劳动合同约定的内容。

2. 劳动合同的解除和终止

劳动合同的解除是指当事人双方提前终止劳动合同、解除双方权利义务关系的法律行为，可分为协商解除、法定解除和约定解除三种情况。劳动合同的终止是指劳动合同期满或者出现法定情形以及当事人约定的情形而导致劳动合同的效力消灭，劳动合同即行终止。

(1) 劳动者可以单方解除劳动合同的规定　劳动者提前 30 日以书面形式通知用人单位，可以解除劳动合同。劳动者在试用期内提前 3 日通知用人单位，可以解除劳动合同。

《劳动合同法》第 38 条规定，用人单位有下列情形之一的，劳动者可以解除劳动合同：①未按照劳动合同约定提供劳动保护或者劳动条件的；②未及时足额支付劳动报酬的；③未依法为劳动者缴纳社会保险费的；④用人单位的规章制度违反法律、法规的规定，损害劳动者权益的；⑤因《劳动合同法》第 26 条第 1 款规定的情形致使劳动合同无效的；⑥法律、行政法规规定劳动者可以解除劳动合同的其他情形。

用人单位以暴力、威胁或者非法限制人身自由的手段强迫劳动者劳动的，或者用人单位

违章指挥、强令冒险作业危及劳动者人身安全的，劳动者可以立即解除劳动合同，不需事先告知用人单位。

（2）用人单位可以单方解除劳动合同的规定 《劳动合同法》在赋予劳动者单方解除权的同时，也赋予用人单位对劳动合同的单方解除权，以保障用人单位的用工自主权。

《劳动合同法》第39条规定，劳动者有下列情形之一的，用人单位可以解除劳动合同：①在试用期间被证明不符合录用条件的；②严重违反用人单位的规章制度的；③严重失职，营私舞弊，给用人单位造成重大损害的；④劳动者同时与其他用人单位建立劳动关系，对完成本单位的工作任务造成严重影响，或者经用人单位提出，拒不改正的；⑤因《劳动合同法》第26条第1款第1项规定的情形致使劳动合同无效的；⑥被依法追究刑事责任的。

《劳动合同法》第40条规定，有下列情形之一的，用人单位提前30日以书面形式通知劳动者本人或者额外支付劳动者1个月工资后。可以解除劳动合同：①劳动者患病或者非因工负伤，在规定的医疗期满后不能从事原工作，也不能从事由用人单位另行安排的工作的；②劳动者不能胜任工作，经过培训或者调整工作岗位，仍不能胜任工作的；③劳动合同订立时所依据的客观情况发生重大变化，致使劳动合同无法履行，经用人单位与劳动者协商，未能就变更劳动合同内容达成协议的。

（3）用人单位经济性裁员的规定 经济性裁员是指用人单位由于经营不善等经济原因，一次性辞退部分劳动者的情形。经济性裁员仍属用人单位单方解除劳动合同。

有下列情形之一，需要裁减人员20人以上或者裁减不足20人但占企业职工总数10%以上的，用人单位提前30日向工会或者全体职工说明情况，听取工会或者职工的意见后，裁减人员方案经向劳动行政部门报告，可以裁减人员：①依照《企业破产法》规定进行重整的；②生产经营发生严重困难的；③企业转产、重大技术革新或者经营方式调整，经变更劳动合同后，仍需裁减人员的；④其他因劳动合同订立时所依据的客观经济情况发生重大变化，致使劳动合同无法履行的。

裁减人员时，应当优先留用下列三种人员：①与本单位订立较长期限的固定期限劳动合同的；②与本单位订立无固定期限劳动合同的；③家庭无其他就业人员，有需要扶养的老人或者未成年人的。用人单位在6个月内重新招用人员的，应当通知被裁减的人员，并在同等条件下优先招用被裁减人员。

（4）用人单位不得解除劳动合同的规定 为了保护一些特殊群体劳动者的权益。《劳动合同法》第42条规定，劳动者有下列情形之一的，用人单位不得依照该法第40、41条的规定解除劳动合同：①从事接触职业病危害作业的劳动者未进行离岗前职业健康检查，或者疑似职业病病人在诊断或者医学观察期间的；②在本单位患职业病或者因工负伤并被确认丧失或者部分丧失劳动能力的；③患病或者非因工负伤，在规定的医疗期内的；④女职工在孕期、产期、哺乳期的；⑤在本单位连续工作满15年，且距法定退休年龄不足5年的；⑥法律、行政法规规定的其他情形。

用人单位违反《劳动合同法》规定解除或者终止劳动合同，劳动者要求继续履行劳动合同的，用人单位应当继续履行；劳动者不要求继续履行劳动合同或者劳动合同已经不能继续履行的，用人单位应当依法向劳动者支付赔偿金。赔偿金标准为经济补偿标准的2倍。

（5）劳动合同的终止 《劳动合同法》第44条规定，有下列情形之一的，劳动合同终止：①劳动合同期满的；②劳动者开始依法享受基本养老保险待遇的；③劳动者死亡，或者被人民法院宣告死亡或者宣告失踪的；④用人单位被依法宣告破产的；⑤用人单位被吊销营业执照、责令关闭、撤销或者用人单位决定提前解散的；⑥法律、行政法规规定的其他情形。

在本单位患有职业病或者因工负伤并被确认丧失或者部分丧失劳动能力的劳动者的劳动合同的终止，按照国家有关工伤保险的规定执行。

《工伤保险条例》规定：①劳动者因工致残被鉴定为 1～4 级伤残的，即丧失劳动能力的，保留劳动关系，退出工作岗位，用人单位不得终止劳动合同；②劳动者因工致残被鉴定为 5、6 级伤残的，即大部分丧失劳动能力的，经工伤职工本人提出，该职工可以与用人单位解除或者终止劳动关系，否则，用人单位不得终止劳动合同；③职工因工致残被鉴定为 7～10 级伤残的，即部分丧失劳动能力的，劳动合同期满终止。

（6）终止劳动合同的经济补偿　有下列情形之一的，用人单位应当向劳动者支付经济补偿：①劳动者依照《劳动合同法》第 38 条规定解除劳动合同的；②用人单位向劳动者提出解除劳动合同并与劳动者协商一致解除劳动合同的；③用人单位依照《劳动合同法》第 40 条规定解除劳动合同的；④用人单位依照《劳动合同法》第 41 条第 1 款规定解除劳动合同的；⑤除用人单位维持或者提高劳动合同约定条件续订劳动合同，劳动者不同意续订的情形外，依照《劳动合同法》第 44 条第 1 项规定终止固定期限劳动合同的；⑥依照《劳动合同法》第 44 条第 4、5 项规定终止劳动合同的；⑦法律、行政法规规定的其他情形。

经济补偿的标准，按劳动者在本单位工作的年限，每满 1 年支付 1 个月工资的标准向劳动者支付。6 个月以上不满 1 年的，按 1 年计算；不满 6 个月的，向劳动者支付半个月工资的经济补偿。劳动者月工资高于用人单位所在直辖市、设区的市级人民政府公布的本地区上年度职工月平均工资 3 倍的，向其支付经济补偿的标准按职工月平均工资 3 倍的数额支付，向其支付经济补偿的年限最高不超过 12 年。月工资是指劳动者在劳动合同解除或者终止前 12 个月的平均工资。

【案例 5-9】

1. 背景

某中外合资公司与王某签订了为期 3 年的劳动合同。合同中约定，在合同履行期间，如果本合同订立时所依据的客观情况发生变化，致使合同无法履行，经双方协商不能就本合同达成协议的，公司可以提前 30 天以书面形式通知王某解除劳动合同。两年后该公司由一家中外合资企业变更为外商独资企业，公司的法定代表人也做了变更。该公司由于重组进行大规模的裁员，王某也在被裁人员名单中。随后，公司以企业名称、性质和法定代表人变更，属于合同订立时所依据的客观情况发生重大变化为由，书面通知王某解除劳动合同。王某不同意，认为自己的劳动合同没有到期，不能以企业法定代表人变更等为由随意解除劳动合同。

2. 问题

1）该公司上述理由是否可以作为解除与王某劳动合同的依据？

2）该公司与王某的合同是否继续有效？

3. 分析

《劳动合同法》第33条规定："用人单位变更名称、法定代表人、主要负责人或者投资人等事项，不影响劳动合同的履行。"本案例中，该公司虽然企业的名称、性质和法定代表人发生了变更，但并不属于法律上认定的"客观情况发生重大变化"，企业的正常经营并未因此而受到影响。因此，该公司以上述理由解除与王某的劳动合同是没有法律依据的。王某与该公司的劳动合同还没有到期，该合同依然有效。所以，双方应该继续履行劳动合同。

5.2.3 合法用工方式与违法用工模式的规定

1. "包工头"用工模式

我国建筑业仍属于劳动密集型行业。20世纪80年代以来，随着建设规模不断扩大，建筑业的发展需要大量务工人员，而农村富余劳动力又迫切需要找到适当工作，"包工头"用工模式便应运而生了。"包工头"非法的用工模式，不仅容易导致大量农民工未经安全和职业技能培训就进入建筑工地，给工程质量和安全带来隐患，而且损害农民工合法权益的事件时有发生，特别是违法合同中无效的规定，极易造成清欠农民工工资债务链的法律关系"断层"，从而严重扰乱建筑市场的正常秩序。2005年8月，原建设部颁布了《关于建立和完善劳务分包制度发展建筑劳务企业的意见》，要求逐步在全国建立基本规范的建筑劳务分包制度，农民工基本被劳务企业或其他用工企业直接吸纳，"包工头"承揽分包业务基本被禁止。

2. 劳务派遣

劳务派遣又称劳动力派遣、劳动派遣或人才租赁，是指依法设立的劳务派遣单位与劳动者订立劳动合同，依据与接受劳务派遣单位（即实际用工单位）订立的劳务派遣协议，将劳动者派遣到实际用工单位工作，由派遣单位向劳动者支付工资、福利及社会保险费用，实际用工单位提供劳动条件并按照劳务派遣协议支付用工费用的新型用工方式。其显著特征是劳动者的聘用与使用分离。

3. 施工劳务企业

按照《建筑法》的要求，要建立和完善建筑劳务分包制度，承包企业进行劳务作业分包必须使用有相关资质的企业，并应当按照合同约定或施工劳务企业完成的工作量及时支付劳务费用。承包企业应对施工劳务企业的用工情况和工资支付进行监督，并对本工程发生的劳务纠纷承担连带责任。劳务企业要依法与农民工签订劳动合同。

严格执行《房屋建筑和市政基础设施工程施工分包管理办法》，严厉打击挂靠和违法分包，禁止"包工头"承揽分包工程业务。

《关于建立和完善劳务分包制度发展建筑劳务企业的意见》提出施工总承包、专业承包企业用工必须办理社会保险。施工总承包、专业承包企业直接雇用农民工，必须签订劳动合同并办理工伤、医疗或综合保险等社会保险。对施工总承包、专业承包企业直接雇用农民工，不签订劳动合同，或只签订劳动合同不办理社会保险，或只与"包工头"签订劳务合同等行为，均视为违法分包进行处理。对用工企业拖欠农民工工资的，责令限期改正，可依法对其市场准入、招标投标资格等进行限制，并予以相应处罚。

5.2.4　劳动保护的规定

《劳动法》对劳动者的工作时间、休息休假、工资、劳动安全卫生、女职工和未成年工特殊保护、社会保险和福利等做了法律规定。

1. 劳动者的工作时间和休息休假

（1）工作时间　《劳动法》第 36、38 条规定，国家实行劳动者每日工作时间不超过 8 小时、平均每周工作时间不超过 44 小时的工时制度。用人单位应当保证劳动者每周至少休息 1 日。

（2）休息休假　《劳动法》规定用人单位应当依法安排劳动者在法定节假日休假，如春节、国庆节等节日。

劳动者连续工作 1 年以上的，享受带薪年休假。此外，劳动者按有关规定还可以享受探亲假、婚丧假、生育（产）假、节育手术假等。

用人单位由于生产经营需要，经与工会和劳动者协商可以延长工作时间，一般每日不得超过 1 小时；因特殊原因需要延长工作时间的，在保障劳动者身体健康的条件下延长工作时间每日不得超过 3 小时，但是每月不得超过 36 小时。

用人单位应当按照下列标准支付高于劳动者正常工作时间工资的工资报酬：①安排劳动者延长工作时间的，支付不低于工资的 150% 的工资报酬；②休息日安排劳动者工作又不能安排补休的，支付不低于工资的 200% 的工资报酬；③法定休假日安排劳动者工作的，支付不低于 300% 的工资报酬。

2. 劳动者的工资

工资是指用人单位依据国家有关规定和劳动关系双方的约定，以货币形式支付给劳动者的劳动报酬，如计时工资、计件工资、奖金、津贴和补贴等。

（1）工资基本规定　《劳动法》规定，工资分配应当遵循按劳分配原则，实行同工同酬。

工资应当以货币形式按月支付给劳动者本人，不得克扣或者无故拖欠劳动者的工资。劳动者在法定休假日和婚丧假期间以及依法参加社会活动期间，用人单位应当依法支付工资。在我国，企业、机关（包括社会团体）、事业单位实行不同的基本工资制度。企业基本工资制度主要有等级工资制、岗位技能工资制、岗位工资制、结构工资制、经营者年薪制等。

（2）最低工资保障制度　最低工资标准是指劳动者在法定工作时间或依法签订的劳动合同约定的工作时间内提供了正常劳动的前提下，用人单位依法应支付的最低劳动报酬。所谓正常劳动，是指劳动者按依法签订的劳动合同约定，在法定工作时间或劳动合同约定的工作时间内从事的劳动。劳动者依法享受带薪年休假、探亲假、婚丧假、生育（产）假、节育手术假等国家规定的假期，以及法定工作时间内依法参加社会活动期间，视为提供了正常劳动。

《劳动法》规定，国家实行最低工资保障制度。最低工资的具体标准由省、自治区、直辖市人民政府规定，报国务院备案。用人单位支付劳动者的工资不得低于当地最低工资标准。

根据 2004 年 1 月原劳动和社会保障部（现为人力资源和社会保障部）颁布的《最低工

资规定》，在劳动者提供正常劳动的情况下，用人单位应支付给劳动者的工资在剔除下列各项以后，不得低于当地最低工资标准：①延长工作时间工资；②中班、夜班、高温、低温、井下、有毒有害等特殊工作环境、条件下的津贴；③法律、法规和国家规定的劳动者福利待遇等。实行计件工资或提成工资等形式的用人单位，在科学合理的劳动定额基础上，其支付劳动者的工资不得低于相应的最低工资标准。

3. 劳动安全卫生制度

劳动安全卫生设施必须符合国家规定的标准。新建、改建、扩建工程的劳动安全卫生设施必须与主体工程同时设计、同时施工，同时投入生产和使用。用人单位必须为劳动者提供符合国家规定的劳动安全卫生条件和必要的劳动防护用品，对从事有职业危害作业的劳动者应当定期进行健康检查。

从事特种作业的劳动者必须经过专门培训并取得特种作业资格。劳动者在劳动过程中必须严格遵守安全操作规程，对用人单位管理人员违章指挥、强令冒险作业，有权拒绝执行；对危害生命安全和身体健康的行为，有权提出批评、检举和控告。

4. 女职工和未成年工的特殊保护

（1）女职工的特殊保护　按照《体力劳动强度分级》（GB 3869—1997），体力劳动强度按劳动强度指数大小分为 4 级。《劳动法》规定，禁止安排女职工从事矿山井下、国家规定的第 4 级体力劳动强度的劳动和其他禁忌从事的劳动。不得安排女职工在经期从事高处、低温、冷水作业和国家规定的第 3 级体力劳动强度的劳动。不得安排女职工在怀孕期间从事国家规定的第 3 级体力劳动强度的劳动和孕期禁忌从事的活动，对怀孕 7 个月以上的女职工，不得安排其延长工作时间和夜班劳动。女职工生育享受不少于 98 天的产假。不得安排女职工在哺乳未满 1 周岁的婴儿期间从事国家规定的第 3 级体力劳动强度的劳动和哺乳期禁忌从事的其他劳动，不得安排其延长工作时间和夜班劳动。

（2）未成年工的特殊保护　未成年工是指年满 16 周岁未满 18 周岁的劳动者。《劳动法》规定，禁止用人单位招用未满 16 周岁的未成年人。不得安排未成年工从事矿山井下、有毒有害、国家规定的第 4 级体力劳动强度的劳动和其他禁忌从事的劳动。用人单位应对未成年工定期进行健康检查。

5. 劳动者的社会保险与福利

《中华人民共和国社会保险法》（以下简称《社会保险法》）规定，国家建立基本养老保险、基本医疗保险、工伤保险、失业保险、生育保险等社会保险制度，保障公民在年老、疾病、工伤、失业、生育等情况下依法从国家和社会获得物质帮助的权利。

（1）基本养老保险　职工应当参加基本养老保险，由用人单位和职工共同缴纳基本养老保险费。用人单位应当按照国家规定的本单位职工工资总额的比例缴纳基本养老保险费，记入基本养老保险统筹基金。职工应当按照国家规定的本人工资的比例缴纳基本养老保险费，记入个人账户。

1）基本养老金的组成。基本养老金由统筹养老金和个人账户养老金组成。

2）基本养老金的领取。参加基本养老保险的个人，达到法定退休年龄时累计缴费满 15 年的，按月领取基本养老金。参加基本养老保险的个人，达到法定退休年龄时累计缴费不足 15 年的，可以缴费至满 15 年，按月领取基本养老金；也可以转入新型农村社会养老保险或者城镇居民社会养老保险，按照国务院规定享受相应的养老保险待遇。

参加基本养老保险的个人，因病或者非因工死亡的，其遗属可以领取丧葬补助金和抚恤金；在未达到法定退休年龄时因病或者非因工致残完全丧失劳动能力的，可以领取病残津贴。所需资金从基本养老保险基金中支付。

个人跨统筹地区就业的，其基本养老保险关系随本人转移，缴费年限累计计算。个人达到法定退休年龄时，基本养老金分段计算、统一支付。

（2）基本医疗保险　职工应当参加职工基本医疗保险，由用人单位和职工按照国家规定共同缴纳基本医疗保险费。

符合基本医疗保险药品目录、诊疗项目、医疗服务设施标准以及急诊、抢救的医疗费用，按照国家规定从基本医疗保险基金中支付。下列医疗费用不纳入基本医疗保险基金支付范围：①应当从工伤保险基金中支付的；②应当由第三人负担的；③应当由公共卫生负担的；④在境外就医的。医疗费用依法应当由第三人负担，第三人不支付或者无法确定第三人的，由基本医疗保险基金先行支付。基本医疗保险基金先行支付后，有权向第三人追偿。

（3）工伤保险　职工应当参加工伤保险，由用人单位缴纳工伤保险费，职工不缴纳工伤保险费。此外，《建设工程安全生产管理条例》还规定，建筑施工企业必须为从事危险作业的职工办理意外伤害保险，支付保险费。

1）工伤保险费率。国家根据不同行业的工伤风险程度确定行业的差别费率，并根据工伤保险费使用、工伤发生率等情况在每个行业内确定若干费率档次。统筹地区经办机构根据用人单位工伤保险费使用、工伤发生率等情况，适用所属行业内相应的费率档次确定单位缴费费率。

用人单位缴纳工伤保险费的数额为本单位职工工资总额乘以单位缴费费率之积。

2）工伤认定。《工伤保险条例》规定，职工有下列情形之一的，应当认定为工伤：①在工作时间和工作场所内，因工作原因受到事故伤害的；②工作时间前后在工作场所内，从事与工作有关的预备性或者收尾性工作受到事故伤害的；③在工作时间和工作场所内，因履行工作职责受到暴力等意外伤害的；④患职业病的；⑤因工外出期间，由于工作原因受到伤害或者发生事故下落不明的；⑥在上下班途中，受到非本人主要责任的交通事故或者城市轨道交通、客运轮渡、火车事故伤害的；⑦法律、行政法规规定应当认定为工伤的其他情形。

职工有下列情形之一的视同工伤：①在工作时间和工作岗位，突发疾病死亡或者在48小时之内经抢救无效死亡的；②在抢险救灾等维护国家利益、公共利益活动中受到伤害的；③职工原在军队服役，因战、因公负伤致残，已取得革命伤残军人证，到用人单位后旧伤复发的。

但是，职工因下列情形之一导致本人在工作中伤亡的，不认定为工伤：①故意犯罪；②醉酒或者吸毒；③自残或者自杀。

3）工伤保险基金支付的费用。因工伤发生的下列费用，按照国家规定从工伤保险基金中支付：①治疗工伤的医疗费用和康复费用；②住院伙食补助费；③到统筹地区以外就医的交通食宿费；④安装配置伤残辅助器具所需费用；⑤生活不能自理的，经劳动能力鉴定委员会确认的生活护理费；⑥一次性伤残补助金和1～4级伤残职工按月领取的伤残津贴；⑦终止或者解除劳动、聘用合同时，应当享受的一次性工伤医疗补助金；⑧因工死亡的，其近亲属领取的丧葬补助金、供养亲属抚恤金和一次性工亡补助金；⑨劳动能力鉴定费。

4）用人单位支付的费用。因工伤发生的下列费用，按照国家规定由用人单位支付：①治疗工伤期间的工资福利；②5、6级伤残职工按月领取的伤残津贴；③终止或者解除劳动合同时，应当享受的一次性伤残就业补助金。

5）先行支付的规定。职工所在用人单位未依法缴纳工伤保险费，发生工伤事故的，由用人单位支付工伤保险待遇。用人单位不支付的，从工伤保险基金中先行支付。从工伤保险基金中先行支付的工伤保险待遇应当由用人单位偿还。用人单位不偿还的，社会保险经办机构可以依照《社会保险法》第63条的规定追偿。

由于第三人的原因造成工伤，第三人不支付工伤医疗费用或者无法确定第三人的，由工伤保险基金先行支付；工伤保险基金先行支付后，有权向第三人追偿。

6）停止享受工伤保险待遇的规定。工伤职工有下列情形之一的，停止享受工伤保险待遇：①丧失享受待遇条件的；②拒不接受劳动能力鉴定的；③拒绝治疗的。

《劳动能力鉴定　职工工伤与职业病致残等级》（GB/T 16180—2014）规定，符合该标准1～4级的为全部丧失劳动能力，5～6级的为大部分丧失劳动能力，7～10级的为部分丧失劳动能力。

（4）失业保险　《社会保险法》规定，职工应当参加失业保险，由用人单位和职工按照国家规定共同缴纳失业保险费。职工跨统筹地区就业的，其失业保险关系随本人转移，缴费年限累计计算。

1）失业保险金的领取。失业人员符合下列条件的，从失业保险基金中领取失业保险金：①失业前用人单位和本人已经缴纳失业保险费满1年的；②非因本人意愿中断就业的；③已经进行失业登记，并有求职要求的。

失业人员失业前用人单位和本人累计缴费满1年不足5年的，领取失业保险金的期限最长为12个月；累计缴费满5年不足10年的，领取失业保险金的期限最长为18个月；累计缴费10年以上的，领取失业保险金的期限最长为24个月。重新就业后，再次失业的，缴费时间重新计算，领取失业保险金的期限与前次失业应当领取而尚未领取的失业保险金的期限合并计算，最长不超过24个月。

失业保险金的标准，由省、自治区、直辖市人民政府确定，但不得低于城市居民最低生活保障标准。

2）领取失业保险金期间的有关规定。失业人员在领取失业保险金期间，参加职工基本医疗保险，享受基本医疗保险待遇。失业人员应当缴纳的基本医疗保险费从失业保险基金中支付，个人不缴纳基本医疗保险费。

失业人员在领取失业保险金期间死亡的，参照当地对在职职工死亡的规定，向其遗属发给一次性丧葬补助金和抚恤金。所需资金从失业保险基金中支付。个人死亡同时符合领取基本养老保险丧葬补助金、工伤保险丧葬补助金和失业保险丧葬补助金条件的，其遗属只能选择领取其中的1项。

3）办理领取失业保险金的程序。用人单位应当及时为失业人员出具终止或者解除劳动关系的证明，并将失业人员的名单自终止或者解除劳动关系之日起15日内告知社会保险经办机构。

失业人员应当持本单位为其出具的终止或者解除劳动关系的证明，及时到指定的公共就业服务机构办理失业登记。失业人员凭失业登记证明和个人身份证明，到社会保险经办机构办理领取失业保险金的手续。失业保险金领取期限自办理失业登记之日起计算。

4）停止享受失业保险待遇的规定。失业人员在领取失业保险金期间有下列情形之一的，停止领取失业保险金，并同时停止享受其他失业保险待遇：①重新就业的；②应征服兵役的；③移居境外的；④享受基本养老保险待遇的；⑤无正当理由，拒不接受当地人民政府指定部门或者机构介绍的适当工作或者提供的培训的。

【案例 5-10】

1. 背景

2007 年 8 月，张某和王某进入某公司担任搬运工。年底，该公司因工作量增大，要求员工加班。张某和王某的上班时间从早上 8 点到晚上 12 点，除去 1 小时吃饭时间，每天工作时间平均为 14 个小时，其中加班时间为 6 个小时。此外，公司还要求张、王等员工在元旦和周六、周日加班，但公司未向加班员工支付加班费。1 个月下来，员工们精疲力竭，要求公司解决问题。但该公司负责人说，年底工作量大，加班也是没有办法的事情，对员工的要求置之不理。于是，张某、王某向当地劳动监察部门做了举报，要求纠正该公司的违法行为，保护其合法权益。

2. 问题

1）该公司的行为违反了《劳动合同法》的哪些规定？

2）若该公司不向张某和王某支付加班费应受到何种处罚？

3. 分析

该公司违反了《劳动合同法》第 17、31 条的规定。《劳动合同法》第 17 条中将工作时间和休息休假明确作为劳动合同的必备条款。《劳动合同法》第 31 条规定："用人单位应当严格执行劳动定额标准，不得强迫或者变相强迫劳动者加班。用人单位安排加班的，应当按照国家有关规定向劳动者支付加班费。"本案例中，该公司的行为违反了上述法律规定。依据《劳动合同法》第 85 条的规定，应由所在地劳动行政部门责令该公司限期支付加班费；该公司逾期不支付的，责令该公司按照应支付金额的 50% 以上 100% 以下的标准向他们加付赔偿金。

5.2.5 劳动争议的解决

劳动争议又称劳动纠纷，是指劳动关系当事人之间因劳动的权利与义务发生分歧而引起的争议。

《劳动法》规定，用人单位与劳动者发生劳动争议，当事人可以依法申请调解、仲裁、提起诉讼，也可以协商解决。调解原则适用于仲裁和诉讼程序。

1. 调解

劳动争议发生后，当事人可以向本单位劳动争议调解委员会申请调解。

在用人单位内，可以设立劳动争议调解委员会。劳动争议调解委员会由职工代表、用人单位代表和工会代表组成。劳动争议调解委员会主任由工会代表担任。劳动争议经调解达成协议的，当事人应当履行。

2. 仲裁

对于调解不成，当事人一方要求仲裁的，可以向劳动争议仲裁委员会申请仲裁。当事人一方也可以直接向劳动争议仲裁委员会申请仲裁。

劳动争议仲裁委员会由劳动行政部门代表、同级工会代表、用人单位方面的代表组成。劳动争议仲裁委员会主任由劳动行政部门代表担任。

提出仲裁要求的一方应当自劳动争议发生之日起60日内向劳动争议仲裁委员会提出书面申请。仲裁裁决一般应在收到仲裁申请的60日内做出。对仲裁裁决无异议的，当事人必须履行。

3. 诉讼

劳动争议当事人对仲裁裁决不服的，可以自收到仲裁裁决书之日起15日内向人民法院提起诉讼。一方当事人在法定期限内不起诉又不履行仲裁裁决的，另一方当事人可以申请人民法院强制执行。

5.2.6 工伤处理的规定

1. 工伤认定申请

职工发生事故伤害或者按照《职业病防治法》规定被诊断、鉴定为职业病的，所在单位应当自事故伤害发生之日或者被诊断、鉴定为职业病之日起30日内，向统筹地区社会保险行政部门提出工伤认定申请。遇有特殊情况，经报社会保险行政部门同意，申请时限可以适当延长。

用人单位未按规定提出工伤认定申请的，工伤职工或者其近亲属、工会组织在事故伤害发生之日或者被诊断、鉴定为职业病之日起1年内，可以直接向用人单位所在地统筹地区社会保险行政部门提出工伤认定申请。用人单位未在规定的时限内提交工伤认定申请的，在此期间发生的符合《工伤保险条例》规定的工伤待遇等有关费用由该用人单位负担。

提出工伤认定申请应当提交下列材料：①工伤认定申请表；②与用人单位存在劳动关系（包括事实劳动关系）的证明材料；③医疗诊断证明或者职业病诊断证明书（或者职业病诊断鉴定书）。工伤认定申请表应当包括事故发生的时间、地点、原因以及职工伤害程度等基本情况。

2. 工伤认定申请的受理和决定

社会保险行政部门受理工伤认定申请后，根据审核需要可以对事故伤害进行调查核实，用人单位、职工、工会组织、医疗机构以及有关部门应当予以协助。职工或者其近亲属认为是工伤，用人单位不认为是工伤的，由用人单位承担举证责任。

社会保险行政部门应当自受理工伤认定申请之日起60日内做出工伤认定的决定，并书面通知申请工伤认定的职工或者其近亲属和该职工所在单位。

3. 劳动能力鉴定

劳动能力鉴定是指劳动功能障碍程度和生活自理障碍程度的等级鉴定。劳动功能障碍分为10个伤残等级，最重的为1级，最轻的为10级，即生活自理障碍分为3个等级，即生活完全不能自理、生活大部分不能自理和生活部分不能自理。

劳动能力鉴定由用人单位、工伤职工或者其近亲属向设区的市级劳动能力鉴定委员会提出申请，并提供工伤认定决定和职工工伤医疗的有关资料。申请鉴定的单位或者个人对设区的市级劳动能力鉴定委员会做出的鉴定结论不服的，可以在收到该鉴定结论之日起 15 日内向省、自治区、直辖市劳动能力鉴定委员会提出再次鉴定申请。省、自治区、直辖市劳动能力鉴定委员会做出的劳动能力鉴定结论为最终结论。

4. 工伤保险待遇

职工因工作遭受事故伤害或者患职业病进行治疗，享受工伤医疗待遇。

(1) 工伤的治疗　职工治疗工伤应当在签订服务协议的医疗机构就医，情况紧急时可以先到就近的医疗机构急救。治疗工伤所需费用符合工伤保险诊疗项目目录、工伤保险药品目录、工伤保险住院服务标准的，从工伤保险基金支付。

(2) 工伤医疗的停工留薪期　职工因工作遭受事故伤害或者患职业病需要暂停工作接受工伤医疗的，在停工留薪期内，原工资福利待遇不变，由所在单位按月支付。停工留薪期一般不超过 12 个月。伤情严重或者情况特殊，经设区的市级劳动能力鉴定委员会确认，可以适当延长，但延长不得超过 12 个月。

工伤职工评定伤残等级后，停发原待遇，按照有关规定享受伤残待遇。工伤职工在停工留薪期满后仍需治疗的，继续享受工伤医疗待遇。

(3) 工伤职工的护理　生活不能自理的工伤职工在停工留薪期需要护理的，由所在单位负责。

工伤职工已经评定伤残等级并经劳动能力鉴定委员会确认需要生活护理的，从工伤保险基金按月支付生活护理费。生活护理费按照生活完全不能自理、生活大部分不能自理或者生活部分不能自理三个不同等级支付，其标准分别为统筹地区上年度职工月平均工资的 50%、40% 或者 30%。

(4) 职工因工致残的待遇　职工因工致残被鉴定为 1～4 级伤残的，保留劳动关系，退出工作岗位，从工伤保险基金按伤残等级支付一次性伤残补助金；从工伤保险基金按月支付伤残津贴，伤残津贴实际金额低于当地最低工资标准的，由工伤保险基金补足差额。工伤职工达到退休年龄并办理退休手续后，停发伤残津贴，按照国家有关规定享受基本养老保险待遇。基本养老保险待遇低于伤残津贴的，由工伤保险基金补足差额。

职工因工致残被鉴定为 5、6 级伤残的，从工伤保险基金按伤残等级支付一次性伤残补助金；保留与用人单位的劳动关系，由用人单位安排适当工作，难以安排工作的由用人单位按月发给伤残津贴，并由用人单位按照规定为其缴纳应缴纳的各项社会保险费。经工伤职工本人提出，该职工可以与用人单位解除或者终止劳动关系，由工伤保险基金支付一次性工伤医疗补助金，由用人单位支付一次性伤残就业补助金。

职工因工致残被鉴定为 7～10 级伤残的，从工伤保险基金按伤残等级支付一次性伤残补助金，劳动、聘用合同期满终止，或者职工本人提出解除劳动、聘用合同的，由工伤保险基金支付一次性工伤医疗补助金，由用人单位支付一次性伤残就业补助金。

(5) 其他规定　职工因工外出期间发生事故或者在抢险救灾中下落不明的，从事故发生当月起 3 个月内照发工资，从第 4 个月起停发工资，由工伤保险基金向其供养亲属按月支付供养亲属抚恤金。生活有困难的，可以预支一次性工亡补助金的 50%。

职工被派遣出境工作，依据前往国家或者地区的法律应当参加当地工伤保险的，参加当地工伤保险，其国内工伤保险关系中止；不能参加当地工伤保险的，其国内工伤保险关系不中止。

职工再次发生工伤，根据规定应当享受伤残津贴的，按照新认定的伤残等级享受伤残津贴待遇。

职工因工死亡，其近亲属按照规定从工伤保险基金领取丧葬补助金、供养亲属抚恤金和一次性工亡补助金。

5.2.7 违法行为应承担的法律责任

《劳动合同法》第 81 条规定："用人单位提供的劳动合同文本未载明本法规定的劳动合同必备条款或者用人单位未将劳动合同文本交付劳动者的，由劳动行政部门责令改正；给劳动者造成损害的，应当承担赔偿责任。"

用人单位自用工之日起超过 1 个月不满 1 年未与劳动者订立书面劳动合同的，应当向劳动者每月支付 2 倍的工资。用人单位自用工之日起满 1 年不与劳动者订立书面劳动合同的，视为用人单位与劳动者已订立无固定期限劳动合同。

用人单位违反《劳动合同法》规定不与劳动者订立无固定期限劳动合同的，自应当订立无固定期限劳动合同之日起向劳动者每月支付 2 倍的工资。

同时《劳动合同法》第 89 条规定："用人单位违反本法规定未向劳动者出具解除或者终止劳动合同的书面证明，由劳动行政部门责令改正；给劳动者造成损害的，应当承担赔偿责任。"

《劳动合同法》第 90 条规定："劳动者违反本法规定解除劳动合同，或者违反劳动合同中约定的保密义务或者竞业限制，给用人单位造成损失的，应当承担赔偿责任。"

《劳动合同法》第 91 条规定："用人单位招用与其他用人单位尚未解除或者终止劳动合同的劳动者，给其他用人单位造成损失的，应当承担连带赔偿责任。"

《劳动合同法》第 92 条规定："劳务派遣单位、用工单位违反本法有关劳务派遣规定的，由劳动行政部门责令限期改正；逾期不改正的，以每人 5 000 ~ 10 000 元的标准处以罚款，对劳务派遣单位，吊销其劳务派遣业务经营许可证。用工单位给被派遣劳动者造成损害的，劳务派遣单位与用工单位承担连带赔偿责任。"

《劳动合同法》第 93 条规定："对不具备合法经营资格的用人单位的违法犯罪行为，依法追究法律责任；劳动者已经付出劳动的，该单位或者其出资人应当依照本法有关规定向劳动者支付劳动报酬、经济补偿、赔偿金；给劳动者造成损害的，应当承担赔偿责任。"

《劳动合同法》第 94 条规定："个人承包经营违反本法规定招用劳动者，给劳动者造成损害的，发包的组织与个人承包经营者承担连带赔偿责任。"

《劳动合同法》第 95 条规定："劳动行政部门和其他有关主管部门及其工作人员玩忽职守、不履行法定职责，或者违法行使职权，给劳动者或者用人单位造成损害的，应当承担赔偿责任；对直接负责的主管人员和其他直接责任人员，依法给予行政处分；构成犯罪的，依法追究刑事责任。"

本章小结

本章对建设工程合同和劳动合同法律制度做了详细阐述，包括建设工程合同制度、劳动合同及劳动关系制度。

在建设工程合同制度中，要了解合同的订立原则及合同的分类；理解邀约及承诺、建设工程施工合同的法定形式；掌握建设工程施工合同发承包双方的主要义务，建设工程工期和支付价款的规定，建设工程赔偿损失的规定，无效合同的特征，效力待定合同的特征，合同的履行、变更、转让、撤销、终止，违约责任及违约责任的免除等。

在劳动合同及劳动关系制度中，要掌握劳动合同订立的相关规定，劳动合同的履行、变更、解除和终止；理解合法用工方式与违法用工模式的规定、劳动保护的规定、劳动争议的解决、工伤处理的规定；了解违法行为应承担的法律责任。

习　　题

一、单项选择题

1. 根据不同的分类标准，建设工程施工合同属于（　　）。

A. 有名合同，双务合同，有偿合同　　B. 有名合同，双务合同，不要式合同

C. 无名合同，单务合同，要式合同　　D. 有名合同，单务合同，要式合同

2. 招标人于2006年4月1日发布招标公告，2006年4月20日发布资格预审公告，2006年5月10日发售招标文件，投标人于投标截止日2006年6月10日及时递交了投标文件，2006年7月20日招标人发出中标通知书，则要约生效的时间是（　　）。

A. 2006年4月1日　　B. 2006年5月10日

C. 2006年6月10日　　D. 2006年7月20日

3. 承包商为追赶工期，向水泥厂紧急发函要求按市场价格订购200t强度等级为32.5的硅酸盐水泥，并要求3日内运抵施工现场。则承包商的订购行为（　　）。

A. 属于要约邀请，随时可以撤销

B. 属于要约，在水泥运抵施工现场前可以撤回

C. 属于要约，在水泥运抵施工现场前可以撤销

D. 属于要约，而且不可撤销

4. 施工单位向电梯生产公司订购两部A型电梯，并要求5日内交货。电梯生产公司回函表示如果延长1周可如约供货。根据《合同法》，电梯生产公司的回函属于（　　）。

A. 要约邀请　　B. 承诺　　C. 新要约　　D. 部分承诺

5. 水泥厂在承诺有效期内，对施工单位订购水泥的要约做出了完全同意的答复，则该水泥买卖合同成立的时间为（　　）。

A. 施工单位发出订购水泥的要约时　　B. 施工单位订购水泥的要约到达水泥厂时

C. 水泥厂发出答复文件时　　D. 水泥厂的答复文件到达施工单位时

6. 某建设工程采用招标方式选择承包人，则关于该建设工程招标过程中的各行为，下列说法中，正确的是（　　）。

A. 虽然投标邀请书的对象是明确的，但仍属要约邀请

B. 投标人购买招标文件，属要约行为

C. 投标人参加现场考察，属要约行为

D. 评标委员会推荐中标候选人，属承诺行为

7. 某施工项目由于拆迁工作延误不能按约定日期开工，监理工程师以书面形式通知承

包人推迟开工时间，则发包人（　　）。

A. 无须赔偿承包人损失，工期也不顺延

B. 无须赔偿承包人损失，工期应予顺延

C. 应当赔偿承包人损失，工期应予顺延

D. 应当赔偿承包人损失，工期不予顺延

8. 某扩建工程建设单位因急于参加认证，于11月15日未经验收而使用该工程，11月20日承包人提交了竣工验收报告，11月30日建设单位组织验收，12月3日工程竣工验收合格，则该工程的竣工日期为（　　）。

A. 11月15日　　B. 11月20日

C. 11月30日　　D. 12月3日

9. 某施工合同约定承包人对基础工程垫资施工，发包人对垫付资金按银行贷款利率的2倍支付利息，后发包人未按合同约定支付垫资利息，承包人诉至人民法院，则人民法院对垫资利息的处理，正确的是（　　）。

A. 予以追缴　　B. 不予支持

C. 支持按合同约定全部支付　　D. 只支持按银行同类贷款利息支付

10. 施工单位与建设单位签订施工合同，约定施工单位垫资20%，但没有约定垫资利息。后施工单位向人民法院提起诉讼，请求建设单位支付垫资利息。对施工单位的请求，人民法院正确的做法是（　　）。

A. 尽管未约定利息，施工单位要求按中国人民银行发布的同期同类贷款利率支付垫资利息，应予支持

B. 由于未约定利息，施工单位要求支付垫资利息，不予支持

C. 由于垫资行为违法，施工单位要求返还垫资，不予支持

D. 尽管未约定利息，施工单位要求按低于中国人民银行发布的同期同类贷款利率支付垫资利息，应予支持

11. 因欺诈、胁迫而订立的施工合同可能是无效合同，也可能是可撤销合同。认定其为无效合同的必要条件是（　　）。

A. 违背当事人的意志　　B. 乘人之危

C. 显失公平　　D. 损害国家利益

12. 甲、乙两公司为减少应纳税款，以低于实际成交的价格签订合同。根据《合同法》，该合同为（　　）合同。

A. 无效　　B. 可变更、可撤销

C. 有效　　D. 效力待定

13. 甲患重病住院，急需用钱又借贷无门，乙表示愿意借给甲2 000元，但半年后须加倍偿还，否则以甲的房子代偿，甲表示同意。根据《合同法》的规定，甲、乙之间的借款合同因（　　）。

A. 显失公平而无效　　B. 欺诈而可撤销

C. 乘人之危而无效　　D. 乘人之危而可撤销

14. 依据《合同法》对合同变更的规定，以下表述中正确的是（　　）。

A. 不论采用何种形式订立的合同，履行期间当事人通过协商均可变更合同约定的内容

B. 采用范本订立的合同，履行期间不允许变更合同约定的内容

C. 采用格式合同的，履行期间不允许变更合同约定的内容

D. 采用竞争性招标方式订立的合同，履行期间不允许变更合同约定的内容

15. 根据《合同法》的规定，下列情形中，权利人不享有法定解除权的是（　　）。

A. 运输建材的货车途中遭遇洪水，货物全部变质

B. 施工过程中，承包人不满工程师的指令，将全部工人和施工机械撤离现场

C. 发包人拒不支付工程款，双方又不能达成延期付款协议

D. 施工单位夜间施工扰民，被行政主管部门责令停工，致使工期延误

16. 施工企业与材料供应商订立的合同中约定“任何一方不能履行合同的，须承担违约金 3 万元，发生争端由某仲裁机构解决”。现供应商延期交货给施工企业造成的损失 4.5 万元，则施工企业为最大限度维护自身利益，应（　　）。

A. 向某仲裁机构请求供应商支付 4.5 万元

B. 向某仲裁机构请求供应商支付 3 万元

C. 直接要求供应商支付 7.5 万元

D. 直接要求供应商支付 3 万元

17. 甲与乙签订房屋买卖合同，将自有的一幢房屋卖给乙，并约定任何一方违约须向对方支付购房款 25% 的违约金。但在交房前，甲又与丙签订合同，将该房屋卖给丙，并与丙办理了过户登记手续。则下列说法中错误的是（　　）。

A. 若乙要求甲支付约定的违约金，甲可以请求人民法院或仲裁机构予以适当减少

B. 甲必须收回房屋并向乙交付

C. 丙取得该房屋的所有权

D. 乙不能要求甲实际交付该房屋，但可以要求甲承担违约责任

18. 在施工合同履行过程中，当事人一方可以免除违约责任的情形是（　　）。

A. 因为建设单位拖延提供设计图，导致建筑公司未能按合同约定时间开工

B. 因为建筑公司自有设备损坏，导致工期拖延

C. 因为发生洪灾，建筑公司无法在合同约定的工期内竣工

D. 因为三通一平工期拖延，建设单位不能在合同约定的时间内提供施工场地

19. 用人单位自（　　）起即与劳动者建立劳动关系。

A. 用工之日　　B. 签订合同之日

C. 上级批准设立之日　　D. 劳动者领取工资之日

20. 固定期限劳动合同是指用人单位与劳动者约定合同（　　）时间的劳动合同。

A. 解除　　B. 续订　　C. 终止　　D. 中止

21. 以下属于劳动合同必备条款的是（　　）。

A. 劳动报酬　　B. 试用期

C. 保守商业秘密　　D. 福利待遇

22. 劳动合同期限 1 年以上不满 3 年的，试用期不得超过（　　）。

A. 一个月　　B. 二个月　　C. 半个月　　D. 一个半月

23. 劳动者在试用期的工资不得低于本单位相同岗位最低档工资或者劳动合同约定工资的（　　），并不得低于用人单位所在地的最低工资标准。

A. 30%　　B. 50%　　C. 60%　　D. 80%

24. 集体合同由（　　）代表企业职工一方与用人单位订立。

A. 工会　　B. 职工代表大会

C. 监事会　　D. 股东代表大会

25. 尚未建立工会的用人单位，集体合同由（　　）指导劳动者推举的代表与用人单位订立。

A. 劳动行政部门　　B. 企业党委

C. 上级工会　　D. 劳动关系三方协调委员会

26. 下列关于劳动合同的理解正确的是（　　）。

A. 固定期限劳动合同的期限限制在1~5年

B. 劳动者在国有企业连续工作满10年，企业改制重新订立劳动合同时应当签订无固定期限劳动合同

C. 连续订立两次固定期限劳动合同的，续订劳动合同应当签订无固定期限劳动合同

D. 用人单位初次实行劳动合同制度，劳动者在该用人单位连续工作满10年且距法定退休年龄不足10年的，应当签订无固定期限劳动合同

27. 劳动者提前（　　）日以书面形式通知用人单位，可以解除劳动合同。

A. 3　　B. 10　　C. 15　　D. 30

28. 致使劳动合同终止的情形包括（　　）。

①劳动合同期满；②用人单位法定代表人死亡；③劳动者被人民法院宣告失踪；④劳动者死亡或者被人民法院宣告死亡；⑤用人单位被依法宣告破产；⑥用人单位发生严重经营困难；⑦劳动者开始依法享受基本养老保险待遇；⑧法律、行政法规规定的其他情形。

A. ①②④⑥⑦⑧　　B. ①③④⑤⑥⑧

C. ②③④⑤⑦⑧　　D. ①③④⑤⑦⑧

29. 用人单位（　　），劳动者可以立即解除劳动合同，不需事先告知用人单位。

A. 未按照劳动合同约定提供劳动保护或者劳动条件的

B. 未及时足额支付劳动报酬的

C. 以暴力、威胁或者非法限制人身自由的手段强迫劳动者劳动的

D. 规章制度违反法律、法规的规定，损害劳动者权益的

30. 劳动者月工资高于用人单位所在直辖市、设区的市级人民政府公布的本地区上年度职工月平均工资3倍的，向其支付经济补偿的标准按职工月平均工资3倍的数额支付，向其支付经济补偿的年限最高不超过（　　）年。

A. 2　　B. 5　　C. 10　　D. 12

31. 用人单位自用工之日起超过一个月不满一年未与劳动者订立书面劳动合同的，应当向劳动者每月支付（　　）倍的工资。

A. 1　　B. 2　　C. 3　　D. 4

32. 用人单位发生合并或者分立等情况，原劳动合同（　　）。

A. 继续有效　　B. 失去效力

C. 效力视情况而定　　D. 由用人单位决定是否有效

33. 变更劳动合同应当采用（　　）形式。

A. 书面　　B. 口头　　C. 书面或口头　　D. 书面和口头

34. 用人单位发生变更名称、法定代表人、主要负责人或者投资人等事项，（　　）劳动合同的履行。

A. 影响　　B. 不影响

C. 不一定影响　　D. 法律未规定是否影响

35. 劳动者拒绝用人单位管理人员违章指挥、强令冒险作业的，（　　）违反劳动合同。

A. 视为　　B. 有时视为

C. 不视为　　D. 部分视为

36. 劳动者可以提前 30 日以书面形式单方解除劳动合同的情形是（　　）。

A. 用人单位以暴力、威胁强迫劳动者劳动

B. 强令冒险作业危及劳动者人身安全

C. 用人单位未及时足额支付劳动报酬

D. 在试用期内

37. 根据《劳动合同法》的规定，用人单位依法安排劳动者在休息日工作，不能安排补休的，应当按照不低于劳动合同规定的劳动者本人日或小时工资标准的（　　）支付劳动者工资。

A. 100%　　B. 150%　　C. 200%　　D. 300%

38. 根据《劳动合同法》的规定，用人单位依法安排劳动者在法定休假日工作的，应当按照劳动合同规定的劳动者本人日或小时工资标准的（　　）支付劳动者工资。

A. 100%　　B. 150%　　C. 200%　　D. 300%

二、多项选择题

1. 下列有关建设工程的概念说法正确的有（　　）。

A. 建设工程合同是有偿合同　　B. 建设工程合同是实践合同

C. 建设工程合同是单务合同　　D. 建设工程合同是要式合同

E. 建设工程合同是从合同

2. 根据《合同法》，要约失效的情形有（　　）。

A. 受要约人拒绝要约的通知到达要约人

B. 受要约人的承诺对要约内容做了实质性变更

C. 受要约人的承诺到达要约人后，要约人发出撤销要约的通知

D. 要约中规定的承诺期限届满，要约人未收到承诺通知

E. 发出承诺通知前，撤销要约的通知到达受要约人

3. 某施工项目双方约定 3 月 10 日开工，当年 10 月 10 日竣工，开工前承包人以书面形式向工程师提出延期开工的理由和要求，未获批准，但承包人仍延至 3 月 20 日开工，则（　　）。

A. 承包人应通过赶工在 10 月 10 日竣工，赶工费用自行承担

B. 承包人应通过赶工在 10 月 10 日竣工，赶工费用由发包人承担

C. 承包人应通过赶工在 10 月 10 日竣工，可获提前竣工奖励

D. 如果工程在 10 月 20 日竣工，则承包人不承担拖期违约责任

E. 如果工程在 10 月 20 日竣工，则承包人承担拖期违约责任

4. 下列在施工过程发生的事件中，可以顺延工期的情况包括（　　）。

A. 不可抗力事件的影响　　B. 承包人采购的施工材料未按时交货

C. 施工许可证没有及时颁发　　D. 不具备合同约定的开工条件

E. 工程师未按合同约定提供所需指令

5. 依照《建设工程施工合同（示范文本）》通用合同条款的规定，施工合同履行过程中，如果发包人出于某种考虑要求提前竣工，则发包人应（　　）。

A. 负责修改施工进度计划　　B. 向承包人直接发出提前竣工的指令

C. 与承包人协商并签订提前竣工协议　　D. 为承包人提供赶工的便利条件

E. 减少对工程质量的检测试验

6. 施工单位与建设单位签订施工合同，双方没有约定付款时间，后因利息计算产生争议，则下列有关工程价款应支付日期的表述正确的有（　　）。

A. 建设工程没有交付的，为提交验收报告之日

B. 建设工程已实际交付的，为交付之日

C. 建设工程没有交付的，为提交竣工结算文件之日

D. 建设工程未交付，工程价款也未结算的，为人民法院判决之日

E. 建设工程未交付，工程价款也未结算的，为当事人起诉之日

7. 发包人将在建工程抵押给银行，后因发包人经营状况不佳而无力还贷及支付工程款，则下列关于承包人权利的说法中，正确的有（　　）。

A. 承包人可申请人民法院将该工程拍卖

B. 承包人无权就该工程拍卖款优先于银行受偿

C. 承包人申请拍卖该工程，应按照诉讼时效的规定，在工程竣工之日提出

D. 承包人可不申请拍卖，而直接与发包人协商将工程折价

E. 承包人因发包人违约所造成的损失，可在工程拍卖所得中扣除

8. 下列选项中，属于无效合同的有（　　）。

A. 供应商欺诈施工单位签订的采购合同

B. 村委会负责人为获得回扣与施工单位高价签订的村内道路施工合同

C. 施工单位将工程转包给他人签订的转包合同

D. 分包商擅自将发包人供应的钢筋变卖签订的买卖合同

E. 施工单位与房地产开发商签订的垫资施工合同

9. 施工合同可撤销的情形有（　　）。

A. 在订立施工合同时显失公平

B. 施工单位以欺诈手段订立，且损害了国家利益

C. 违反了《建筑法》的强制性规定

D. 订立合同时，建设单位存在重大误解

E. 损害社会公共利益

10. 施工单位由于重大误解，在订立买卖合同时将想购买的 A 型钢材误写为 B 型钢材，则施工单位（　　）。

A. 只能按购买 A 型钢材履行合同

B. 应按效力待定处理该合同

C. 可以要求变更为按购买 B 型钢材履行合同
D. 可以要求撤销该合同
E. 可以要求确认该合同无效
11. 根据我国法律规定，下列合同转让行为无效的有（ ）。
A. 甲将中标的某项目全部转让给乙施工单位
B. 甲将自己对乙单位的一笔债务部分转让给丙公司，随后通知乙单位
C. 甲将中标的某项目的劳务作业全部分包给具有相应资质的丁企业
D. 甲不顾合同约定的不得转让债权条款，将自己对乙单位的一笔债权转让给丙公司
E. 甲将自己对乙单位的一笔债权转让给丙公司，随后通知乙单位
12. 根据《合同法》，当事人一方可以解除合同的情形有（ ）。
A. 当事人一方发生合并、分立
B. 由于不可抗力致使合同不能履行
C. 作为当事人一方的公民死亡
D. 当事人一方延迟期内仍未履行
E. 法定代表人变更
13. 根据《合同法》的相关规定，下列施工合同履行过程中发生的情形，当事人可以解除合同的有（ ）。
A. 发生泥石流将拟建工厂选址覆盖
B. 由于报价失误，施工单位在订立合同后表示无力履行
C. 建设单位延期支付工程款，经催告后同意提供担保
D. 施工单位施工组织不力，导致工程工期延误，使该项目已无投产价值
E. 施工单位未经建设单位同意，擅自更换了现场技术人员
14. 关于违约金条款的适用，下列说法正确的有（ ）。
A. 约定的违约金低于造成的损失的，当事人可以请求人民法院或者仲裁机构予以增加
B. 违约方支付迟延履行违约金后，另一方仍有权要求其继续履行
C. 当事人既约定违约金，又约定定金的，一方违约时，对方可以选择适用违约金条款或定金条款
D. 当事人既约定违约金，又约定定金的，一方违约时，对方可以同时适用违约金条款及定金条款
E. 约定的违约金高于造成的损失的，当事人可以请求人民法院或者仲裁机构按实际损失金额调减
15. 《劳动法》规定，禁止安排女职工从事的工作有（ ）。
A. 矿山井下
B. 有毒有害
C. 国家规定的第 3 级体力劳动强度的劳动
D. 延长工作时间和夜班劳动
E. 国家规定的第 4 级体力劳动强度的劳动
16. 有关失业保险金的领取理解正确的有（ ）。
A. 失业人员失业前用人单位和本人累计缴费满 1 年不足 5 年的，领取失业保险金的期限最长为 12 个月
B. 累计缴费满 5 年不足 10 年的，领取失业保险金的期限最长为 18 个月

C. 累计缴费 15 年的，领取失业保险金的期限最长为 24 个月

D. 重新就业后，再次失业的，前次失业应当领取而尚未领取的失业保险金失效

E. 领取失业保险金的最长期限不得超过 36 个月

17. 对委托合同的概念理解正确的有（　　）。

A. 委托人应当预付处理委托事务的费用

B. 转委托经委托人同意，受托人仅就第三人的选任及其对第三人的指示承担责任

C. 受托人处理委托事务取得的财产，属于用益物权

D. 受托人为处理委托事务垫付的必要费用如果产生利息，必须有约定

E. 委托合同是有偿合同

18. 由于供货商未能按期交货，买方要求解除材料采购合同。按照《合同法》的规定，合同解除后，合同中约定的（　　）条款仍然有效。

A. 质量　　B. 结算　　C. 仲裁

D. 清理　　E. 担保

三、简答题

1. 合同的订立原则是什么？

2. 要约与承诺的区别是什么？

3. 效力待定合同有哪三种？

4. 劳动合同应当具备哪些条款？

5. 女职工和未成年工的特殊保护规定有哪些？

6. 工伤认定申请应当提交哪些材料？

四、案例题

1. 某建设单位（甲方）拟建造一栋职工住宅，采用招标方式由某施工单位（乙方）承建。甲、乙双方签订的施工合同摘要如下：

（1）合同协议书中的部分条款

1）工程概况。

工程名称：职工住宅楼。

工程地点：市区。

工程内容：建筑面积为 3 200m^2 的砖混结构住宅楼。

2）工程承包范围。

承包范围：某建筑设计院设计的施工图所包括的土建、装饰、水暖电工程。

3）合同工期。

开工日期：2002 年 3 月 12 日。

竣工日期：2002 年 9 月 21 日。

合同工期总日历天数：190 天（扣除 5 月 1～3 日，五一节放假）。

4）质量标准。

工程质量标准：达到甲方规定的质量标准。

5）合同价值。

合同总价为：壹佰陆拾陆万肆仟元人民币（￥166.4 万元）。

6）乙方承诺的质量保修。

在该项目设计规定的使用年限（50 年）内，乙方承担全部保修责任。

7）甲方承诺的合同价款支付期限与方式。

工程预付款：于开工之日支付合同总价的 10% 作为预付款。

工程进度款：基础工程完成后，支付合同总价的 10%；主体结构三层完成后，支付合同总价的 20%；主体结构全部封顶后，支付合同总价的 20%；工程基本竣工时，支付合同总价的 30%。为确保工程如期竣工，乙方不得因甲方资金的暂时不到位而停工和拖延工期。

竣工结算：工程竣工验收后，进行竣工结算。结算时按全部工程造价的 3% 扣留工程保修金。

8）合同生效。

合同订立时间：2002 年 3 月 5 日。

合同订立地点：××市××区××街××号。

本合同双方约定：经双方主管部门批准及公证后生效。

（2）专用合同条款中有关合同价款的条款

1）合同价款与支付。本合同价款采用固定价格合同方式确定。

2）合同价款包括的风险范围如下：

① 工程变更事件发生导致工程造价增减不超过合同总价的 10%。

② 政策性规定以外的材料价格涨落等因素造成工程成本变化。

3）风险费用的计算方法：风险费用已包括在合同总价中。

4）风险范围以外的合同价款调整方法：按实际竣工建筑面积 520.00 元/m^2 调整合同价款。

（3）补充协议条款　在上述施工合同协议条款签订后，甲、乙双方接着又签订了施工合同补充协议条款，摘要如下：

1）木门窗均用水曲柳板包门窗套。

2）铝合金窗 90 型系列改用 42 型系列某铝合金厂产品。

3）阳台均采用 42 型系列某铝合金厂铝合金窗封闭。

问题：

1）上述合同属于哪种计价方式合同类型？

2）该合同签订的条款有哪些不妥之处？应如何修改？

3）对合同中未规定的承包商义务，合同实施过程中又必须进行的工程内容，承包商应如何处理？

2. 某监理单位承担了一工业项目的施工监理工作。经过招标，建设单位选择了甲、乙施工单位分别承担 A、B 标段工程的施工，并按照《建设工程施工合同（示范文本）》分别和甲、乙施工单位签订了施工合同。建设单位与乙施工单位在合同中约定，B 标段所需的部分设备由建设单位负责采购。乙施工单位按照正常的程序将 B 标段的安装工程分包给丙施工单位。在施工过程中，发生了如下事件：

事件 1：建设单位在采购 B 标段的锅炉设备时，设备生产厂商提出由自己的施工队伍进行安装更能保证质量，建设单位便与设备生产厂商签订了供货和安装合同并通知了监理单位和乙施工单位。

事件 2：总监理工程师根据现场反馈信息及质量记录分析，对 A 标段某部位隐蔽工程的质量有怀疑，随即指令甲施工单位暂停施工，并要求剥离检验。甲施工单位称：该部位隐蔽工程已经专业监理工程师验收，若剥离检验，监理单位需赔偿由此造成的损失并相应延长工期。

事件3：专业监理工程师对B标段进场的配电设备进行检验时，发现由建设单位采购的某设备不合格，建设单位对该设备进行了更换，从而导致丙施工单位停工。因此，丙施工单位致函监理单位，要求补偿其被迫停工所遭受的损失并延长工期。

问题：

1）在事件1中，建设单位将设备交由厂商安装的做法是否正确？为什么？

2）在事件1中，若乙施工单位同意由该设备生产厂商的施工队伍安装该设备，则监理单位应该如何处理？

3）在事件2中，总监理工程师的做法是否正确？为什么？试分析剥离检验的可能结果及总监理工程师相应的处理方法。

4）在事件3中，丙施工单位的索赔要求是否应该向监理单位提出？为什么？对该索赔事件应如何处理？

第6章

建设工程监理法规

案例导入

某实行监理的工程，建设单位与总承包单位按《建设工程施工合同（示范文本）》签订了施工合同，总承包单位按合同约定将一专业工程分包。

施工过程中发生下列事件：

事件1：工程开工前，总监理工程师在熟悉设计文件时发现部分设计图有误，即向建设单位进行了口头汇报。建设单位要求总监理工程师组织召开设计交底会，并向设计单位指出设计图中的错误，在会后整理会议纪要。在工程定位放线期间，总监理工程师指派专业监理工程师审查分包单位资格报审表及相关资料，安排监理员到现场复验总承包单位报送的原始基准点、基准线和测量控制点。

事件2：由建设单位负责采购的一批材料，因规格、型号与合同约定不符，施工单位不予接收保管，建设单位要求项目监理机构协调处理。

事件3：专业监理工程师现场巡视时发现，总承包单位在某隐蔽工程施工时，未通知项目监理机构即进行隐蔽。

事件4：工程完工后，总承包单位在自查自评的基础上填写了工程竣工报验单，连同全部竣工资料报送项目监理机构，申请竣工验收。总监理工程师认为施工过程均按要求进行了验收，便签署了竣工报验单，并向建设单位提交了竣工验收报告和质量评估报告，建设单位收到该报告后，即将工程投入使用。

请分析：

1）分别指出事件1中建设单位总监理工程师的不妥之处，写出正确做法。

2）事件1中，专业监理工程师在审查分包单位的资格时，应审查哪些内容？

3）针对事件2，项目监理机构应如何协调处理？

4）针对事件3，写出总承包单位的正确做法。

5）分别指出事件4中总监理工程师、建设单位的不妥之处，写出正确做法。

6.1 建设工程监理概述

建设工程监理制度是我国工程建设领域中项目管理体制的重大改革举措之一。1988年6月原建设部发布了《关于开展建设监理工作的通知》，它标志着我国工程建设领域的改革进入一个新的阶段，即参照国际惯例，结合中国国情，建立具有中国特色的建设监理制。1989年6月原建设部发布了《建设监理试行规定》，这是我国第一个建设监理的法规性文件。

2000 年 12 月 7 日原国家质量技术监督局（现为国家质量监督检验检疫总局）和原建设部联合发布了《建设工程监理规范》（GB 50319—2000），并于 2001 年 5 月 1 日实施；2001 年 1 月 17 日原建设部发布了《建设工程监理范围和规模标准规定》。2001 年 11 月 14 日原建设部发布了《工程监理企业资质管理规定实施意见》；2002 年 7 月 17 日原建设部颁布了《房屋建筑工程施工旁站监理管理办法（试行）》。2014 年 3 月 1 日起实施新修订的《建设工程监理规范》（GB/T 50319—2013）。实践表明，实行建设工程监理制度可以有效地控制建设工期，确保工程质量，控制建设投资，从而促进工程建设水平和投资效益的提高，保证国家建设计划的顺利实施，为我国建设事业持续和健康的发展发挥独特的作用。

6.1.1 建设工程监理的概念

监理即监督和管理。建设工程监理也称工程建设监理，是指针对工程项目建设，社会化、专业化的工程监理企业接受建设单位的委托和授权，根据国家批准的工程项目建设文件、有关工程建设的法律、法规和建设工程监理合同以及其他建设工程合同所进行的旨在实现项目投资目的的微观监督管理活动。

建设单位也称业主或项目法人，它是委托监理的一方。工程监理企业是指取得企业法人营业执照、具有监理资质证书的依法从事建设工程业务活动的经济组织。实行监理的建设工程由建设单位委托具有相应资质条件的工程监理企业实施监理，建设工程监理的行为主体是工程监理企业。

6.1.2 建设工程监理的特性

建设工程监理是一种特殊的与其他建设工程活动有着明显区别和差异的工程建设活动。这些区别和差异使得建设工程监理与其他建设工程活动之间划出了清楚的界线，也正是由于这个原因，建设工程监理在建设领域中成为我国一种新的行业。

建设工程监理具有以下特性：

1. 服务性

建设工程监理既不同于承包单位的直接生产活动，也不同于业主的直接投资活动。它既不是工程承包活动，也不是工程发包活动。它不需要投入大量资金、材料、设备、劳动力。监理单位既不向业主承包工程造价，也不参与承包单位的盈利分成。监理单位既不需要拥有大量的机具、设备和劳务力量，一般也不必拥有雄厚的注册资金。它只是在工程项目建设过程中，利用自己工程建设方面的知识、技能和经验为客户提供高智能的监督管理服务，以满足项目业主对项目管理的需要。它所获得的报酬也是技术服务性的报酬，是脑力劳动的报酬。

建设工程监理的服务性使它与政府对工程建设的行政性监督管理活动区别开来，也使它与承包单位在工程项目建设中的活动区别开来。

2. 独立性

从事建设工程监理活动的监理单位是直接参与工程项目建设的“三方当事人”之一，它与项目业主、承包单位之间的关系是平等的、横向的。在工程项目建设中，监理单位是独立的一方。为了保证建设工程监理行业的独立性，从事这一行业的监理单位和监理工程师必须与某些行业或单位断绝人事上的依附关系以及经济上的隶属或经营关系，也不能从事这些行业的工作。

3. 公正性

公正性是建设工程监理正常和顺利开展的基本条件。公正性也是监理行业的必然要求，它是社会公认的职业准则，也是监理单位和监理工程师的基本职业道德准则。同时，建设工程监理的公正性也是承包单位的要求。由于建设监理制赋予监理单位在项目建设中具有监督管理的权力，被监理方必须接受监理方的监督管理。所以，它们迫切要求监理单位能够办事公道，公正地开展建设工程监理活动。

4. 科学性

我国《工程建设监理规定》指出，建设工程监理是一种高智能的技术服务，要求从事建设工程监理活动必须遵循科学准则。由于被监理单位的勘察、设计、施工、材料和设备供应单位都是社会化、专业化的单位。它们在技术、管理方面已经达到了一定水平，这就要求监理单位和监理工程师具有更高的素质和水平。由于建设工程监理提供的是技术服务，因此，要求监理单位和监理工程师在开展监理服务时能够提供科学含量高的服务，以创造更大的价值。工程项目建设牵扯到国计民生，维系着人民的生命和财产安全，涉及公众利益。因此，监理单位和监理工程师需要以科学的态度，用科学的方法来完成这项工作。

6.1.3 建设工程监理依据

1. 国家或部门制定颁布的法律、法规、规章

监理单位应当依据法律、行政法规的规定，对承包单位实施监督。对建设单位违反法律、行政法规的要求，监理单位应当予以拒绝。目前有关工程监理方面的法律法规主要有《建筑法》《建设工程质量管理条例》《工程建设监理规定》《工程监理企业资质管理规定》《监理工程师资格考试和注册试行办法》等。

2. 国家现行的技术规范、技术标准、规程和工程质量验评标准

2014年3月1日开始实施的《建设工程监理规范》是监理单位和监理工作人员进行监理工作的行为规范。技术标准是工程建设标准的一种。工程建设标准可分为强制性标准和推荐性标准。强制性标准是必须执行的标准。推荐性标准是自愿采用的标准，经过双方签订合同予以确认。经合同确认的推荐性标准也必须严格执行。

3. 经审查批准的建设文件、设计文件和设计图

设计文件和设计图是施工的依据，同时也是监理的依据。施工单位应该按设计文件和设计图进行施工。监理单位应按照设计文件和设计图对施工活动进行监督管理。

4. 依法签订的各类工程合同文件等

工程合同是建设单位和施工单位根据国家规定的程序、批准的投资计划以及有关设计文件，为完成商定的某项建筑工程，明确相互权利和义务关系的协议。工程合同依法订立，即具有法律约束力，当事人必须全面履行合同规定的义务，任何一方不得擅自变更或解除合同。监理单位应当依据建筑工程承包合同监督施工单位是否全面履行建筑工程承包合同约定的义务。

6.1.4 建设工程强制监理的范围

监理是基于业主的委托才可实施的建设活动，所以对建设工程实施监理应建立在业主自愿的基础上。但在国家投资的工程中，国家有权以业主的身份要求工程建设项目法人实施工程监理，对于外资投资建筑工程及一些与社会公共利益关系重大的工程，为确保工程质量和社会公众的生命财产安全，国家也可要求其业主必须实施工程监理，即对这些工程建设活动实行强制监理。《建筑法》规定，实行强制监理的建筑工程的范围由国务院规定。《建设工程监理范围和规模标准规定》对实行强制监理的建设工程的范围和规模进行了细化。根据上述法律法规，下列建设工程必须实行监理：

1. 国家重点建设工程

国家重点建设工程是指依据《国家重点建设项目管理办法》所确定的对国民经济和社会发展有重大影响的骨干项目。

2. 大中型公用事业工程

大中型公用事业工程是指项目总投资额在3 000万元以上的下列工程项目：①供水、供电、供气、供热等市政工程项目；②科技、教育、文化等项目；③体育、旅游、商业等项目；④卫生、社会、福利等项目；⑤社会化公用事业项目。

3. 成片开发建设的住宅小区工程

其中，建筑面积在5万m^2以上的住宅建设工程必须实行监理；5万m^2以下的住宅建设工程，可以实行监理，具体范围和规模标准，由省、自治区、直辖市人民政府住房城乡建设主管部门规定；为了保证住宅质量，对高层住宅及地基结构复杂的多层住宅应当实行监理。

4. 利用外国政府或者国际组织贷款、援助资金的工程

这类工程包括：①使用世界银行、亚洲开发银行等国际组织贷款资金的项目；②使用国外政府及其机构贷款资金的项目；②使用国际组织或者国外政府援助资金的项目。

5. 国家规定必须实行监理的其他工程

国家规定必须实行监理的其他工程主要是指学校、影剧院、体育场馆项目以及总投资额在3 000万元以上关系社会公共利益、公众安全的下列基础设施项目：①煤炭、石油、化工、天然气、电力、新能源等项目；②铁路、公路、管道、水运、民航以及其他交通运输业等项目；③邮政、电信枢纽、信息网络等项目；④防洪、灌溉、排涝、发电、引（供）水、滩涂治理、水资源保护、水土保持等水利建设项目；⑤道路、桥梁、地铁和轻轨交通、污水排放及处理、垃圾处理、地下管道、公共停车场等城市基础设施项目；⑥生态环境保护项目；⑦其他基础设施项目。

建设工程监理应包括工程建设决策阶段的监理和实施阶段的监理。决策阶段的监理包括对建设项目进行可行性研究、论证和参与任务书的编制等。实施阶段的监理则包括对设计、施工、保修等的监理。我国的建设工程监理尚处于初级阶段，决策阶段的监理目前主要还是由政府行政管理部门进行管理。实施阶段的监理，根据我国的具体情况，目前所进行的建设工程监理主要是施工监理，设计、保修等的监理主要还是由政府工程质量监督机构进行监督管理。

建设工程监理的范围应包括工程建设的全过程，即工程立项、勘察、设计、施工、材料设备采购、设备安装调试等环节，对工期、质量、造价、安全等诸方面进行监督管理。

6.2 建设工程监理的任务、原则和程序

6.2.1 建设工程监理的任务

建设工程监理的中心工作是进行项目目标控制，即投资、进度和质量的控制，对项目内

部的管理主要是合同和信息管理，对项目外部主要是组织协调，合同是控制、管理、协调的主要依据。概括起来，建设工程监理的任务即“三控制、两管理、一协调”，共六项任务。

1.“三控制”

“三控制”即工期控制、质量控制和投资控制。对任何一项工程建设来说，工期、质量和投资往往是相互矛盾，但又统一的。要达到高标准的工程质量，工期就要长一点，投资很有可能就要增加一些。要缩短工期，质量就可能低一些，投资也可能多一点。一般来说，三项目标不可能同时达到最佳状态。建设工程监理的任务就是根据业主的不同侧重要求，尽力实现三项目标接近最佳状态的控制。

（1）工期控制　工程建设工期控制是对工程建设项目的各个建设阶段的工作顺序和持续时间进行规划、实施、检查、协调和信息反馈等一系列活动的总称，又称工程建设进度控制。工程建设进度控制可分为三个阶段进行，主要有建设前期阶段、设计阶段和施工阶段。

在建设前期阶段，工程监理的任务是协助业主确定进度目标，为设计阶段和施工阶段的进度控制提供依据，以达到促进前期工作抓紧进行的目的。工程监理单位要及时编制总进度计划并提供工期和建设进度的信息。在设计阶段，工程监理的主要任务是审核设计单位的设计进度计划，以此来控制总的工程进度。设计进度直接影响施工进度，必须保证施工图及时交给设计单位。在这一阶段，工程监理要编制设计工作进度计划并督促计划的按时实施。

施工阶段的进度控制是工程监理单位整个进度控制工作的重点与核心，监理单位要运用各种技术手段，在项目实施过程中随时掌握工程进展情况，监督施工单位严格按照工程施工计划施工，以便按期实现工程各阶段计划目标，使工程总进度计划顺利完成。施工阶段的进度控制工作主要包括：

1）审查施工单位编制的施工组织设计。施工方案要合理，进度计划要符合平衡原则，要能够保证工程施工各方密切配合，合理衔接，使工程总进度目标高质高效完成；施工现场的物资和人员的调度要合理、科学。

2）应当密切掌握工程进展情况，根据工程实际进展情况随时调整工程进度计划。监理单位要不断衡量工程进展情况，可以采用实物衡量、形象进度、完成投资额或者工作时效等指标，也可以把多个指标综合起来进行衡量。在施工过程中，极有可能因为某一施工程序的拖延造成总进度的延误。监理单位应当尽可能利用机动工时加以补救，力争保证总工期按时实现。如果已经没有机动时间可以利用或者延误工期超过了保留的机动工期，则必须设法压缩一部分工期，或者改变关键线路，修订工作进度计划以保证总工期的实现。

3）收集各种影响工程进度的信息资料，实行主动控制、事前控制，防患于未然。人为因素、设备机具材料因素、资金因素、环境因素等影响工期实现的偶然因素很多，监理单位应当对这些干扰因素进行研究和分析，对有可能发生的干扰因素采取预防措施，尽可能减少其对工程进度造成的影响。

4）督促承包单位严格按工程进度进行施工。监理单位要审批施工单位的进度计划，检查计划执行情况；监督施工单位施工现场人员和机械材料的流动；协助施工单位研究处理施工过程中遇到的技术难题，提出解决意见，帮助施工单位或者承包单位控制工期。

5）定期向业主报告工期进度情况。工程监理单位要向业主报告总工程进展情况、施工中遇到的问题和解决情况等。当施工进度延误将导致合同工期严重拖延时，工程监理单位有责任向业主提出终止合同执行的详细报告，供业主采取措施或做出决策。

（2）质量控制　工程质量与工程设计、建筑材料的选择和施工单位的技术水平密切相关，所以，监理单位对工程的质量控制也就是对影响工程质量的几项因素进行检测、检验，并纠正偏差的过程。质量控制可以分为设计阶段的质量控制、施工阶段的质量控制和验收阶段的质量控制。

1）设计阶段的质量控制。如果设计本身的质量达不到要求，则施工质量再高、所用的材料性能再好，建筑工程的质量也无法保证。设计阶段的质量控制是工程总体质量控制的基础。设计阶段的质量控制的内容主要包括征集并优选设计方案，审查设计方案是否符合业主的意图，设计标准是否满足使用功能的要求，结构是否安全，平面布置、工艺流程安排是否合理，计算书是否准确等。即使是业主只委托施工阶段监理的工程项目，施工监理单位也有权对施工图进行审核，并就其中的质量或使用功能等缺陷提出质疑，要求有关方面进行修改。

2）施工阶段的质量控制。在保证设计先进、合理、经济的前提下，工程项目的质量就是设计意图被实现的过程。监理工程师的任务就是科学合理地组织人、财、物的流动，安排施工现场的时间、空间使用，使设计意图最大限度地得到实现。本阶段的工作包括：

① 督促承包单位建立工程项目质量监控保证体系。承包单位是工程的具体实施者，其工作质量影响到工程质量的好坏。监理工程师一般在开工之前就要求承包单位根据项目的组织结构和质量要求，设置质量监控保证体系，设定明确的质量管理目标、职责以及一套进行质量控制的程序和办法，以加强承包单位内部的质量控制与验证。

② 材料、机具的质量控制。监理工程师一般要求承包单位提交拟订设备、原材料生产厂家的资历、生产能力、近年产品质量等资料，严格督促有关方面按照合同规定的质量标准组织订货、采购、包装及运输；入场前，严格验收检查，要求承包单位进行物理化学试验，并将检测数据上报，接受审查，如不符合合同要求，则拒绝进入工地和投入使用；验收入场后，严格按要求堆放、储存、保管和加工，并按计划组织配套供应；在施工过程中，若发现使用不合格材料或与合同要求不一致的材料，则监理工程师有权下令停工并重新施工。

③ 施工工艺质量控制。监理工程师应当督促并检查承包单位按设计文件施工，认真执行工艺标准和操作流程，提高项目质量的稳定性。首先，监理工程师应当严格检查工序质量。每道工序的施工方法都要经过审查，施工结束后由监理工程师检验。质量合格，则由监理工程师签字认可；质量不合格，则要返工，直至复检合格。不经签字认可，承包单位不得进行下一道工序。监理工程师对于关键工序必须进行现场监督，并进行中间检查和技术复核。其次，对于隐蔽工程，没有得到监理工程师的审查批准，不得覆盖或掩埋，以防止质量缺陷。最后，监理工程师要协同承包单位研讨处理与质量有关的工程技术问题，处理质量事故，分析研究各种试验数据。

3）验收阶段的质量控制。对于工程已完工部分的工程质量，监理工程师负责检查验收，检查验收合格后，签发付款凭证。对于已检验或已部分付款的工程，如果监理工程师认为由于材料或操作工艺质量原因而不符合合同规定，则仍可命令承包单位将其拆除，重新施工。工程竣工后，监理工程师对工程进行初步验收，并在维修期内继续负责检查工程质量状况，鉴定和明确质量责任，督促责任单位进行修理。

（3）投资控制　投资控制虽然贯穿于工程项目建设的全过程，但在工程建设的不同阶段，投资控制的重要性却大不相同，越是在工程建设的前期阶段，投资控制越重要。因此，投资控制的重点在于前期决策和设计阶段。

1）决策阶段的投资控制。工程建设项目的可行性研究与项目评估的任务虽然涉及市场、工艺技术和经济等多方面因素，但投资控制是最主要的。这个阶段要在完成市场需求预测、厂址选择、工艺技术方案选择等的基础上，运用定量分析与定性分析相结合、动态分析与静态分析相结合的方法，对拟建项目的各种经济因素进行调查、研究、预测、计算和论证，并对整个工程建设的总投资进行估算，作为项目实施阶段投资控制的基础。

2）实施阶段的投资控制。实施阶段的投资控制包括设计阶段和施工阶段。

① 设计阶段是实施投资控制的关键阶段，项目建设具体投资多少是在这个阶段决定的，虽然设计阶段的时间要比施工阶段短得多，但设计阶段对整体工程的投资量具有决定性作用。

监理工程师的任务是对设计方案进行审核，控制设计标准和主要设计参数不超过实际需要，及时对方案的不合理之处提出修改意见；在现场勘察时，注意结合工程特点对设计方案某些方面进行优化，力争用最低的费用达到同样的质量要求和功能要求，并向设计单位提出修改意见。

② 施工阶段是投资大量支出的阶段，也是投资目标风险因素最多的阶段，原材料涨价、汇率变化、通货膨胀、气候因素、组织协调困难等因素都会对投资控制产生影响。监理工程师必须充分重视对此类风险因素进行分析，并在施工过程中不断检查各项费用的实际支出情况，与预定的目标进行比较，采取措施纠正偏差或控制偏离局势。这一阶段的投资控制要抓好三个环节：首先，监理工程师要注意计量工程价款的支付。承包单位每完成一个项目或项目某个部位的工程，监理工程师就进行质量验收，然后确认中间计量。对于不符合质量要求的工程，监理工程师有充分的否定权，不予计量，从而达到控制价款支付的目的。对于合格的工程，承包单位根据监理工程师确认的中间计量单，每月提出付款申请，经核实后由监理工程师向业主提出中期付款证书，业主审核后，在规定时间内付款给承包单位。其次，监理工程师要在调查、分析的基础上对设计变更予以确认，并暂定变更价格。设计变更可能由多种原因导致，或由于国家建设规模的压缩，或由于业主提出新的设计要求，又或由于设计单位之前的失误，也可能是施工需要、材料问题以及不可抗力引起的。设计变更对造价影响很大，所以监理工程师必须对其予以控制。最后，监理工程师应当熟悉合同中允许索赔的项目，尽量减少可能引发索赔的因素，降低索赔支出额度，从而达到控制投资的目的。

2. “两管理”

“两管理”是指对工程建设承发包合同的管理和工程建设过程中有关信息的管理。

（1）承发包合同管理　承发包合同管理是建设工程监理的主要工作内容，是实现三大目标控制的手段。其表现形式就是定期和不定期地核查承发包合同的实施情况，纠正实施中出现的偏差，提出新一阶段执行承发包合同的预控性意见。合同管理是对项目建设进行进度、质量和投资控制的有力手段。合同管理着重在以下几个方面进行：

1）合同的签订。招标文件中应有内容比较完备的合同文本，现场置疑、答疑时，双方的承诺应有详细的记录。因此，在签订工程承包合同时，监理工程师要监督承发包单位双方，以合同为根据，平等协商，明确双方的权利义务关系，尽量避免因合同条款的模糊不清而在日后发生纠纷。

2）合同的履行。监理工程师监督业主、承包单位严格按合同条款履行合同义务，当由于各种原因导致合同纠纷，引起索赔或者工期发生延误时，监理工程师首先要就索赔方申诉的理由进行调查，落实证据并签署意见，然后由监理工程师代表或总监理工程师依据合同条款及技术规范等文件做出公正的结论和处理意见，审定延长的工期和索赔的数额，报业主审批后执行。监理工程师为减少纠纷的产生，在合同履行过程中应当经常沟通协调业主与承包单位之间的关系，及时解决争议，避免不必要的索赔和工期的延长。

3）合同条款的变更与完善。由于建设项目周期长，合同履行过程中很可能发生合同签订时难以预料的情况，促使承包单位与发包单位双方必须对合同加以变更或完善。为保证合同条款的公平合理，维护签约双方的合法权益，监理工程师必须依据各种情况的变化及时提出意见，取得有关各方的谅解，对合同条款进行变更或准备合同补充文件。但监理工程师对合同进行修改或补充必须征得业主的同意。

（2）信息管理　信息管理是指信息的收集、整理、存储、传递和应用等一系列工作的总称。信息管理包括以下四项内容：①制定采集信息的制度和方法；②建立信息编码系统；③明确信息流程；④信息的处理和应用。信息无时不有，无处不有，庞杂的信息管理必须依靠计算机才能较好地完成。信息管理的突出特点是“快”和“准”。

3. “一协调”

“一协调”是指协调参与一项工程建设的各方的工作关系。这项工作一般通过定期和不定期召开会议的形式来完成，或者通过分别沟通情况的方式，达到统一意见、协调一致的目的。

【案例6-1】

1. 背景

某监理公司是本市实力最雄厚的监理企业，承揽并完成了很多大中型工程项目的监理任务，积累了丰富的经验，建立了一定的业务关系。某业主投资建设一栋28层的综合办公大楼，由于本市仅有一家监理公司具备本项目的施工监理资质，且该监理公司曾承揽过类似工程的监理任务，所以业主就指定该监理公司实施委托监理工作并签订了书面合同。

合同的有关条款约定，由监理人员负责工程建设的所有外部关系的协调（因监理公司已建立了一定的业务关系），业主不派工地常驻代表，全权委托总监理工程师处理一切事务。在监理过程中，监理员告诉承包人有关设计方面申明的秘密，其目的是为了更好地施工；在施工过程中业主和承包人发生争议，总监理工程师以业主的身份，与承包人进行协商。

2. 问题

指出背景材料中的不妥之处，并说明理由。

3. 分析

背景材料中的不妥之处有：

1）指定监理公司不妥。监理公司应以招标方式进行确定。

2）监理人负责外部关系协调不妥。外部关系协调应该是委托人负责。

3）业主不派工地常驻代表不妥。业主应该派工地常驻代表。

4）监理员告诉承包人有关设计方面的秘密不妥。监理人不得泄露设计单位申明的秘密。

5）总监理工程师以业主的身份参与调解不妥。总监理工程师应以独立的身份进行调解。

6.2.2 建设工程监理的原则

1. 资质许可原则

《建筑法》第31条规定："实行监理的建筑工程，由建设单位委托具有相应资质条件的工程监理单位监理。"第34条规定："工程监理单位应当在其资质等级许可的监理范围内，承担工程监理业务。"这是政府对从事工程监理的单位资质许可的强制性规定，也是从事监理活动的首要原则。

2. 客观、公正原则

《建筑法》第34条规定："工程监理单位应当根据建设单位的委托，客观、公正地执行监理任务。"所谓客观，是指工程监理单位及其监理人员在执行监理任务中，应以事实为根据，并运用科学的方法，在充分掌握监理对象及其外部环境实际情况的基础上，适时、妥善、高效地处理有关问题，用事实说话，不能主观臆断。所谓公正，是指工程监理单位及其监理人员在对工程实施质量、投资和进度控制时，应当以独立、公正第三方的立场，做到公正廉洁，严格把关，不放过任何影响工程质量的问题，清退不合格的材料、提出合理化建议、纠正不合理设计、严格审查预决算，达到节省投资、保证工程质量的目的；同时，在处理建设单位与承包单位之间的纠纷时，做到不偏不倚，公平对待。客观和公正是工程监理单位和监理人员应当遵循的最基本的执业准则，也是监理活动的基本要素。

3. 总监理工程师全权负责原则

总监理工程师是监理单位履行监理合同的全权负责人。他根据监理合同赋予的权限，全权负责监理事务，并领导项目监理组开展工作。监理工程师具体履行监理职责，对总监理工程师负责。

4. 监理单位独立完成任务原则

《建筑法》第34条规定："工程监理单位不得转让工程监理业务。"建设单位将监理业务委托给工程监理单位，是建设单位对该监理单位的信誉和监理能力的信任，监理单位接受委托后，应当自行完成工程监理业务，不允许将监理业务转让给其他工程监理单位。如果由于各种原因，监理单位确实无法完成该工程监理任务，则应依法解除合同，由建设单位将该工程的监理业务委托给其他具有相应资质条件的监理单位。

6.2.3 建设工程监理的程序

根据《工程建设监理规定》的相关规定，监理程序可分为商签监理合同、实施监理前的准备、实施监理和监理工作总结四个阶段。

1. 商签监理合同

根据《建筑法》第31条的规定："实行监理的建筑工程，由建设单位委托具有相应资质条件的工程监理单位监理。建设单位与其委托的工程监理单位应当订立书面委托监理合同。”建设单位指名委托或通过招标方式择优选择监理单位后，双方开始商签监理合同。监理合同的主要内容包括监理工程对象、双方的权利和义务、监理酬金、争议的解决方式以及监理开始的时间和约定的其他事项。

2. 实施监理前的准备

监理单位接受委托后，应当根据建设单位委托的监理任务，立即着手准备工作，具体内容包括：

1）向监理工程所在地的县级以上人民政府住房城乡建设主管部门备案，并接受其监督管理。

2）监理单位委派总监理工程师，并由总监理工程师组建项目监理组，同时将项目监理组名单报送建设单位。

3）项目监理组将其授予监理工程师的权限，书面通知工程承包单位。通知的内容包括：①工程监理单位的名称、地址、法定代表人等；②总监理工程师及监理组的情况；③监理的内容；④监理权限。

4）监理组收集有关该工程项目的资料，具体包括：①反映工程项目特征的有关资料，包括工程项目的批文、规划部门关于规划红线范围和设计条件的通知、土地管理部门关于准予用地的批文、批准的工程项目可行性研究报告或设计任务书、工程项目地形、工程项目勘察设计图及有关说明等；②反映当地工程建设政策、法规的有关资料，包括工程建设报建程序、应缴纳的有关税费、资质管理、监理、招标投标、造价管理等方面的规定；③反映工程项目所在地区技术经济状况等建设条件的有关资料，包括气象资料，工程地质及水文地质资料，与交通运输有关的资料，与供水、供电、供热、供气、电信等有关的资料，勘察设计单位状况，土建、安装施工单位状况，建筑材料及构配件、半成品的生产供应情况，进口设备及材料的有关到货口岸、运输方式情况等；④类似工程项目建设情况的有关资料，包括类似工程项目投资方面的有关资料、类似工程项目建设工期方面的有关资料、类似工程项目的其他技术经济指标等。

5）总监理工程师主持编制该工程项目的监理规划及相应的实施性计划或细则。

3. 实施监理

为了加强对工程项目监理工作的管理，监理工作需有序进行，监理程序要规范化和标准化，以保证工程监理的工作质量，提高监理工作水平。

建设工程监理的一般程序是：①编制工程建设监理规划；②按工程建设进度，分专业编制工程建设监理细则；③按照工程建设监理细则进行监理；④参与工程竣工预验收，签署监理意见；⑤监理业务完成后，向项目法人（业主）提交工程建设监理档案资料。

根据《工程建设监理规定》，工程项目建设监理实行总监理工程师负责制，全面负责受委托的监理工作。总监理工程师可根据工程需要设立总监理工程师代表；并可根据监理合同规定的服务内容、工程复杂程度和进度情况，配置适量的专业监理工程师和其他监理人员，组成项目监理机构（即项目监理组），驻地监理人员一般不得少于3人，且应满足施工各专业的需要。

在监理过程中，项目监理组以总监理工程师的名义定期向建设单位报告工程建设情况（包括工程监理有关情况，一般为月报，重大问题可编专报）；监理人员要填写监理日记，参加隐蔽工程验收、处理设计变更直至全面完成监理合同中的各项要求。未经建设单位授权，监理单位不得擅自变更建设单位和承建单位签订的合同。由于不可预见的因素或不可抗力确需变更承包合同时，监理单位可以协助双方协商变更承包合同的有关条款。承建单位应按监理单位的要求，提供完整的原始记录、检测记录等技术、经济资料，为其开展工作提供方便。

建设单位与承建单位在履行承包合同过程中发生争议的，应当提交监理单位进行调解。监理单位应在接到调解要求后30日内将调解意见书面通知双方。对监理单位的调解意见有异议的，可以自接到调解书面意见之日起15日内，报监理工程所在地县级以上人民政府住房城乡建设主管部门调解，经调解仍有不同意见的，可以申请当地仲裁机构仲裁。

4. 监理工作总结

建设监理业务完成后，应提交工程建设监理档案资料，做好工作总结。工作总结包括向建设单位提交的工作总结和向监理单位提交的工作总结。

（1）向建设单位提交的工作总结　其内容包括：①监理合同履行情况概述；②监理任务或监理目标完成情况的评价；③由建设单位提供的供监理活动使用的办公用房、车辆等清单；④表明监理工作终结的说明等。

（2）向监理单位提交的工作总结　其内容包括监理工作的经验和监理工作中存在的问题及改进的建议。监理工作的经验可以是采用某种监理技术、方法的经验，也可以是采用某种经济措施、组织措施的经验；可以是签订委托合同方面的经验；也可以是如何处理好与建设单位、承包单位关系的经验等。

6.3　建设工程监理合同

建设工程监理合同简称监理合同，是指建设单位委托监理单位为其对建设工程项目进行监督管理而明确双方权利义务关系的协议。建设单位（业主）称为委托人，监理单位称为受托人或监理人，双方是平等的委托与被委托关系。《合同法》第276条规定："建设工程实行监理的，发包人应当与监理人采用书面形式订立委托监理合同。"

6.3.1　《建设工程监理合同（示范文本）》

为了规范建设工程监理活动，维护建设工程监理合同当事人的合法权益，住房和城乡建设部、国家工商行政管理总局于2012年3月27日颁布了《建设工程监理合同（示范文本）》（GF—2012—0202）。推行《建设工程监理合同（示范文本）》，有利于提高合同签订的质量，有利于减少双方签订合同时的工作量，也有利于保护合同当事人的合法权益。《建设工程监理合同（示范文本）》由协议书、通用条件、专用条件三部分组成。

1. 协议书

协议书是一个总的协议，是纲领性的法律文件。其中明确了当事人双方确定的委托监理工程的概况（工程名称、地点、规模、总投资）；委托人向监理人支付报酬的期限和方式；合同签订、生效、完成的时间；双方愿意履行约定的各项义务的表示。

协议书是一份标准的格式文件，经当事人双方在有限的空格内填写具体规定的内容并签字盖章后，即发生法律效力。

2. 通用条件

通用条件适用于工程建设监理委托，是监理合同的主要部分。其内容包括：①合同中所用词语的定义与合同的解释；②监理人的义务；③委托人的义务；④违约责任；⑤支付；⑥合同生效、变更、暂停、解除与终止；⑦争议解决以及其他一些情况。

3. 专用条件

由于通用条件适用于所有的工程建设监理委托，因此其中的某些条款规定得比较笼统，需要在签订具体工程项目的监理合同时，就地域特点、专业特点和委托监理项目的特点，对通用条件中的某些条款进行补充、修正。专用条件是与通用条件相对应的，专用条件不能单独使用，必须与通用条件结合在一起才能使用。

6.3.2 建设工程监理合同当事人的权利、义务和责任

1. 当事人的权利

（1）监理人的权利　监理人在委托人委托的工程范围内，享有以下权利：①选择工程总承包人的建议权。②选择工程分包人的认可权。③对工程建设有关事项，包括工程规模、设计标准、规划设计、生产工艺设计和使用功能要求，向委托人提出建议权。④对工程设计中的技术问题，按照安全和优化的原则，向设计人提出建议；如果拟提出的建议可能会提高工程造价，或延长工期，则应当事先征得委托人的同意。当发现工程设计不符合国家颁布的建设工程质量标准或设计合同约定的质量标准时，监理人应当书面报告委托人并要求设计人更正。⑤审批工程施工组织设计和技术方案，按照保质量、保工期和降低成本的原则，向承包人提出建议，并向委托人提出书面报告。⑥主持工程建设有关协作单位的组织协调，重要协调事项应当事先向委托人报告。⑦征得委托人同意，监理人有权发布开工令、停工令、复工令，但应当事先向委托人报告；如在紧急情况下未能事先报告，则应在24小时内向委托人做出书面报告。⑧工程上使用的材料和施工质量的检验权。对于不符合设计要求和合同约定及国家质量标准的材料、构配件、设备，有权通知承包人停止使用；对于不符合规范和质量标准的工序、分部分项工程和不安全施工作业，有权通知承包人停工整改、返工。承包人得到监理机构复工令后才能复工。⑨工程施工进度的检查、监督权，以及工程实际竣工日期提前或超过工程施工合同规定的竣工期限的签认权。⑩在工程施工合同约定的工程价格范围内，工程款支付的审核和签认权，以及工程结算的复核确认权与否决权。未经总监理工程师签字确认，委托人不支付工程款。

监理人在委托人授权下，可对任何合同规定的承包人义务提出变更。如果由此严重影响了工程费用、质量或进度，则这种变更须经委托人事先批准。因在紧急情况下未能事先报委托人批准的，监理人所做的变更也应尽快通知委托人。在监理过程中如发现工程承包人员工作不力，则监理机构可要求承包人调换有关人员。

（2）委托人的权利　委托人的权利有：①委托人有选定工程总承包人，以及与其订立合同的权利；②委托人有对工程规模、设计标准、规划设计、生产工艺设计和设计使用功能要求的认定权，以及对工程设计变更的审批权；③监理人调换总监理工程师须事先经委托人同意；④委托人有权要求监理人提交监理工作月报及监理业务范围内的专项报告；⑤当委托人发现监理人员不按监理合同履行监理职责，或与承包人串通给委托人或工程造成损失的，委托人有权要求监理人更换监理人员，直到终止合同并要求监理人承担相应的赔偿责任或连

带赔偿责任。

2. 当事人的义务

（1）监理人的义务　监理人应履行下列义务：①监理人按合同约定派出监理工作需要的监理机构及监理人员，向委托人报告委派的总监理工程师及其监理机构主要成员名单、监理规划，完成监理合同专用条件中约定的监理工程范围内的监理业务。在履行合同义务期间，应按合同约定定期向委托人报告监理工作。②监理人在履行监理合同的义务期间，应认真、勤奋地工作，为委托人提供与其水平相适应的咨询意见，公正地维护各方面的合法权益。③监理人使用的委托人提供的设施和物品属委托人的财产，在监理工作完成或终止时应将其设施和剩余的物品按合同约定的时间和方式移交给委托人。④在合同期内或合同终止后，未征得有关方同意，不得泄露与本工程、本合同业务有关的保密资料。

（2）委托人的义务　委托人应履行下列义务：①在监理人开展监理业务之前应向监理人支付预付款。②负责工程建设的所有外部关系的协调，为监理工作提供外部条件；根据需要，如将部分或全部协调工作委托监理人承担，则应在专用条件中明确委托的工作和相应的报酬。③在双方约定的时间内免费向监理人提供与工程有关的监理工作所需要的工程资料。④在专用条件约定的时间内就监理人书面提交并要求做出决定的一切事宜做出书面决定。⑤授权一名熟悉工程情况且能在规定时间内做出决定的常驻代表（在专用条件中约定）负责与监理人联系；更换常驻代表，要提前通知监理人。⑥将授予监理人的监理权利，以及监理人主要成员的职能分工、监理权限及时书面通知选定的承包人，并在与第三人签订的合同中予以明确。⑦在不影响监理人开展监理工作的时间内提供与本工程合作的原材料、构配件、机械设备等生产厂家名录，以及与本工程有关协作单位、配合单位的名录等资料。⑧免费向监理人提供办公用房、通信设施、监理人员工地住房及专用条件约定的设施，对监理人自备的设施给予合理的经济补偿。⑨根据情况需要，如果双方约定由委托人免费向监理人提供其他人员，则应在监理合同专用条件中予以明确。

3. 当事人的责任

（1）监理人的责任　监理人应负的责任有：①监理人的责任期即监理合同有效期。在监理过程中，如果因工程建设进度的推迟或延误而超过书面约定的日期，则双方应进一步约定相应延长的合同期。②监理人在责任期内，应当履行约定的义务。如果因监理人的过失而给委托人造成经济损失，则应当向委托人赔偿。累计赔偿金额（除前文中委托人的权利⑤的规定外）不应超过监理报酬总额（除去税金）。③监理人对承包人违反合同规定的质量要求、完工（交图、交货）时限，不承担责任。因不可抗力导致监理合同不能全部或部分履行的，监理人不承担责任。但对违反合同约定义务引起的与之有关的事宜，向委托人承担赔偿责任。④监理人向委托人提出的赔偿要求不能成立时，监理人应当赔偿由于该索赔所导致的委托人的各种费用支出。⑤在委托的工程范围内，委托人或承包人对对方的任何意见和要求（包括索赔要求），均须先向监理机构提出，由监理机构研究处置意见，再同双方协商确定。当委托人和承包人发生争议时，监理机构应根据自己的职能，以独立的身份判断，公正地进行调解。当双方的争议需由政府住房城乡建设主管部门调解或由仲裁机关仲裁时，应当提供做证的事实材料。

（2）委托人的责任　委托人应负的责任有：①委托人应当履行监理合同约定的义务，如有违反则应承担违约责任，赔偿给监理人造成的经济损失。②监理人处理委托义务时，因非监理人原因的事由受到损失的，可以向委托人要求补偿损失。③如果委托人向监理人提出的补偿要求不能成立，则应当补偿由该索赔所引起的监理人的各种费用支出。

本章小结

本章对建设工程监理的相关法规进行了详细的阐述，主要包括建设工程监理概述，建设工程监理的任务、原则和程序，以及建设工程监理合同。

在建设工程监理概述中，要了解监理的特性，掌握监理的依据和建设工程强制监理的范围。

在建设工程监理的任务、原则和程序中，要掌握监理任务的“三控制、两管理、一协调”的具体内容，了解监理的原则，熟悉监理的程序。

在建设工程监理合同中，要掌握监理合同的组成，了解合同双方当事人的权利、义务和责任。

习　题

一、单项选择题

1. 建设工程监理的基本目的是（　　）。

A. 控制工程项目目标　　B. 对工程项目进行规划、控制、协调

C. 做好信息管理、合同管理　　D. 协助业主在计划目标内建成工程项目

2.《建筑法》规定，实行监理的建筑工程，由建设单位委托（　　）的工程监理单位监理。

A. 具有相应资质条件　　B. 信誉卓著

C. 具有法人资格　　D. 专业化、社会化

3. 根据我国工程建设监理程序的规定，项目监理组开展监理工作的第一步是（　　）。

A. 制定监理大纲　　B. 制定监理规划

C. 确定项目总监理工程师　　D. 签订监理合同

4. 监理人在责任期内，如果因过失而造成经济损失，则要负（　　）。

A. 连带责任　　B. 全部责任

C. 监理违约的责任　　D. 监理失职的责任

5. 监理工程师在履行合同义务时工作失误，给施工单位造成损失，施工单位应当要求（　　）单位赔偿损失。

A. 建设　　B. 监理人

C. 监理工程师　　D. 建设和监理

6. 在委托监理的工程范围内，委托人与承包人的任何意见和要求，均须先向（　　）提出。

A. 业主代表　　B. 监理人

C. 总监理工程师　　D. 工程师

7. 在建设工程项目的整个建设过程中，（　　）作为责任主体，负责对工程建设各个环

节的综合管理工作。

A. 设计单位　　B. 监理单位
C. 建设单位　　D. 施工单位

8. 下列各项符合《建筑法》对建设工程监理规定的是（　　）。

A. 工程监理单位代表建设单位利益执行监理任务
B. 工程监理人员发现工程施工不符合工程建设强制性标准的，有权要求施工单位整改
C. 工程监理人员发现工程设计不符合工程建设强制性标准的，有权要求设计单位整改
D. 工程监理单位可以转让工程监理业务

9. 建设工程监理的内容不包括（　　）。

A. 对建设工程的投资、质量进行控制
B. 对建设工程的成本进行控制
C. 对建设工程进行合同管理、信息管理
D. 对建筑施工企业的组成人员进行管理

10. 监理工程师李某在对某工程施工的监理过程中，发现该工程设计存在瑕疵，则李某（　　）。

A. 应当要求施工单位修改设计
B. 应当报告建设单位要求施工单位修改设计
C. 应当报告建设单位要求设计单位修改设计
D. 应当要求设计单位修改设计

11. 工程监理企业（　　）工程监理业务。

A. 不得转让　　B. 可以转让
C. 可以转包　　D. 可以分包

二、多项选择题

1. 按照《建设工程监理范围和规模标准规定》的要求，达到一定规模的大中型公用事业工程必须强制监理，其中，“大中型公用事业工程”是指（　　）。

A. 项目总投资额在 1 500 万元以上的供水、供电等市政工程项目
B. 项目总投资额在 3 000 万元以上的卫生、社会福利等项目
C. 项目总投资额在 2 500 万元以上的体育、旅游、商业等项目
D. 项目总投资额在 2 000 万元以上的科技、教育、文化等项目
E. 项目总投资额在 3 000 万元以上的供气、供热等市政工程项目

2. 在监理合同中，监理人的义务包括（　　）。

A. 按合同约定派驻人员
B. 使用委托人的设施完成任务后应归还
C. 将监理机构主要成员的职能分工和权限通知第三方
D. 负责工程中的协调管理
E. 负责办理施工有关的行政审批手续

3. 监理单位的投标书由（　　）组成。

A. 技术标　　B. 监理规划　　C. 商务标
D. 监理细则　　E. 资质资格证书

4. 依据《建设工程质量管理条例》的规定，在实行监理的工程中，项目监理机构要对（　　）进行约束和协调，以使建设主体各尽其责。

A. 政府住房城乡建设主管部门　　B. 建设单位

C. 勘察单位　　D. 施工单位

E. 设计单位

5.《建筑法》规定，工程监理单位（　　）的，应当承担连带赔偿责任。

A. 与承包单位串通

B. 与建设单位串通，造成损失

C. 与施工单位串通，降低工程质量造成损失

D. 与建设单位串通，弄虚作假，降低工程质量造成损失

E. 转让监理业务

6. 工程监理人员认为工程施工不符合（　　）时，有权要求施工单位改正。

A. 监理企业的规定　　B. 建设单位的要求

C. 工程设计要求　　D. 施工技术标准

E. 承包合同的要求

7. 实施工程监理前，建设单位应当将委托的（　　）书面通知被监理的建筑施工企业。

A. 监理企业的责任　　B. 工程监理企业

C. 监理的内容　　D. 监理权限

E. 规划的内容

8. 工程监理企业不得（　　）。

A. 与被监理工程的承包单位有隶属关系

B. 以任何理由，要求建筑设计单位在工程设计中，降低工程质量

C. 与设备生产单位有隶属关系

D. 转让工程监理业务

E. 在开工前对承包单位的施工组织设计进行审定

9. 某工程为国家大型公用事业项目，下列关于该工程的工程监理的说法，正确的有（　　）。

A. 该工程必须实行监理

B. 建设单位可直接邀请具有相应资质的监理单位实行监理

C. 监理单位保证承担全部责任的，可由其他监理单位代为监理

D. 监理单位不得与设备供应单位有隶属关系

E. 监理单位应选派具有相应资格的监理工程师进驻现场

三、简答题

1. 什么是建设工程监理？建设工程监理的任务是什么？

2. 必须实行监理的建设工程的范围有哪些？

四、案例题

某工程项目，建设单位与施工总承包单位按《建设工程施工合同（示范文本）》签订了施工承包合同，并委托某监理公司承担施工阶段的监理任务。施工总承包单位将桩基工程分包给一家专业施工单位。

在钢筋混凝土施工过程中，监理人员发现：

1）按合同约定由建设单位负责采购的一批钢筋，虽然供货方提供了质量合格证，但在使用前的抽检试验中材料检验不合格。

2）在钢筋绑扎完毕后，施工总承包单位未通知监理人员检查就准备浇筑混凝土。

3）该部位施工完毕后，混凝土浇筑时留置的混凝土试块试验结果没有达到设计要求的强度。

竣工验收时：总承包单位完成了自查自评工作，填写了工程竣工报验单，并将全部竣工资料报送项目监理机构，申请竣工验收。总监理工程师认为施工过程中均按要求进行了验收，即签署了工程竣工报验单，并向建设单位提交了质量评估报告。建设单位收到监理单位提交的质量评估报告后，即将该工程正式投入使用。

问题：

1）对施工过程中出现的问题，监理人员应分别如何处理？

2）指出在工程竣工验收时，总监理工程师在执行验收程序方面的不妥之处，写出正确做法。

3）建设单位收到监理单位提交的质量评估报告，即将该工程正式投入使用的做法是否正确？请说明理由。

第7章

建设工程质量管理法规

案例导入

某市花园小区6号楼为5层砖混结构住宅楼，设计采用混凝土小型砌筑，墙体交汇和转角处加混凝土构造柱，施工过程中发现部分墙体出现裂缝，经处理后继续施工，竣工验收合格后，投入使用。业主入住后，装修时发现墙体空心。经核实，原来设计混凝土构造柱的地方只放置了少量钢筋，没有浇筑混凝土。最后经法定检测机构采用超声波检测法检测后，统计发现大约有75%的墙体中未按设计要求设置构造柱，只在第1层部分墙体中有构造柱，造成了重大的质量隐患。

请分析：

1）引起工程质量问题的原因有哪些？我国对工程质量的管理主要有哪些制度？

2）该砖混结构住宅楼工程质量验收的基本要求是什么？该工程有裂缝的墙体应如何验收？

3）该工程已交付使用，施工单位是否需要对此承担责任？为什么？

7.1 工程建设标准

建设工程作为一种特殊产品，是人们日常生活和生产、经营、工作等的主要场所，是人类赖以生存和发展的重要物质基础。建设工程一旦发生质量事故，特别是重大垮塌事故，将危及人民生命财产安全，甚至造成无可估量的损失。因此，“百年大计，质量第一”，必须进一步提高建设工程质量水平，确保建设工程的安全可靠。

7.1.1 工程建设标准概述

标准是指对重复性事物和概念所做的统一性规定。它以科学技术和实践经验的综合成果为基础，经有关方面协商一致，由主管机构批准，以特定形式发布，作为共同遵守的准则和依据。

工程建设标准通过行之有效的标准规范，特别是工程建设强制性标准，为建设工程实施安全防范措施、消除安全隐患提供统一的技术要求，以确保在现有的技术、管理条件下尽可能地保障建设工程质量安全，从而最大限度地保障建设工程的建造者、使用者和所有者的生命财产安全以及人身健康安全。

7.1.2 工程建设标准的分类

工程建设标准从不同的角度可以有以下不同的分类：

1. 按标准的内容分类

按标准的内容，工程建设标准可分为技术标准、经济标准和管理标准三类。

2. 按标准的级别分类

按标准的级别，工程建设标准可分为国家标准、行业标准、地方标准和企业标准四级。

1）工程建设国家标准是指在全国范围内统一的技术要求，如通用的质量标准，通用的术语、符号、代号、建筑模数等。

2）工程建设行业标准是指在工程建设活动中，在全国某个行业范围内统一的技术要求，如行业专用的质量标准，专用的术语、符号、代号，专用的实验、检验、评定方法等。

3）工程建设地方标准是指工程建设活动中，根据当地的气候、地质、资源、环境等条件，在省、自治区、直辖市范围内统一的技术要求。它不得低于相应的国家标准或行业标准。

4）工程建设企业标准是指工程建设活动中，企业内部统一的技术要求。下级标准只能是上级标准的补充，它不得低于上级标准。当不同级别的标准发生矛盾时，以上级标准为准。国家鼓励企业制定优于国家标准、行业标准和地方标准的企业标准。

3. 按适用阶段分类

按适用阶段，工程建设标准可分为设计标准和验收标准。

4. 按执行效力分类

按执行效力，工程建设标准可分为强制性标准和推荐性标准。

1）强制性标准是指必须执行的标准。在工程建设国家标准、行业标准中，属于强制性标准的有：①工程建设勘察、规划、设计、施工（包括安装）及验收等的综合性标准和重要的质量标准；②工程建设中的有关安全、卫生和环境保护标准；③工程建设重要的技术术语、符号、代号、量与单位、建筑模数和制图方法标准；④工程建设重要的试验、检验和评定方法标准；⑤国家或行业需要控制的其他工程建设标准，如工程建设勘察、规划、设计、施工及验收等通用的综合标准和质量标准等。

2）推荐性标准是指当事人自愿采用的标准，凡是强制性标准以外的标准皆为推荐性标准。

7.1.3 工程建设强制性标准的监督

1. 监督管理机构

《实施工程建设强制性标准监督规定》规定，国务院住房城乡建设主管部门负责全国实施工程建设强制性标准的监督管理工作。国务院有关行政主管部门按照国务院的职能分工负责实施工程建设强制性标准的监督管理工作。县级以上地方人民政府住房城乡建设主管部门负责本行政区域内实施工程建设强制性标准的监督管理工作。建设项目规划审查机关应当对工程建设规划阶段执行强制性标准的情况实施监督；施工图设计文件审查单位应当对工程建设勘察、设计阶段执行强制性标准的情况实施监督；建筑安全监督管理机构应当对工程建设施工阶段执行施工安全强制性标准的情况实施监督；工程质量监督机构应当对工程建设施工、监理、验收等阶段执行强制性标准的情况实施监督。建设项目规划审查机关、施工图设计文件审查单位、建筑安全监督管理机构、工程质量监督机构的技术人员必须熟悉、掌握工程建设强制性标准。

2. 监督检查的方式和内容

工程建设标准批准部门应当定期对建设项目规划审查机关、施工图设计文件审查单位、建筑安全监督管理机构、工程质量监督机构实施强制性标准的监督进行检查，对监督不力的单位和个人，给予通报批评，建议有关部门处理。工程建设标准批准部门应当对工程项目执行强制性标准情况进行监督检查。监督检查可以采取重点检查、抽查和专项检查的方式。

强制性标准监督检查的内容包括：

1）工程技术人员是否熟悉、掌握强制性标准。

2）工程项目的规划、勘察、设计、施工、验收等是否符合强制性标准的规定。

3）工程项目采用的材料、设备是否符合强制性标准的规定。

4）工程项目的安全、质量是否符合强制性标准的规定。

5）工程项目采用的导则、指南、手册、计算机软件的内容是否符合强制性标准的规定。

住房城乡建设主管部门或者有关行政主管部门在处理重大事故时，应当有工程建设标准方面的专家参加；工程事故报告应当包含是否符合工程建设强制性标准的意见。

7.2 建设工程质量责任制度

7.2.1 施工单位的质量责任和义务

施工单位是工程建设的重要责任主体之一。施工阶段是建设工程实物质量形成的阶段，勘察、设计工作成果均要在这一阶段得以实现。由于施工阶段影响质量稳定的因素和涉及的责任主体均较多，协调管理的难度较大，所以施工阶段的质量责任制度尤为重要。

1. 施工单位的质量责任

《建筑法》规定，建筑施工企业对工程的施工质量负责。《建设工程质量管理条例》进一步规定，施工单位对建设工程的施工质量负责。施工单位应当建立质量责任制，确定工程项目的项目经理、技术负责人和施工管理负责人。对施工质量负责是施工单位法定的质量责任。施工单位是建设工程质量的重要责任主体，但不是唯一的责任主体。建设工程质量受到多方面因素的制约，在勘察、设计质量没有问题的前提下，整个建设工程的质量状况，最终将取决于施工质量。因此，从法律上确立施工质量责任制，要求施工单位对建设工程的施工质量负责，也就是要对自己的施工行为负责，既可避免让施工单位承担过多的工程质量责任而开脱建设单位及其他主体的责任，又可避免让建设单位及其他主体承担过多的工程质量责任而忽略施工单位应承担的施工质量责任。建设工程各方主体依法各司其职、各负其责，以使建设工程质量责任真正落到实处。

2. 总承包单位与分包单位的质量责任

《建筑法》规定，建筑工程实行总承包的，工程质量由工程总承包单位负责，总承包单位将建筑工程分包给其他单位的，应当对分包工程的质量与分包单位承担连带责任。分包单位应当接受总承包单位的质量管理。

《建设工程质量管理条例》进一步规定，建设工程实行总承包的，总承包单位应当对全部建设工程质量负责；建设工程勘察、设计、施工、设备采购的一项或者多项实行总承包的，总承包单位应当对其承包的建设工程或者采购的设备的质量负责。总承包单位依法将建设工程分包给其他单位的，分包单位应当按照分包合同的约定对其分包工程的质量向总承包单位负责，总承包单位与分包单位对分包工程的质量承担连带责任。

同时，分包单位应当接受总承包单位的质量管理。总承包单位与分包单位对分包工程的质量还要依法承担连带责任。当分包工程发生质量问题时，建设单位或其他受害人既可以向分包单位请求赔偿，也可以向总承包单位请求赔偿；进行赔偿的一方有权依据分包合同的约定，对不属于自己责任的那部分赔偿向对方追偿。

3. 按照工程设计图和施工技术标准施工的规定

（1）按图施工，遵守标准　按工程设计图施工，是保证工程实现设计意图的前提，也是明确划分设计、施工单位质量责任的前提。如果施工单位不按图施工或不经原设计单位同意就擅自修改工程设计，则其直接后果往往是违反了原设计的意图，严重的将给工程结构安全留下隐患；间接后果是在原设计有缺陷或出现工程质量事故的情况下，由于施工单位擅自修改了设计，将会混淆设计、施工单位各自的质量责任。所以，按图施工、不擅自修改设计，是施工单位保证工程质量的最基本要求。

施工技术标准是工程建设过程中规范施工行为的技术依据。如前所述，工程建设国家标准、行业标准均分为强制性标准和推荐性标准。施工单位只有按照施工技术标准，特别是强制性标准的要求施工，才能保证工程的施工质量。偷工减料属于一种非法牟利的行为。如果在工程的一般部位，施工工序不严格按照标准要求，减少工料投入，简化操作程序，将会产生一般性的质量通病，影响工程外观质量或一般使用功能；而在关键部位，如结构中使用劣质钢筋、水泥等，将给工程留下严重的结构隐患。

施工单位不按照工程设计图和施工技术标准施工，属于违约行为，应该对建设单位承担违约责任。

（2）防止设计文件和施工图出现差错　工程项目的设计涉及多个专业，设计文件和施工图也有可能会出现差错。这些差错通常会在施工图会审或施工过程中被逐渐发现。施工人员特别是施工管理负责人、技术负责人以及项目经理等，均为有丰富实践经验的专业人员，对设计文件和施工图中存在的差错是有能力发现的。如果施工单位在施工过程中发现设计文件和施工图中确实存在差错，则有义务及时向设计单位提出，以免造成不必要的损失和质量问题。这是施工单位具备的职业道德，也是履行合同应尽的基本义务。

4. 对建筑材料、设备等进行检验检测的规定

《建筑法》规定，建筑施工企业必须按照工程设计要求、施工技术标准和合同的约定，对建筑材料、建筑构配件和设备进行检验，不合格的不得使用。

（1）建筑材料、建筑构配件、设备和商品混凝土的检验制度　施工单位对进入施工现场的建筑材料、建筑构配件、设备和商品混凝土实行检验制度，是施工单位质量保证体系的重要组成部分，也是保证施工质量的重要前提。施工单位应当严把两道关：一是谨慎选择生产供应厂商；二是实行进场二次检验。施工单位的检验要依据工程设计要求、施工技术标准和合同约定。检验对象是将在工程施工中使用的建筑材料、建筑构配件、设备和商品混凝土。合同若有其他约定的，检验工作还应满足合同相应条款的要求。检验结果要按规定的格式形成书面记录，并由相关的专业人员签字。这是为了促使检验工作严谨认真，以及未来有必要时有据可查，方便管理，明确责任。对于未经检验或检验不合格的，不得在施工中用于工程上。否则，将是一种违法行为，要追究擅自使用或批准使用人的责任。

（2）施工检测的见证取样和送检制度 《建设工程质量管理条例》规定，施工人员对涉及结构安全的试块、试件以及有关材料，应当在建设单位或者工程监理单位的监督下现场取样，并送具有相应资质等级的质量检测单位进行检测。

在施工过程中，为了控制工程总体或相应部位的施工质量，通常要依据有关的技术标准，用规定方法对用于工程的材料或构件抽取一定数量的样品进行检测检验，并根据其结果来判断所代表部位的质量。这是控制和判断施工质量水平所采取的重要技术措施。试件、试块及有关材料的真实性和代表性，是保证这一措施有效的前提条件。因此，施工检测应当实行见证取样和送检制度，并由具有相应资质等级的质量检测单位进行检测。

5. 施工质量检验和返修的规定

（1）施工质量检验制度 《建设工程质量管理条例》规定，施工单位必须建立、健全施工质量的检验制度，严格工序管理，做好隐蔽工程的质量检查和记录。隐蔽工程在隐蔽前，施工单位应当通知建设单位和建设工程质量监督机构。

施工质量检验，通常是指工程施工过程中的工序质量检验（或称过程检验），包括预检、自检、交接检、专职检、分部工程中间检验以及隐蔽工程检验等。

施工单位要加强对施工工序或过程的质量控制，特别是要加强影响结构安全的地基和结构等关键施工过程的质量控制。完善的检验制度和严格的工序管理是保证工序或过程质量的前提。只有工序或过程网络上的所有工序或过程的质量都受到严格控制，整个工程的质量才能得到保证。

施工单位要强化隐蔽工程质量检查。隐蔽工程是指在施工过程中某一道工序所完成的工程实物，被后一道工序形成的工程实物所隐蔽，而且不可以逆向作业的那部分工程。例如，钢筋混凝土工程施工中，钢筋为混凝土所覆盖，前者即为隐蔽工程。由于隐蔽工程被后续工序隐蔽后，其施工质量就很难检验及认定。如果不去认真做好隐蔽工程的质量检查工作，便容易给工程留下隐患。所以，隐蔽工程在隐蔽前，施工单位除了要做好检查、检验并做好记录外，还应当及时通知建设单位（实施监理的工程为监理单位）和建设工程质量监督机构，以接受政府监督和向建设单位提供质量保证。

（2）建设工程返修的规定 《建筑法》规定，对已发现的质量缺陷，建筑施工企业应当修复。《建设工程质量管理条例》进一步规定，施工单位对施工中出现质量问题的建设工程或者竣工验收不合格的建设工程，应当负责返修。《合同法》也做了相应规定，因施工人的原因致使建设工程质量不符合约定的，发包人有权要求工人在合理期限内无偿修理或者返工、改建。返修作为施工单位的法定义务，其返修包括施工过程中出现质量问题的建设工程和竣工验收不合格的建设工程两种情形。所谓返工，是指工程质量不符合规定的质量标准，而又无法修理的情况下重新进行施工；修理则是指工程质量不符合标准，而又有可能修复的情况下，对工程进行修补，使其达到质量标准的要求。不论是施工过程中出现质量问题的建设工程，还是竣工验收时发现质量问题的工程，施工单位都要负责返修。对于非施工单位原因造成的质量问题，施工单位也应当负责返修，但是因此而造成的损失及返修费用由责任方负责。

7.2.2 建设单位的质量责任与义务

建设单位作为建设工程的投资人，是建设工程的重要责任主体。建设单位有权选择承包单位，有权对建设过程进行检查、控制，对建设工程进行验收，并按时支付工程款和费用等，在整个建设活动中居于主导地位。因此，要确保建设工程的质量，就要先对建设单位的行为进行规范，对其质量责任予以明确。

1. 依法发包工程

《建设工程质量管理条例》规定，建设单位应当将工程发包给具有相应资质等级的单位。建设单位不得将建设工程肢解发包。建设单位应当依法对工程建设项目的勘察、设计、施工、监理以及与工程建设有关的重要设备、材料等的采购进行招标。工程建设活动不同于一般的经济活动，从业单位的素质高低直接影响着建设工程质量。企业资质等级反映了企业从事某项工程建设活动的资格和能力，是国家对建设市场准入管理的重要手段。将工程发包给具有相应资质等级的单位来承担，是保证建设工程质量的基本前提。因此，从事工程建设活动必须符合严格的资质条件。建设单位发包工程时，应该根据工程特点，以有利于工程的质量、进度、成本控制为原则，合理划分标段，但不得肢解发包工程。如果将应当由一个承包单位完成的工程肢解成若干部分，分别发包给不同的承包单位，将使整个工程建设在管理和技术上缺乏应有的统筹协调，从而造成施工现场秩序混乱，责任不清，严重影响建设工程质量，一旦出现问题也很难找到责任方。

建设单位还要依照《招标投标法》等有关规定，对必须实行招标的工程项目进行招标，择优选定工程勘察、设计、施工、监理单位以及采购重要设备、材料等。

2. 依法向有关单位提供原始资料

《建设工程质量管理条例》规定，建设单位必须向有关的勘察、设计、施工、工程监理等单位提供与建设工程有关的原始资料。原始资料必须真实、准确、齐全。原始资料是工程勘察、设计、施工、监理等单位赖以进行相关工程建设的基础性材料。建设单位作为建设活动的总负责方，向有关单位提供原始资料，并保证这些资料的真实、准确、齐全，是其基本责任和义务。

3. 限制不合理的干预行为

《建筑法》规定，建设单位不得以任何理由，要求建筑设计单位或者建筑施工单位在工程设计或者施工作业中，违反法律、行政法规和建筑工程质量、安全标准，降低工程质量。《建设工程质量管理条例》进一步规定，建设工程发包单位，不得迫使承包单位以低于成本的价格竞标，不得任意压缩合理工期。建设单位不得明示或者暗示设计单位或者施工单位违反工程建设强制性标准，降低建设工程质量。建设单位也不得任意压缩合理工期。因为，合理工期是指在正常建设条件下，采取科学合理的施工工艺和管理方法，以现行的工期定额为基础，结合工程项目建设的实际，经合理测算和平等协商而确定的使参与各方均获得满意的经济效益的工期。如果盲目要求赶工期，势必会简化工序，不按规程操作，从而导致建设工程出现质量等诸多问题。建设单位更不得以任何理由，如建设资金不足、工期紧等，违反强制性标准的规定，要求设计单位降低设计标准，或者要求施工单位采用建设单位采购的不合格材料、设备等。

【案例7-1】

1. 背景

某化工厂在同一厂区建设第二个大型厂房时，为了节省投资，决定不做勘察，便将4年前为第一个大型厂房做的勘察成果提供给设计院作为设计依据，让其设计新厂房。设计院不同意。但是，在该化工厂的一再坚持下最终设计院妥协，答应使用旧的勘察成果。厂房建成后使用1年多就发现其北墙墙体多处开裂。该化工厂一纸诉状将施工单位告上法庭，请求判定施工单位承担工程质量责任。

2. 问题

1）本案例中的质量责任应当由谁承担？

2）工程中设计单位是否有过错？违反了什么规定？

3. 分析

1）本案例中的墙体开裂，经检测系设计对地基处理不当引起厂房不均匀沉陷所致，《建筑法》第54条第1款规定："建设单位不得以任何理由，要求建筑设计单位或者建筑施工企业在工程设计或者施工作业中，违反法律、行政法规和建筑工程质量、安全标准，降低工程质量。"该化工厂为节省投资，坚持不做勘察，向设计单位提供了旧的勘察成果，违反了法律规定，对该工程的质量应该承担主要责任。

2）设计单位有过错。《建筑法》第54条第2款规定："建筑设计单位和建筑施工企业对建设单位违反前款规定提出的降低工程质量的要求，应当予以拒绝。"《建设工程质量管理条例》第21条规定："设计单位应当根据勘察成果文件进行建设工程设计。"因此，设计单位尽管刚开始不同意建设单位的做法，但后来没有坚持原则做了妥协，也应该对工程设计承担质量责任。

该工程的质量责任应由该化工厂承担主要责任，设计单位承担次要责任。

4. 依法报审施工图设计文件

《建设工程质量管理条例》规定，建设单位应当将施工图设计文件报县级以上人民政府住房城乡建设主管部门或者其他有关部门审查。施工图设计文件未经审查批准的，不得使用。

施工图设计文件是设计文件的重要内容，是编制施工图预算、安排材料、设备订货和非标准设备制作，进行施工、安装和工程验收等工作的依据。施工图设计文件一经完成，建设工程最终所要达到的质量，尤其是地基基础和结构的安全性就有了约束。因此，施工图设计文件的质量直接影响建设工程的质量。我国于1998年开始进行建筑工程项目施工图设计文件审查试点工作，在节约投资、发现设计质量隐患和避免违法违规行为等方面都有明显的成效。通过开展对施工图设计文件的审查，既可以对设计单位的成果进行质量控制，也可以纠正参与建设活动各方特别是建设单位的不规范行为。

5. 依法实行工程监理

《建设工程质量管理条例》规定："实行监理的建设工程，建设单位应当委托具有相应资质等级的工程监理单位进行监理，也可以委托具有工程监理相应资质等级并与被监理工程的施工承包单位没有隶属关系或者其他利害关系的该工程的设计单位进行监理。"

监理工作要求监理人员具有较高的技术水平和较丰富的工程经验，因此国家对开展工程监理工作的单位实行资质许可。工程监理单位的资质反映了该单位从事某项监理工作的资格和能力。为了保证监理工作的质量，建设单位必须将需要监理的工程委托给具有相应资质等级的工程监理单位进行监理。

6. 依法办理工程质量监督手续

《建设工程质量管理条例》规定，建设单位在领取施工许可证或者开工报告前，应当按照国家有关规定办理工程质量监督手续。

办理工程质量监督手续是法定程序，不办理质量监督手续的，不发施工许可证，工程不得开工。因此，建设单位在领取施工许可证或者开工报告之前，应当依法到住房城乡建设主管部门或交通运输、水利等有关管理部门，或其委托的工程质量监督机构办理工程质量监督手续，接受政府主管部门的工程质量监督。

建设单位办理工程质量监督手续，应提供以下文件和资料：①工程规划许可证；②设计单位资质等级证书；③监理单位资质等级证书、监理合同及工程项目监理登记表；④施工单位资质等级证书及营业执照副本；⑤工程勘察设计文件；⑥中标通知书及施工承包合同等。

7. 依法保证建筑材料等符合要求

《建设工程质量管理条例》规定，按照合同约定，由建设单位采购建筑材料、建筑构配件和设备的，建设单位应当保证建筑材料、建筑构配件和设备符合设计文件和合同要求。建设单位不得明示或者暗示施工单位使用不合格的建筑材料、建筑构配件和设备。

在工程实践中，根据工程项目设计文件和合同要求的质量标准，哪些材料和设备由建设单位采购，哪些材料和设备由施工单位采购，应该在合同中明确约定，并且是谁采购、谁负责。所以，由建设单位采购建筑材料、建筑构配件和设备的，建设单位必须保证建筑材料、建筑构配件和设备符合设计文件和合同要求。对于建设单位负责供应的材料设备，在使用前施工单位应当按照规定对其进行检验和试验，如果不合格，则不得在工程上使用，并应通知建设单位予以退换。有些建设单位为了赶进度或降低采购成本，常常以各种明示或暗示的方式，要求施工单位降低标准而在工程上使用不合格的建筑材料、建筑构配件和设备。此类行为不仅严重违法，而且危害极大。

8. 依法进行装修工程

随意拆改建筑主体结构和承重结构等，会危及建设工程安全和人民生命财产安全。因此，《建设工程质量管理条例》规定，涉及建筑主体和承重结构变动的装修工程，建设单位应当在施工前委托原设计单位或者具有相应资质等级的设计单位提出设计方案；没有设计方案的，不得施工。房屋建筑使用者在装修过程中，不得擅自变动房屋建筑主体和承重结构。

建筑设计方案是根据建筑物的功能要求，具体确定建筑标准、结构形式、建筑物的空间和平面布置以及建筑群体的安排。对于涉及建筑主体和承重结构变动的装修工程，设计单位会根据结构形式和特点，对结构受力进行分析，对构件的尺寸、位置、配筋等重新进行计算和设计。因此，建设单位应当委托该建筑工程的原设计单位或者具有相应资质条件的设计单位提出装修工程的设计方案。如果没有设计方案就擅自施工，则将留下质量隐患甚至造成质量事故，后果严重。房屋使用者在装修过程中，也不得擅自变动房屋建筑主体和承重结构，如拆除隔墙、改门洞等，都是不允许的。

9. 建设单位质量违法行为应承担的法律责任

《建筑法》规定：“建设单位违反本法规定，要求建筑设计单位或者建筑施工企业违反建筑工程质量、安全标准，降低工程质量的，责令改正，可以处以罚款；构成犯罪的，依法追究刑事责任。”《建设工程质量管理条例》规定，建设单位有下列行为之一的，责令改正，处20万元以上50万元以下的罚款：①迫使承包单位以低于成本的价格竞标的；②任意压缩合理工期的；③明示或者暗示设计单位或者施工单位违反工程建设强制性标准，降低工程质量的；④施工图设计文件未经审查或者审查不合格，擅自施工的；⑤建设项目必须实行工程监理而未实行工程监理的；⑥未按照国家规定办理工程质量监督手续的；⑦明示或者暗示施工单位使用不合格的建筑材料、建筑构配件和设备的；⑧未按照国家规定将竣工验收报告、有关认可文件或者准许使用文件报送备案的。

7.2.3 勘察、设计单位相关的质量责任和义务

《建筑法》规定，建筑工程的勘察、设计单位必须对其勘察、设计的质量负责。勘察、设计文件应当符合有关法律、行政法规的规定和建筑工程质量、安全标准，建筑工程勘察、设计技术规范以及合同的约定。

《建设工程质量管理条例》进一步规定，勘察、设计单位必须按照工程建设强制性标准进行勘察、设计，并对其勘察、设计的质量负责。注册建筑师、注册结构工程师等注册执业人员应当在设计文件上签字，对设计文件负责。

谁勘察、设计谁负责，谁施工谁负责，这是国际上通行的做法。勘察、设计单位和执业注册人员是勘察设计质量的责任主体，也是整个工程质量的责任主体之一。勘察、设计质量实行单位与执业注册人员双重责任，即勘察、设计单位对其勘察、设计的质量负责，注册建筑师、注册结构工程师等专业人士对其签字的设计文件负责。

1. 依法承揽工程的勘察、设计业务

《建设工程质量管理条例》规定，从事建设工程勘察、设计的单位应当依法取得相应等级的资质证书，并在其资质等级许可的范围内承揽工程。禁止勘察、设计单位超越其资质等级许可的范围或者以其他勘察、设计单位的名义承揽工程。禁止勘察、设计单位允许其他单位或者个人以本单位的名义承揽工程。勘察、设计单位不得转包或者违法分包所承揽的工程。

2. 勘察、设计必须执行强制性标准

《建设工程质量管理条例》规定，勘察、设计单位必须按照工程建设强制性标准进行勘察、设计，并对其勘察、设计的质量负责。强制性标准是工程建设技术和经验的积累，是勘察、设计工作的技术依据。只有满足工程建设强制性标准才能保证质量，才能满足工程对安全、卫生、环保等多方面的质量要求，因而勘察、设计单位必须严格执行。

3. 勘察单位提供的勘察成果必须真实、准确

《建设工程质量管理条例》规定，勘察单位提供的地质、测量、水文等勘察成果必须真实、准确。

工程勘察工作是建设工作的基础工作，工程勘察成果文件是设计和施工的基础资料和重要依据。其真实、准确与否直接影响到设计、施工质量，因而工程勘察成果必须真实准确、安全可靠。

4. 设计依据和设计深度

《建设工程质量管理条例》规定，设计单位应当根据勘察成果文件进行建设工程设计。设计文件应当符合国家规定的设计深度要求，注明工程合理使用年限。

勘察成果文件是设计的基础资料，是设计的依据。因此，先勘察、后设计是工程建设的基本做法，也是基本建设程序的要求。我国对各类设计文件的编制深度都有规定，在实践中应当贯彻执行。工程合理使用年限是指从工程竣工验收合格之日起，工程的地基基础、主体结构能保证在正常情况下安全使用的年限。它与《建筑法》中的“建筑物的合理使用寿命”和《合同法》中的“合理使用期限”等在概念上是一致的。

5. 依法规范设计对建筑材料等的选用

《建筑法》《建设工程质量管理条例》都规定，设计单位在设计文件中选用的建筑材料、建筑构配件和设备，应当注明规格、型号、性能等技术指标，其质量要求必须符合国家规定的标准。除有特殊要求的建筑材料、专用设备、工艺生产线等外，设计单位不得指定生产厂、供应商。为了使建设工程的施工能准确满足设计意图，设计文件中必须注明所选用的建筑材料、建筑构配件和设备的规格、型号、性能等技术指标。这也是设计文件编制深度的要求。但是，在通用产品能保证工程质量的前提下，设计单位不可故意选用特殊要求的产品，也不能滥用权力限制建设单位或施工单位在材料等采购上的自主权。

6. 依法对设计文件进行技术交底

《建设工程质量管理条例》规定，设计单位应当就审查合格的施工图设计文件向施工单位做出详细说明。设计文件的技术交底，通常的做法是设计文件完成后，通过建设单位发给施工单位，再由设计单位将设计的意图、特殊的工艺要求，以及建筑、结构、设备等各专业在施工中的难点、疑点和容易发生的问题等向施工单位做详细说明，并负责解释施工单位对设计图的疑问。

7. 依法参与建设工程质量事故分析

《建设工程质量管理条例》规定，设计单位应当参与建设工程质量事故分析，并对因设计造成的质量事故，提出相应的技术处理方案。工程质量的好坏，在一定程度上就是工程建设是否准确贯彻了设计意图。因此，一旦发生质量事故，该工程的设计单位最有可能在短时间内发现存在的问题，对事故的分析具有权威性。这对及时进行事故处理十分有利。对因设计造成的质量事故，原设计单位必须提出相应的技术处理方案，这是设计单位的法定义务。

8. 勘察、设计单位质量违法行为应承担的法律责任

《建设法》规定，建筑设计单位不按照建筑工程质量、安全标准进行设计的，责令改正，处以罚款；造成工程质量事故的，责令停业整顿，降低资质等级或者吊销资质证书，没收违法所得，并处罚款；造成损失的，承担赔偿责任；构成犯罪的，依法追究刑事责任。

《建设工程质量管理条例》规定，有下列行为之一的，责令改正，处 10 万元以上 30 万元以下的罚款：①勘察单位未按照工程建设强制性标准进行勘察的；②设计单位未根据勘察成果文件进行工程设计的；③设计单位指定建筑材料、建筑构配件的生产厂、供应商的；④设计单位未按照工程建设强制性标准进行设计的。有以上所列行为，造成工程质量事故的，责令停业整顿，降低资质等级；情节严重的，吊销资质证书；造成损失的，依法承担赔偿责任。

【案例 7-2】

1. 背景

某写字楼项目的整体结构属“筒中筒”，中间“筒”高 18 层，四周裙楼 3 层，地基设计是“满堂红”布桩，素混凝土排土灌桩。施工到 12 层时，地下筏板剪切破坏，地下水上冲。经鉴定发现，此地基土属于饱和土，地基中素混凝土排土桩被破坏。经调查得知：①该工程的地质勘察报告已经载明，此地基土属于饱和土；②在打桩过程中曾出现跳土现象。

2. 问题

本案例中设计单位有何过错？违反了什么规定？

3. 分析

本案例中涉及多方面的结构技术问题，较为复杂，地下筏板剪切破坏的可能原因并不唯一，需要进一步的结构计算分析才能够下结论。但是，有一点是很明确的，即设计单位对桩型选择失误。因为，该工程的地质勘察报告已经说明此地基土属于饱和土，那么饱和土的湿软特性决定了设计单位不应该选择采用排土灌桩。正是由于此失误，所以在打桩过程中出现了跳土现象。因此，设计单位没有根据勘察成果文件提供的信息进行设计，违反了《建设工程质量管理条例》第 21 条的规定：“设计单位应当根据勘察成果文件进行建设工程设计。”设计单位应该对该工程设计承担质量责任。

7.2.4 政府主管部门工程质量监督管理的相关规定

为了确保建设工程质量，保障公共安全和人民生命财产安全，政府必须加强对建设工程质量的监督管理。因此，《建设工程质量管理条例》规定，国家实行建设工程质量监督管理制度。

1. 我国的建设工程质量监督管理体制

《建设工程质量管理条例》规定，国务院住房城乡建设主管部门对全国的建设工程质量实施统一监督管理。国务院交通运输、水利等有关部门按照国务院规定的职责分工，负责对全国的有关专业建设工程质量的监督管理。

国务院发展改革部门按照国务院规定的职责，组织稽查特派员，对国家出资的重大建设项目实施监督检查，国务院经济贸易主管部门按照国务院规定的职责，对国家重大技术改造项目实施监督检查。

县级以上地方人民政府住房城乡建设主管部门对本行政区域内的建设工程质量实施监督管理。县级以上地方人民政府交通运输、水利等有关部门在各自的职责范围内，负责对本行政区域内的专业建设工程质量的监督管理。

建设工程质量监督管理，可以由住房城乡建设主管部门或者其他有关部门委托的建设工程质量监督机构具体实施。从事房屋建筑工程和市政基础设施工程质量监督的机构，必须按照国家有关规定经国务院住房城乡建设主管部门或者省、自治区、直辖市人民政府住房城乡建设主管部门考核；从事专业建设工程质量监督的机构，必须按照国家有关规定经国务院有关部门或者省、自治区、直辖市人民政府有关部门考核。经考核合格后，方可实施质量监督。在政府加强监督的同时，还要发挥社会监督的巨大作用，即任何单位和个人对建设工程的质量事故、质量缺陷都有权检举、控告、投诉。

2. 政府监督检查的内容和有权采取的措施

《建设工程质量管理条例》规定，国务院住房城乡建设主管部门和国务院交通运输、水利等有关部门以及县级以上地方人民政府住房城乡建设主管部门和其他有关部门，应当加强对有关建设工程质量的法律、法规和强制性标准执行情况的监督检查。县级以上人民政府住房城乡建设主管部门和其他有关部门履行监督检查职责时，有权采取下列措施：①要求被检查的单位提供有关工程质量的文件和资料；②进入被检查单位的施工现场进行检查；③发现有影响工程质量的问题时，责令改正。

有关单位和个人对县级以上人民政府住房城乡建设主管部门和其他有关部门进行的监督检查应当支持与配合，不得拒绝或者阻碍建设工程质量监督检查人员依法执行职务。

3. 禁止滥用权力的行为

《建设工程质量管理条例》规定，供水、供电、供气、公安消防等部门或者单位不得明示或者暗示建设单位、施工单位购买其指定的生产供应单位的建筑材料、建筑构配件和设备。

4. 建设工程质量事故报告制度

《建设工程质量管理条例》规定，建设工程发生质量事故，有关单位应当在24小时内向当地住房城乡建设主管部门和其他有关部门报告。对重大质量事故，事故发生地的住房城乡建设主管部门和其他有关部门应当按照事故类别和等级向当地人民政府和上级住房城乡建设主管部门和其他有关部门报告。特别重大质量事故的调查程序按照国务院有关规定办理。

5. 有关质量违法行为应承担的法律责任

《建设工程质量管理条例》规定，发生重大工程质量事故隐瞒不报、谎报或者拖延报告期限的，对直接负责的主管人员和其他责任人员依法给予行政处分。

供水、供电、供气、公安消防等部门或者单位明示或者暗示建设单位或者施工单位购买其指定的生产供应单位的建筑材料、建筑构配件和设备的，责令改正。

国家机关工作人员在建设工程质量监督管理工作中玩忽职守、滥用职权、徇私舞弊，构成犯罪的，依法追究刑事责任；尚不构成犯罪的，依法给予行政处分。

7.3 建设工程竣工验收制度

工程项目的竣工验收是施工全过程的最后一道工序，也是工程项目管理的最后一项工作。它是投资成果转入生产或使用的标志，也是全面考核投资效益、检验设计和施工质量的重要环节。

1. 建设工程竣工验收的主体

《建设工程质量管理条例》规定，建设单位收到建设工程竣工报告后，应当组织设计、施工、工程监理等有关单位进行竣工验收。对工程进行竣工检查和验收，是建设单位法定的权利和义务。在建设工程完工后，承包单位应当向建设单位提供完整的竣工资料和竣工验收报告，提请建设单位组织竣工验收。建设单位收到竣工验收报告后，应及时组织有设计、施工、工程监理等有关单位参加的竣工验收，检查整个工程项目是否已按照设计要求和合同约定全部建设完成，并符合竣工验收条件。

2. 竣工验收应当具备的法定条件

《建筑法》规定，交付竣工验收的建筑工程，必须符合规定的建筑工程质量标准；有完整的工程技术经济资料和经签署的工程保修书，并具备国家规定的其他竣工条件。建筑工程竣工验收合格后，方可交付使用；未经验收或验收不合格的，不得交付使用。

《建设工程质量管理条例》进一步规定，交付竣工验收的建筑工程，应当符合以下条件：

（1）完成建设工程设计和合同约定的各项内容　建设工程设计和合同约定的内容，主要是指设计文件所确定的、在承包合同“承包人承揽工程项目一览表”中载明的工作范围，还包括监理工程师签发的变更通知单中所确定的工作内容。承包单位必须按合同约定，按质、按量、按时完成上述工作内容，使工程具有正常的使用功能。

（2）有完整的技术档案和施工管理资料　工程技术档案和施工管理资料是工程竣工验收和质量保证的重要依据之一，主要包括以下档案和资料：①工程项目竣工报告；②分项、分部工程和单位工程技术人员名单；③施工图会审和设计交底记录；④设计变更通知单、技术变更核实单；⑤工程质量事故发生后调查和处理资料；⑥隐蔽验收记录及施工日志；⑦竣工图；⑧质量检验评定资料；⑨合同约定的其他资料。

（3）有材料、设备、构配件的质量合格证明资料和试验、检验报告　对建设工程使用的主要建筑材料、建筑构配件和设备的进场，除具有质量合格证明资料外，还应当有试验、检验报告。试验、检验报告中应当注明其规格、型号、用于工程的哪些部位、批量批次、性能等技术指标，其质量要求必须符合国家规定的标准。

（4）有勘察、设计、施工、工程监理等单位分别签署的质量合格文件　勘察、设计、施工、工程监理等有关单位依据工程设计文件及承包合同所要求的质量标准，对竣工工程进行检查和评定，符合规定的，签署合格文件。竣工验收所依据的国家强制性标准有土建工程、安装工程、人防工程、管道工程、桥梁工程、电气工程及铁路建筑安装工程验收标准等。

（5）有施工单位签署的工程质量保修书　工程质量保修是指建设工程在办理交工验收手续后，在规定的保修期限内，因勘察、设计、施工、材料等原因造成的质量缺陷，由施工单位负责维修，由责任方承担维修费用并赔偿损失。施工单位与建设单位应在竣工验收前签署工程质量保修书，保修书是施工合同的附合同。健全完善的工程保修制度，对于促进承包单位加强质量管理，保护用户及消费者的合法权益起着重要的保障作用。

7.4　竣工验收报告备案的规定

《建设工程质量管理条例》规定，建设单位应当自建设工程竣工验收合格之日起 15 日内，将建设工程竣工验收报告和规划、公安消防、环保等部门出具的认可文件或者准许使用文件报住房城乡建设主管部门或者其他有关部门备案。住房城乡建设主管部门或者其他有关部门发现建设单位在竣工验收过程中有违反国家有关建设工程质量管理规定行为的，责令停止使用，重新组织竣工验收。

7.4.1　竣工验收备案的时间及须提交的文件

2009 年 10 月经住房和城乡建设部修改后发布的《房屋建筑和市政基础设施工程竣工验收备案管理办法》规定："建设单位应当自工程竣工验收合格之日起 15 日内，依照本办法规定，向工程所在地的县级以上地方人民政府建设主管部门（以下简称备案机关）备案。"

建设单位办理工程竣工验收备案应当提交下列文件：①工程竣工验收备案表。②工程竣工验收报告。竣工验收报告应当包括工程报建日期，施工许可证号，施工图设计文件审查意见，勘察、设计、施工、工程监理等单位分别签署的质量合格文件及验收人员签署的竣工验收原始文件，市政基础设施的有关质量检测和功能性试验资料以及备案机关认为需要提供的有关资料。③法律、行政法规规定应当由规划、环保等部门出具的认可文件或者准许使用文件。④法律规定应当由公安消防部门出具的对大型的人员密集场所和其他特殊建设工程验收合格的证明文件。⑤施工单位签署的工程质量保修书。⑥法规、规章规定必须提供的其他文件。住宅工程还应当提交住宅质量保证书和住宅使用说明书。

7.4.2　竣工验收备案文件的签收和处理

《房屋建筑和市政基础设施工程竣工验收备案管理办法》规定，备案机关收到建设单位报送的竣工验收备案文件，验证文件齐全后，应当在工程竣工验收备案表上签署文件收讫。工程竣工验收备案表一式两份，1 份由建设单位保存，1 份留备案机关存档。工程质量监督机构应当在工程竣工验收之日起 5 日内，向备案机关提交工程质量监督报告。

备案机关发现建设单位在竣工验收过程中有违反国家有关建设工程质量管理规定行为的，应当在收讫竣工验收备案文件 15 日内，责令停止使用，重新组织竣工验收。

7.4.3　竣工验收备案违反规定的处罚

《房屋建筑和市政基础设施工程竣工验收备案管理办法》规定，建设单位在工程竣工验收合格之日起 15 日内未办理工程竣工验收备案的，备案机关责令限期改正，处 20 万元以上 50 万元以下罚款。

建设单位将备案机关决定重新组织竣工验收的工程，在重新组织竣工验收前，擅自使用的，备案机关责令停止使用，处工程合同价款 2% 以上 4% 以下罚款。

建设单位采用虚假证明文件办理工程竣工验收备案的，工程竣工验收无效，备案机关责令停止使用，重新组织竣工验收，处 20 万元以上 50 万元以下罚款；构成犯罪的，依法追究刑事责任。

备案机关决定重新组织竣工验收并责令停止使用的工程，建设单位在备案之前已投入使用或者建设单位擅自继续使用造成使用人损失的，由建设单位依法承担赔偿责任。

《城市地下管线工程档案管理办法》规定，因建设单位未移交地下管线工程档案，造成施工单位在施工中损坏地下管线的，建设单位依法承担相应的责任。

7.5　建设工程质量保修制度

《建筑法》《建设工程质量管理条例》均规定，建设工程实行质量保修制度。建设工程质量保修制度，是待建设工程竣工经验收后，在规定的保修期限内，因勘察、设计、施工、材料等原因造成的质量缺陷，应当由施工承包单位负责维修、返工或更换，由责任单位负责赔偿损失的法律制度。建设工程质量保修制度对于促进建设各方加强质量管理，保护用户及消费者的合法权益可起到重要的保障作用。

7.5.1 建设工程质量保修书

《建设工程质量管理条例》规定，建设工程承包单位在向建设单位提交工程竣工验收报告时，应当向建设单位出具质量保修书。质量保修书中应当明确建设工程的保修范围、保修期限和保修责任等。

1. 质量保修范围

《建筑法》规定，建筑工程的保修范围应当包括地基基础工程、主体结构工程、屋面防水工程和其他土建工程，以及电气管线、上下水管线的安装工程，供热、供冷系统工程等项目。

当然，不同类型的建设工程，其保修范围是有所不同的。

2. 质量保修期限

《建筑法》规定，保修的期限应当按照保证建筑物在合理寿命年限内正常使用，维护使用者合法权益的原则确定。

对具体的保修范围和最低保修期限，《建设工程质量管理条例》中做了明确规定。

3. 质量保修责任

施工单位在质量保修书中，应当向建设单位承诺保修范围、保修期限和有关具体实施保修的措施，如保修的方法、人员及联络办法，保修答复和处理时限，不履行保修责任的罚则等。

需要注意的是，施工单位在建设工程质量保修书中，应当对建设单位合理使用建设工程有所提示。如果是因建设单位或者用户使用不当或擅自改动结构、设备位置以及不当装修等造成质量问题的，施工单位不承担保修责任；由此而造成的质量受损或者其他用户损失，应当由责任人承担相应的责任。

7.5.2 建设工程质量的最低保修期限

《建设工程质量管理条例》规定，在正常使用条件下，建设工程的最低保修期限为：①基础设施工程、房屋建筑的地基基础工程和主体结构工程，为设计文件规定的该工程的合理使用年限；②屋面防水工程、有防水要求的卫生间、房间和外墙面的防渗漏，为 5 年；③供热与供冷系统，为 2 个采暖期、供冷期；④电气管线、给水排水管道、设备安装和装修工程，为 2 年。其他项目的保修期限由发包单位与承包单位约定。

1. 地基基础工程和主体结构的保修期

基础设施工程、房屋建筑的地基基础工程和主体结构工程的质量，直接关系到基础设施工程和房屋建筑的整体安全可靠，必须在该工程的合理使用年限内予以保修，即实行终身负责制。因此，工程合理使用年限就是该工程勘察、设计、施工等单位的质量责任年限。

2. 屋面防水工程、供热与供冷系统等的最低保修期

在《建设工程质量管理条例》中，对屋面防水工程、供热与供冷系统、电气管线、给水排水管道、设备安装和装修工程等的最低保修期限分别做出了规定。如果建设单位与施工单位经平等协商另行签订保修合同，则其保修期限可以高于法定的最低保修期限，但不能低于最低保修期限，否则视作无效。

建设工程保修期的起始日是竣工验收合格之日。《建设工程质量管理条例》规定，住房城乡建设主管部门或者其他有关部门发现建设单位在竣工验收过程中有违反国家有关建设工程质量管理规定行为的，责令停止使用，重新组织竣工验收。

对于重新组织竣工验收的工程，其保修期为各方都认可的重新组织竣工验收的日期。

3. 建设工程超过合理使用年限后需要继续使用的规定

《建设工程质量管理条例》规定，建设工程在超过合理使用年限后需要继续使用的，产权所有人应当委托具有相应资质等级的勘察、设计单位鉴定，并根据鉴定结果采取加固、维修等措施，重新界定使用期。

本章小结

本章详细讲述了建设工程质量管理的相关法规，主要包括工程建设标准、建设工程质量责任制度、建设工程竣工验收制度、竣工验收报告备案的规定和建设工程质量保修制度。

在工程建设标准中，要了解工程建设标准及其分类，掌握国家强制性标准的监督。

在建设工程质量责任制度中，要掌握施工单位、建设单位、勘察设计单位的质量责任制度，了解政府主管部门工程质量监督管理的相关规定。

在建设工程竣工验收制度中，要掌握建设工程竣工验收的主体和竣工验收的条件。

在竣工验收报告备案的规定中，要熟悉竣工验收备案的要求。

在建设工程质量保修制度中，要掌握建设工程质量保修的范围、保修责任和最低保修期限。

习　　题

一、单项选择题

1. 某工程完成了设计图和合同规定的施工任务，建设单位欲组织竣工验收，此时应具备《建设工程质量管理条例》规定的工程竣工验收的必备条件不包括（　　）。

A. 有完整的技术档案和施工资料

B. 有工程使用的主要建筑材料、建筑构配件和设备的进场试验报告

C. 有勘察、设计、施工、工程监理等单位共同签署的质量合格文件

D. 有施工单位签署的工程书

2.《建设工程质量管理条例》规定，设计文件应当符合国家规定的设计要求，注明工程（　　）。

A. 使用性质　　B. 合理使用年限

C. 合理使用方法　　D. 使用成本

3.《建设工程质量管理条例》规定，设计单位在设计文件中选用的建筑材料、构配件，应当注明规格、型号等技术指标，其质量要求必须符合（　　）标准。

A. 行业　　B. 国家规定的

C. 国家推荐　　D. 生产厂商的企业

4. 某35层信息综合楼工程，为桩基础剪力墙结构。由A企业总包，甲方认可将设备安装工程分包给B企业（以上企业的资质均符合要求）。工程于2005年3月20日交付使用，2006年5月20日夜晚，由于水管破裂漏水，造成了通信设备损坏的巨大损失。根据《建设工程质量管理条例》的规定，该损失应由（　　）。

A. A企业和B企业承担连带责任

B. A企业单独承担

C. B企业单独承担

D. 由甲方和B企业共同承担，因为B企业是甲方认可的分包商

5. 2006年3月，某住宅小区二期工程开工建设，其中5号楼套用2003年一期工程6号楼的施工图施工。施工过程中，承包方技术人员发现施工图中套用的图集现已作废，则该技术人员正确的做法是（　　）。

A. 按施工图施工即可，因该施工图是经过施工图审查合格的施工图

B. 按现行的图集做相应的套改后继续施工

C. 向建设单位提出

D. 向设计院提出，要求其更改施工图

6. 以下是施工单位试验员张某和监理工程师王某在某综合楼工程施工过程中的几次见证取样行为，其中符合要求的是（　　）。

A. 预制梁取样：试验员张某和监理工程师王某到预制构件厂随机抽取三根，作好标识后由构件厂送往试验室

B. 水泥样：由试验员张某和监理工程师王某一起到施工现场水泥库房随机抽取

C. 梁钢筋焊件试件：在钢筋加工厂随机抽取后截取

D. 基础混凝土：在搅拌机出料口抽取

7.《建设工程质量管理条例》规定，施工单位对施工中出现的质量问题或竣工验收不合格的建设工程，应当负责（　　）。

A. 赔偿损失　　B. 保修

C. 保护　　D. 返修

8. 监理单位对施工质量实施监理，其在执行监理责任时代表的是（　　）。

A. 建设单位　　B. 住房城乡建设主管部门

C. 工程质量监督站　　D. 社会公众

9.《建设工程质量管理条例》中要求，施工单位向建设单位提交工程质量保修书的时间为（　　）。

A. 竣工验收后　　B. 竣工验收时

C. 提交竣工验收报告时　　D. 竣工结算后

10. 根据《建设工程质量管理条例》的规定，工程质量保修书应该明确的事项不包括（　　）。

A. 保修期限　　B. 返修范围

C. 保修责任　　D. 保修范围

11.《建设工程质量管理条例》规定，建设工程质量保修期限应当由（　　）。

A. 法律直接规定

B. 发包人与承包人自主决定

C. 发、承包人在符合法律规定的基础上双方约定

D. 发包人规定

12. 在正常使用条件下，以下关于建设工程最低保修期限的说法符合《建设工程质量管理条例》规定的是（　　）。

A. 外墙面的防渗漏为 5 年　　B. 供热与供冷系统为 2 年

C. 电气工程、给水排水工程为 2 年　　D. 地基基础和主体结构工程为永久

13. 某综合楼工程由 A 企业总承包，其中消防工程由 B 企业分包，B 企业经自检合格后，由 2006 年 5 月 1 日向 A 企业申请竣工验收，消防工程于 2006 年 5 月 5 日由当地公安消防机构进行了验收，A 企业于 5 月 8 日向建设单位提出竣工验收申请，建设单位于 5 月 15 日组织了竣工验收，验收合格，工程交付使用。则该消防工程的保修期始于 2006 年（　　）。

A. 5 月 1 日　　B. 5 月 5 日

C. 5 月 8 日　　D. 5 月 15 日

14. 建设工程发生质量事故，有关单位按照《建设工程质量管理条例》的规定，应当及时向当地住房城乡建设主管部门和其他有关部门报告的时限是（　　）小时内。

A. 3　　B. 6　　C. 12　　D. 24

二、多项选择题

1. 按照《建设工程质量管理条例》的规定，建设单位应当依法进行招标采购的阶段包括工程建设项目的（　　）。

A. 监督　　B. 勘察　　C. 监理

D. 施工　　E. 设计

2. 下述行为中，由工程建设单位承担相应的行政责任的有（　　）。

A. 暗示设计单位违反工程建设强制性标准，降低工程质量

B. 任意压缩合理工期

C. 迫使承包方以低于成本的报价竞标

D. 施工图设计文件未经审查，擅自施工

E. 未对钢材和商品混凝土进行检验

3.《建设工程质量管理条例》明确规定施工单位的质量责任和义务有（　　）。

A. 在本单位资质等级许可的业务范围内承揽工程

B. 施工单位不得转包工程

C. 施工单位不得分包工程

D. 不得指定材料、设备的生产厂、供应商

E. 不得指定检测单位

4.《建设工程质量管理条例》要求施工单位在施工过程中，必须按照工程设计图和施工技术标准施工，不得（　　）。

A. 偷工减料　　B. 变更施工工艺

C. 改变施工方法　　D. 改变混凝土设计配合比参数

E. 擅自修改设计

5. 在工程施工过程中，必须进行有关检验，未经检验或检验不合格的，不得使用。下列属于《建设工程质量管理条例》规定的检验范围的有（　　）。

A. 抹灰配料水泥　　B. 施工塔吊

C. 钢筋　　D. 商品混凝土

E. 工程实体中的给水管主控阀

6. 施工单位在施工过程中，必须做好隐蔽工程的质量检查和记录。按照《建设工程质量管理条例》的规定，隐蔽工程在隐蔽前，施工单位应当通知（　　）。

A. 建设单位　　B. 工程监理单位

C. 勘察、设计单位　　D. 工程质量监督机构

E. 安全生产监督部门

7. 某住宅楼工程设计合理使用年限为 50 年。以下是该工程施工单位和建设单位签订的工程质量保修书中关于保修期的约定条款，其中符合《建设工程质量管理条例》规定，属合法有效条款的有（　　）。

A. 地基基础和主体结构工程为 50 年　　B. 屋面防水工程、卫生间防水为 8 年

C. 电气管线、给水排水管道为 2 年　　D. 供热与供冷系统为 1 年

E. 外墙面渗漏为 4 年

8. 工程质量监督机构对竣工验收实施的监督包括（　　）。

A. 验收程序是否合法　　B. 参加验收单位人员的资格是否符合要求

C. 竣工验收资料是否齐全　　D. 实体质量是否存有严重缺陷

E. 竣工结算是否已编制

9. 基坑支护工程专项施工方案须经（　　）签字后实施。

A. 施工企业项目经理　　B. 建设单位负责人

C. 总监理工程师　　D. 施工企业技术负责人

E. 现场监理工程师

10. 某施工企业在供应商处购买的水泥，标号明显低于包装上的标注标号，使施工企业遭受了损失，关于施工企业提出的索赔要求，以下说法正确的有（　　）。

A. 只能由生产厂家承担　　B. 由供应商承担

C. 只能施工企业自行承担　　D. 可向生产厂商提出赔偿

E. 由建设单位承担

三、简答题

1. 建设单位的质量责任和义务是什么？

2. 建设工程竣工验收的条件有哪些？

3. 简述建设工程质量的保修范围和保修期限。

四、案例题

某锅炉厂拟建一栋 6 层砖混结构办公楼，该市建筑公司通过招标方式承接了该项施工任务，某监理公司接受业主委托承担监理任务。该办公楼建筑平面形状为 T 形，设计采用混凝土小型砌块砌筑，墙体加构造柱，于 2005 年 10 月 10 日开工建设，2006 年 6 月 15 日

竣工。

问题：

1）该办公楼达到什么条件方可竣工验收？

2）该办公楼的竣工验收应如何组织？

3）该工程施工过程中隐蔽工程的验收应如何组织？

第 8 章

建设安全生产管理法规

案例导入

某市在建高层住宅，总建筑面积为 3 600m^2，地下 2 层，地上 16 层。建设单位与施工单位签订了施工总承包合同，并委托监理单位进行工程监理。开工前，施工单位对工人进行了三级安全教育。在基础工程施工时，由于是深基坑工程，项目经理部按照设计文件和施工技术标准编制了基坑支护及降水工程专项施工组织方案，经项目经理签字后组织施工。同时，项目经理安排负责质量检查的人员兼任安全工作。当土方开挖至坑底设计标高时，监理工程师发现基坑四周地表出现大量裂纹，坑边部分土石有滑落现象，即向现场工作人员发出口头通知，要求停止施工，撤离相关作业人员。但施工作业人员担心拖延施工进度，对监理通知不予理睬，继续施工。随后，基坑发生大面积坍塌，基坑下 6 名作业人员被埋，该建筑公司项目经理向有关部门紧急报告事故情况，闻讯赶来的有关领导，指挥公安民警、武警战士和现场工人实施了紧急抢险工作，将伤者立即送往医院进行救治，事故共造成 3 人死亡、2 人重伤、1 人轻伤。事故发生后，经查施工单位未办理意外伤害保险。

试分析：

1）本案例中有哪些不妥？

2）本案例中的施工安全事故应定为哪种等级的事故？

3）事故发生后，施工单位应采取哪些措施？

8.1 建设安全生产管理概述

建设安全生产管理是指住房城乡建设主管部门、建设安全监督管理机构、建筑施工企业及有关单位对建筑生产过程中的安全工作，进行计划、组织、指挥、控制、监督等一系列的管理活动。其目的在于保证建设工程安全和职工的人身安全。

建设安全生产管理包括纵向、横向和施工现场三个方面的管理。纵向方面的管理主要是指住房城乡建设主管部门及其授权的建设安全监督管理机构对建设安全生产的行业监督管理。横向方面的管理主要是指建筑生产有关各方如建设单位、设计单位、监理单位和建筑施工企业等的安全责任和义务。施工现场管理主要是指控制人的不安全行为和物的不安全状态，是建设安全生产管理的关键和集中体现。

由于建设工程施工项目的特点是产品固定、人员流动、露天作业多、工期长，不安全因素较多，有些工作危险性较大，是事故多发性行业。近年来每年的施工死亡率为万分之三左右，死亡人数仅次于矿山，居全国各行业的第二位。特别是一次死亡 3 人以上的重大事故经常发生，给人民的生命财产造成了巨大损失，也影响了社会的安定。为了加强建设安全生产管理，预防和减少建筑业事故的发生，保障建设行业职工及他人的人身安全和财产安全，国家制定了一系列的工程建设安全生产法规和规范性文件，如《建筑法》、《安全生产法》和《建设工程安全生产管理条例》等，加大了建设安全生产管理方面的立法力度。

本章将从建设安全生产管理的方针和原则、建设安全生产的监督管理体制、安全生产管理基本制度、安全生产责任制度，以及生产安全事故的应急救援和调查处理五个方面对建设安全生产法规加以阐述。

8.2　建设安全生产管理的方针和原则

8.2.1　建设安全生产管理的方针

《建筑法》第 36 条和《建设工程安全生产管理条例》第 3 条规定，建设安全生产管理的方针是“安全第一、预防为主”，这是我国多年来安全生产工作长期经验的总结。

安全第一，是从保护和发展生产力的角度，表明在生产范围内安全与生产的关系，肯定安全在建设生产活动中的首要位置和重要性。

预防为主，是在建设工程生产活动中，针对建设工程生产的特点，对生产要素采取管理措施，有效地控制不安全因素的发展与扩大，把可能发生的事故消灭在萌芽状态，以保证生产活动中人的安全与健康。

安全第一还反映了当安全与生产发生矛盾的时候，应该服从安全，消灭隐患，保证建设工程在安全的条件下生产。预防为主则体现在事先策划、事中控制、事后总结。通过信息收集，归类分析，制定预案，控制防范。“安全第一、预防为主”方针，体现了国家在建设工程安全生产过程中“以人为本”的思想，也体现了国家对保护劳动者权利、保护社会生产力的高度重视。

8.2.2　建设安全生产管理的原则

建设安全生产管理原则虽然在《建筑法》中没有明确规定。但是在其具体条文中已经包含了。在我国长期的安全生产管理中形成的、国务院有关规定中明确的建设安全生产管理原则主要是管生产必须管安全和谁主管谁负责。

1. 管生产必须管安全

管生产必须管安全是指安全寓于生产之中，把安全和生产统一起来。生产中人、物、环境都处于危险状态，则生产无法进行；生产有了安全保障，才能持续、稳定发展。安全管理是生产管理的重要组成部分，安全与生产在实施过程中，两者存在着密切的联系，有共同进行管理的基础。

2. 谁主管谁负责

谁主管谁负责是指主管建筑生产的单位和人员应对建筑生产的安全负责。安全生产第一责任人制度正是这一原则的体现。各级住房城乡建设主管部门的行政一把手是本地区建设安全生产的第一责任人，对所辖区域建设安全生产的行业管理负全面责任，企业法定代表人是本企业安全生产的第一责任人，对本企业的建设安全生产负全面责任；项目经理是本项目的安全生产第一责任人，对项目施工中贯彻落实安全生产的法规、标准负全面责任。

这两项原则是建设安全生产应遵循的基本原则，是建设安全生产的重要保证。

8.3 建设安全生产的监督管理体制

建设工程安全生产关系到人民群众的生命和财产安全，国家应当加强对建设工程安全生产的监督管理。

8.3.1 监督管理机制

建设工程安全生产监督管理体制，实行国务院住房城乡建设主管部门对全国的建设工程安全生产实施统一的监督管理，国务院、交通运输、水利等有关部门按照国务院规定的职责分工分别对专业建设工程安全生产实施监督管理的模式。县级以上地方人民政府住房城乡建设主管部门对本行政区域内的建设工程安全生产实施监督管理，县级以上地方人民政府交通运输、水利等各专业部门在各自的职责范围内对本行政区域内的专业建设工程安全生产实施监督管理。目前负责安全生产监督管理的部门，在中央是国家安全生产监督管理总局，在地方是各级依法成立的负责安全生产监督的机构。

8.3.2 住房城乡建设主管部门的职责及权利

1）住房城乡建设主管部门和其他有关部门应当将下述有关资料的主要内容抄送同级负责安全生产监督管理的部门：

① 申领施工许可证或开工报告时所报送的有关安全施工措施的资料。

② 拆除工程时保证安全施工的措施和拆除工程的有关资料。

2）住房城乡建设主管部门在审核发放施工许可证时，应当对建设工程是否有安全施工措施进行审查，对没有安全施工措施的，不得颁发施工许可证。审查内容主要包括施工组织设计中的安全防护和环境污染防护措施、专项安全技术方案等。

3）县级以上人民政府负有建设工程安全生产监督管理职责的部门在各自的职责范围内履行安全监督检查职责时，享有下列监督检查权：

① 调阅被检查单位有关建设工程安全生产的文件和资料的权力。

② 进入施工现场进行检查的权力。

③ 对安全生产违法行为的处理权。

④ 对事故隐患的处理权。

另外，住房城乡建设主管部门或者其他有关部门可以将施工现场的监督检查委托给建设工程安全监督机构具体实施。县级以上人民政府住房城乡建设主管部门和其他有关部门应当及时受理对建设工程生产安全事故及安全事故隐患的检举、控告和投诉。国家对严重危及施工安全的工艺、设备、材料实行淘汰制度。

8.3.3　建设安全的群防群治制度

群防群治制度是职工群众进行预防和治理安全的一种制度。这一制度也是“安全第一、预防为主”方针的具体体现，同时也是群众路线在安全工作中的具体体现，是企业进行民主管理的重要内容。这一制度要求建设企业职工在施工中应当遵守有关生产的法律、法规和建设行业安全规章、规程，不得违章作业；对于危及生命安全和身体健康的行为有权提出批评、检举和控告。

8.4　安全生产管理基本制度

8.4.1　建设工程安全生产许可制度

《安全生产许可证条例》第 2 条和《建筑施工企业安全生产许可证管理规定》第 2 条规定，国家对建筑施工企业实行安全生产许可制度。建筑施工企业未取得安全生产许可证的，不得从事建筑施工活动。国务院住房城乡建设主管部门负责中央管理的建筑施工企业安全生产许可证的颁发和管理。省、自治区、直辖市人民政府住房城乡建设主管部门负责以上规定以外的建筑施工企业安全生产许可证的颁发和管理，并接受国务院住房城乡建设主管部门的指导和监督。

1. 申请安全生产许可证应具备的条件

《建筑施工企业安全生产许可证管理规定》第 4 条将建筑施工企业取得安全生产许可证应当具备的安全生产条件具体规定为：

1）建立、健全安全生产责任制，制定完备的安全生产规章制度和操作规程。

2）保证本单位安全生产条件所需资金的投入。

3）设置安全生产管理机构，按照国家有关规定配备专职安全生产管理人员。

4）主要负责人、项目负责人、专职安全生产管理人员经住房城乡建设主管部门或者其他有关部门考核合格。

5）特种作业人员经有关业务主管部门考核合格，取得特种作业操作资格证书。

6）管理人员和作业人员每年至少进行一次安全生产教育培训并考核合格。

7）依法参加工伤保险，依法为施工现场从事危险作业的人员办理意外伤害保险，为从业人员缴纳保险费。

8）施工现场的办公、生活区及作业场所和安全防护用具、机械设备、施工机具及配件符合有关安全生产法律、法规、标准和规程的要求。

9）有职业危害防治措施，并为作业人员配备符合国家标准或者行业标准的安全防护用具和安全防护服装。

10）有对危险性较大的分部分项工程及施工现场易发生重大事故的部位、环节的预防、监控措施和应急预案。

11）有生产安全事故应急救援预案、应急救援组织或者应急救援人员，配备必要的应急救援器材、设备。

12）法律、法规规定的其他条件。

《安全生产许可证条例》第 14 条规定：“安全生产许可证颁发管理机关应当加强对取得安全生产许可证的企业的监督检查，发现其不再具备本条例规定的安全生产条件的，应当暂扣或者吊销安全生产许可证。”

2. 安全生产许可证的申请

建筑施工企业从事建筑施工活动前，应当依照规定向省级以上住房城乡建设主管部门申请领取安全生产许可证。

（1）受理单位　中央管理的建筑施工企业（集团公司、总公司）应当向国务院住房城乡建设主管部门申请领取安全生产许可证。其他建筑施工企业，包括中央管理的建筑施工企业（集团公司、总公司）下属的建筑施工企业，应当向企业注册所在地省、自治区、直辖市人民政府住房城乡建设主管部门申请领取安全生产许可证。

（2）申办材料

1）建筑施工企业安全生产许可证申请表。

2）企业法人营业执照。

3）与申请安全生产许可证应当具备的安全生产条件相关的文件、材料。

建筑施工企业申请安全生产许可证，应当对申请材料实质内容的真实性负责，不得隐瞒有关情况或者提供虚假材料。

3. 安全生产许可证的有效期

安全生产许可证的有效期为 3 年。安全生产许可证有效期满需要延期的，企业应当于期满前 3 个月向原安全生产许可证颁发管理机关办理延期手续。企业在安全生产许可证有效期内，严格遵守有关安全生产的法律法规，未发生死亡事故的，安全生产许可证有效期届满时，经原安全生产许可证颁发管理机关同意，不再审查，安全生产许可证有效期延期 3 年。

4. 安全生产许可证的变更、注销与补办

建筑施工企业变更名称、地址、法定代表人等，应当在变更后 10 日内，到原安全生产许可证颁发管理机关办理安全生产许可证变更手续。

建筑施工企业破产、倒闭、撤销的，应当将安全生产许可证交回原安全生产许可证颁发管理机关予以注销。

建筑施工企业遗失安全生产许可证，应当立即向原安全生产许可证颁发管理机关报告，并在公众媒体上声明作废后，方可申请补办。

5. 安全生产许可证的使用规定

根据《安全生产许可证条例》和《建筑施工企业安全生产许可证管理规定》，建筑施工企业应当遵守如下强制性规定：

1）未取得安全生产许可证的，不得从事建筑施工活动。住房城乡建设主管部门在审核发放施工许可证时，应当对已经确定的建筑施工企业是否有安全生产许可证进行审查，对没有取得安全生产许可证的，不得颁发施工许可证。

2）企业不得转让、冒用安全生产许可证或者使用伪造的安全生产许可证。

3）企业取得安全生产许可证后，不得降低安全生产条件，并应当加强日常安全生产管理，接受安全生产许可证颁发管理机关的监督检查。

【案例 8-1】

1. 背景

某建筑安装公司承担一住宅工程施工。该公司原已依法取得安全生产许可证，但在开工 5 个月后有效期满。因当时正值施工高峰期，该公司忙于组织施工，未能按规定办理延期手续。当地政府监管机构发现后，立即责令其停止施工，限期补办延期手续。但该公司为了赶工期，既没有停止施工，到期后也未办理延期手续。

2. 问题

本案例中的建筑安装公司有哪些违法行为？

3. 分析

本案例中的建筑安装公司有两项违法行为：一是安全生产许可证有效期满，未依法办理延期手续并继续从事施工活动；二是在政府监管机构责令停止施工、限期补办延期手续后，仍逾期不补办延期手续，并继续从事施工活动。《安全生产许可证条例》第 9 条规定：“安全生产许可证的有效期为 3 年。安全生产许可证有效期满需要延期的，企业应当于期满前 3 个月向原安全生产许可证颁发管理机关办理延期手续。”

8.4.2 建设工程安全认证制度

为加强建设生产安全监督管理，住房城乡建设主管部门及其授权的建设安全监督机构对建设生产实行了安全认证制度，其内容主要包括以下几个方面：

1. 建筑企业的安全资格认证

该安全资格认证主要是审查企业是否建立健全了安全生产责任制和安全组织保证体系，安全技术规范、标准在施工现场的贯彻落实情况和伤亡事故率。它是建筑企业资质审查的组成部分，也是对企业资质实行动态管理的重要依据。

2. 特殊专业队伍的安全认证

对特殊专业队伍的安全认证，主要是指对人工挖孔桩、地基基础、护壁支撑、塔吊装拆、井字架（龙门架）、特种脚手架搭设等施工队伍进行资格审查，经审查合格领取专业施工安全许可证后方可从事专业施工。

3. 工程项目的安全认证

对工程项目的安全认证，主要是指开工前对安全条件的审查，其主要内容有：①施工组织设计中有无针对性的安全技术措施和专项作业安全技术方案；②安全员的配备情况；③项目经理的安全资格条件；④进入现场的机械、机具、设施是否符合安全规定等。

4. 防护用品、安全设施、机械设备等安全认证

对防护用品、安全设施、机械设备等进行安全认证，主要是指对进入施工现场使用的各类防护用品、电气产品、安全设施、架设机具、机械设备等进行检验、检测，凡技术指标和安全性能不合格的，不得在施工现场中使用。

5. 专职安全人员资格认证

《安全生产法》第 21 条规定：“矿山、金属冶炼、建筑施工、道路运输单位和危险物品的生产、经营、储存单位，应当设置安全生产管理机构或者配备专职安全生产管理人员。”

第24条规定:“生产经营单位的主要负责人和安全生产管理人员必须具备与本单位所从事的生产经营活动相应的安全生产知识和管理能力。危险物品的生产、经营、储存单位以及矿山、金属冶炼、建筑施工、道路运输单位的主要负责人和安全生产管理人员,应当由主管的负有安全生产监督管理职责的部门对其安全生产知识和管理能力考核合格。”因此,对专职安全人员实行资格认证,主要是审查其工程建设及安全专业的知识和能力。不具备条件的,不能从事专职安全工作。

8.4.3 建设安全生产教育培训制度

安全生产教育培训的对象有施工单位的主要负责人、项目负责人、专职安全生产管理人员和其他企业职工。培训的主要内容包括安全生产的法律、法规知识和安全科学技术知识。

1. 安全生产的法律、法规知识的教育培训

建筑企业要通过对职工进行有关安全生产方面的法律、法规和政策的教育,使职工能够正确理解和掌握有关安全生产方面的法律、法规和政策,并在建筑生产活动中严格遵守执行。在这方面,尤其要加强对企业各级领导和安全管理人员的教育。

2. 安全科学技术知识的教育培训

建筑施工企业中有相当一批职工没有经过建设安全生产科学技术知识的教育培训,不熟悉安全操作规程,不懂得防止建设工程安全事故,这也是造成建设工程安全事故时常发生的原因之一。因此,必须加强对建筑企业职工的安全科学技术知识的教育培训。重点应做好以下五个方面的工作:

(1) 新职工上岗前的教育培训　培训内容主要包括安全技术知识、设备性能、操作规程、安全制度和严禁事项。经教育培训并考试合格后,方可进入操作岗位。

(2) 岗位安全培训　培训包括管理人员的岗位安全培训和特种作业人员的岗位安全培训。对特殊工种,应针对其工作特点进行专门的安全教育培训。根据《特种作业人员安全技术考核管理规则》的规定,从事垂直运输机械作业人员、安装拆卸工、爆破作业人员、起重信号工、登高架设作业等建设工程施工现场的作业人员等,属于特种作业人员的管理范畴。住房和城乡建设部2008年4月发布的《建筑施工特种作业人员管理规定》进一步规定,建筑施工特种作业包括:①建筑电工;②建筑架子工;③建筑起重信号司索工;④建筑起重机械司机;⑤建筑起重机械安装拆卸工;⑥高处作业吊篮安装拆卸工;⑦经省级以上人民政府住房城乡建设主管部门认定的其他特种作业。因此,除进行一般的安全教育外,还要经过本工种的安全技术教育和培训,并取得特种作业操作资格证书后,方准许上岗作业。

(3) 当采用新技术、新工艺、新设备、新材料时的培训　施工单位在采用新技术、新工艺、新设备、新材料时,要对操作人员进行新技术操作培训,未经教育培训者不得上岗操作。

(4) 变换工种和工地的安全培训　施工单位在作业人员进入新的施工现场前,必须根据新的施工作业特点进行有针对性的安全生产教育,使之熟悉新的项目的安全生产规章制度,了解新的工程作业特点和安全生产应注意的事项,并经考核合格方可上岗。

(5) 年度安全教育培训　建筑施工企业的管理人员和作业人员每年至少接受一次安全教育培训。这种安全生产教育培训是在完成岗前教育之后进行的年度安全教育,要求其学习了解新的年度里国家、地方最新的安全生产政策方针、法律法规和企业新的规章制度。

【案例 8-2】

1. 背景

在某高层建筑外墙装饰施工工地，某施工单位为赶在雨季来临前完成施工，从其他工地调配来一批工人，但未经安全教育就安排到有关岗位开始工作。2 名工人被安排上高处作业吊篮到 6 楼处从事外墙装饰作业。他们在作业完成后为图省事，直接从高处作业吊篮的悬吊平台向 6 楼窗口爬去，结果失足从 10 多米高处坠落在地，造成 1 人死亡 1 人重伤。

2. 问题

本案例中施工单位有何违法行为？

3. 分析

《安全生产法》第 25 条规定："生产经营单位应当对从业人员进行安全生产教育和培训，保证从业人员具备必要的安全生产知识，熟悉有关的安全生产规章制度和安全操作规程，掌握本岗位的安全操作技能，了解事故应急处理措施，知悉自身在安全生产方面的权利和义务。未经安全生产教育和培训合格的从业人员，不得上岗作业。"《建设工程安全生产管理条例》第 37 条进一步规定："作业人员进入新的岗位或者新的施工现场前，应当接受安全生产教育培训。未经教育培训或者教育培训考核不合格的人员，不得上岗作业。"本案例中，施工单位违法未对新进工地的工人进行有针对性的安全教育培训，使 2 名作业人员违反了操作人员必须从地面进入悬吊平台，在未采取安全保护措施的情况下，禁止从窗口、楼梯等其他位置进出悬吊平台的安全操作规程，造成了伤亡事故的发生。

8.4.4 安全生产劳动保护制度

1. 从业人员在劳动保护方面的权利

（1）合法劳动保护权　生产经营单位与从业人员订立的劳动合同，应当载明有关保障从业人员劳动安全、防止职业危害的事项，以及依法为从业人员办理工伤社会保险的事项。生产经营单位不得以任何形式与从业人员订立免除或减轻其对从业人员因生产安全事故伤亡依法应承担责任的协议。

（2）知情权　生产经营单位的从业人员有权了解其作业场所和工作岗位存在的危险因素、防范措施及事故应急措施，生产经营单位应主动告知有关实情。

（3）建议、批评、检举、控告权　安全生产与从业人员的生命安全与健康息息相关，因此从业人员有权参与本单位生产安全方面的民主管理与民主监督。对本单位的安全生产工作提出意见和建议；对本单位安全生产中存在的问题提出批评、检举和控告。生产经营单位不得因此而降低工资、福利待遇或解除与其订立的劳动合同。

（4）对违章指挥、强令冒险作业的拒绝权　任何人不得违章指挥或违章作业，作业人员有权拒绝违章指挥和强令冒险作业。违章指挥、强令冒险作业，侵犯了作业人员的合法权益，是严重的违法行为，也是直接导致安全事故的重要原因。现实中，许多安全事故的发生都与违章指挥、强令冒险作业有关。因此，规定作业人员有权拒绝违章指挥和强令冒险作业，对于维护正常的生产秩序，有效防止安全事故的发生，保护作业人员自身的人身安全，具有十分重要的意义。

(5) 停止作业及紧急撤离权　工程建设活动具有不可预测的风险，作业人员在施工过程中有可能会突然遇到直接危及人身安全的紧急情况，此时，如果不停止作业或者撤离作业场所，就会造成重大的人身伤亡事故。因此，赋予作业人员在上述紧急情况下可以停止作业以及撤离作业场所的权利，对于保证作业人员的人身安全是十分重要的。

(6) 依法获得赔偿权　《安全生产法》规定，因生产安全事故受到损害的从业人员，除依法享有工伤保险外，依照有关民事法律尚有获得赔偿的权利，还有权向本单位提出赔偿要求，生产经营单位应依法予以赔偿。

2. 生产经营单位在劳动保护方面的职责

(1) 提供劳动保护用品　向作业人员提供安全防护用具和安全防护服装，是施工单位的一项法定义务。作业人员使用的安全防护用具主要包括安全帽、安全带、安全绳及特种作业使用的防护镜、焊接面罩等个人安全防护用品。安全防护服装主要包括工作服、防滑鞋、绝缘鞋、绝缘手套等。施工单位应当安排专项经费，专门用于配备安全防护用具和安全防护服装，并不得挪作他用。施工单位购置的安全防护用具和安全防护服装必须符合国家标准或者行业标准。

(2) 书面告知危险岗位的操作规程和违章操作的危害　建设工程多为露天作业，高处与交叉作业多、作业环境复杂，作业场所和工作岗位存在着一定的危险因素。施工单位有义务告知作业人员作业场所和工作岗位存在的危险因素以及应当采取的防范措施和事故应急措施。这一方面有利于作业人员心中有数，提高安全生产意识和事故防范能力，减少事故发生，降低事故损失；另一方面也是对作业人员的知情权的尊重。施工单位应当以书面形式如实告知作业人员危险岗位的操作规程、违章操作的危害以及应当采取的防范措施和事故应急措施，不得隐瞒、省略，更不能欺骗作业人员。

(3) 工伤保险和意外伤害保险的规定　《建筑法》规定，建筑施工企业应当依法为职工参加工伤保险缴纳工伤保险费。鼓励企业为从事危险作业的职工办理意外伤害保险，支付保险费。

据此，工伤保险是强制性保险。意外伤害保险则属于法定的鼓励性保险，其适用范围是施工现场从事危险作业的特殊职工群体，即在施工现场从事高处作业、深基坑作业、爆破作业等危险性较大的施工人员，尽管这部分人员可能已参加了工伤保险，但法律鼓励建筑施工企业再为其办理意外伤害保险，使他们能够比其他职工依法获得更多的权益保障。

8.5　安全生产责任制度

建筑生产涉及方方面面，参与建筑生产活动的各方有建设单位、工程设计单位、建筑施工企业等。为了保障建筑生产的安全，参与建筑生产活动的各方均应承担相应的安全生产责任和义务。

8.5.1　建设单位的安全责任和义务

《建筑法》和《建设工程安全生产管理条例》将建设单位列入安全责任主体之中，对建设单位在工程建设活动中应承担的安全责任和义务，以及违法行为应承担的法律责任进行了明确规定，为今后工程建设的安全生产管理提供了强有力的法律保证。

1. 依法办理有关批准手续

《建筑法》规定，有下列情形之一的，建设单位应当按照国家有关规定办理申请批准手续：①需要占用规划批准以外场地的；②可能损坏道路、管线、电力、邮电通信等公共设施的；③需要临时停水、停电、中断道路交通的；④需要进行爆破作业的；⑤法律、法规规定需要办理报批手续的其他情形。

这是因为，上述活动不仅涉及工程建设的顺利进行和施工现场作业人员的安全，也影响到周边区域人们的安全或是正常的工作生活，并需要有关方面给予支持和配合。为此，建设单位应当依法向有关部门申请办理批准手续。

2. 向施工单位提供真实、准确和完整的有关资料

《建筑法》第 40 条规定："建设单位应当向建筑施工企业提供与施工现场相关的地下管线资料，建筑施工企业应当采取措施加以保护。"

《建设工程安全生产管理条例》第 6 条规定："建设单位应当向施工单位提供施工现场及毗邻区域内供水、排水、供电、供气、供热、通信、广播电视等地下管线资料，气象和水文观测资料，相邻建筑物和构筑物、地下工程的有关资料，并保证资料的真实、准确、完整。"

3. 不得提出违法要求和随意压缩合同工期

1）《建设工程安全生产管理条例》规定，建设单位不得对勘察、设计、施工、工程监理等单位提出不符合建设工程安全生产法律、法规和强制性标准规定的要求，不得压缩合同约定的工期。

2）必须严格执行国家关于建设工程安全生产方面的法律、法规和工程强制性标准中规定的要求，保证人民群众生命和财产安全、环境保护和公共利益。

3）不能为了早日发挥项目的效益，迫使承包单位大量增加人力、物力投入，简化施工程序，盲目赶工期。

4. 确定建设工程安全作业环境及安全施工措施所需费用

《安全生产法》第 20 条规定："生产经营单位应当具备的安全生产条件所必需的资金投入，由生产经营单位的决策机构、主要负责人或者个人经营的投资人予以保证，并对由于安全生产所必需的资金投入不足导致的后果承担责任。"

《建设工程安全生产管理条例》第 8 条规定："建设单位在编制工程概算时，应当确定建设工程安全作业环境及安全施工措施所需费用。"

工程建设中改善安全作业环境、落实安全生产措施一般均由施工单位来实施，保证安全生产条件的资金投入也由施工单位来使用，但安全作业环境及施工措施所需费用应当由建设单位承担。这一条的实施为建筑施工现场改善安全作业环境、完善安全生产措施提供了资金保证。

5. 不得要求购买、租赁和使用不符合安全施工要求的用具、设备等

《建设工程安全生产管理条例》规定，建设单位不得明示或者暗示施工单位购买、租赁、使用不符合安全施工要求的安全防护用具、机械设备、施工机具及配件、消防设施和器材。

6. 申领施工许可证应当提供安全施工措施资料的责任

建设单位在办理施工许可证或者开工报告时，必须报送安全施工措施。

《建设工程安全生产管理条例》第 10 条规定，建设单位在申请领取施工许可证时，应当提供建设工程有关安全施工措施的资料。依法批准开工报告的建设工程，建设单位应当自开工报告批准之日起 15 日内，将保证安全施工的措施报送建设工程所在地的县级以上地方人民政府住房城乡建设主管部门或者其他有关部门备案。

7. 装修工程和拆除工程的规定

《建筑法》规定，涉及建筑主体和承重结构变动的装修工程，建设单位应当在施工前委托原设计单位或者具有相应资质条件的设计单位提出设计方案；没有设计方案的，不得施工。《建筑法》还规定，房屋拆除应当由具备保证安全条件的建筑施工单位承担。

建设单位在拆除工程施工 15 日前，必须将下列资料报送建设工程所在地的县级以上地方人民政府住房城乡建设主管部门或者其他有关部门备案：①施工单位资质等级证明；②拟拆除建筑物、构筑物及可能危及毗邻建筑的说明；③拆除施工组织方案；④堆放、清除废弃物的措施。实施爆破作业的，应当遵守国家有关民用爆炸物品管理的规定。

8.5.2 建筑施工企业的安全责任和义务

建筑施工企业是建筑活动的主体，是企业生产经营的主体，在施工安全生产中处于核心地位。为遏止安全事故的发生，确保建设工程安全生产，法律法规对施工单位的市场准人、施工单位的安全生产行为规范和安全生产条件以及施工单位主要负责人、项目负责人、安全管理人员、作业人员的安全责任等方面，做出了明确的规定。

1. 施工单位主要负责人对本单位的安全生产工作全面负责

《建筑法》第 44 条规定：“建筑施工企业的法定代表人对本企业的安全生产负责。”

《安全生产法》第 5 条规定：“生产经营单位的主要负责人对本单位的安全生产工作全面负责。”《建设工程安全生产管理条例》第 21 条规定：“施工单位主要负责人依法对本单位的安全生产工作全面负责。”

施工单位的主要负责人，通常是指对施工单位全面负责，有生产经营决策权的人。具体来说，可以是施工企业的董事长，也可以是总经理或总裁等。

2. 施工单位的项目负责人的责任

《建设工程安全生产管理条例》第 21 条规定：“施工单位的项目负责人应当由取得相应执业资格的人员担任，对建设工程项目的安全施工负责，落实安全生产责任制度、安全生产规章制度和操作规程，确保安全生产费用的有效使用，并根据工程的特点组织制定安全施工措施，消除安全事故隐患，及时、如实报告生产安全事故。”

3. 施工单位安全生产管理人员的安全生产责任

专职安全生产管理人员负责对安全生产进行现场监督检查，发现安全事故隐患，应当及时向项目负责人和安全生产管理机构报告；对违章指挥、违章操作的，应当立即制止。《建设工程安全生产管理条例》第 23 条规定，施工单位应当设立安全生产管理机构，配备专职安全生产管理人员。

建设部《建筑施工企业安全生产管理机构设置及专职安全生产管理人员配备办法》规定，建筑施工企业安全生产管理机构专职安全生产管理人员的配备应满足下列要求，并应根据企业经营规模、设备管理和生产需要予以增加：

1）建筑施工总承包资质序列企业：特级资质不少于 6 人；一级资质不少于 4 人；二级

和二级以下资质企业不少于 3 人。

2）建筑施工专业承包资质序列企业：一级资质不少于 3 人；二级和二级以下资质企业不少于 2 人。

3）建筑施工劳务资质序列企业：不少于 2 人。

4）建筑施工企业的分公司、区域公司等较大的分支机构应依据实际生产情况配备不少于 2 人的专职安全生产管理人员。

4. 建立健全有关安全生产的各项制度

《建筑法》第 44 条规定："建筑施工企业必须依法加强对建筑安全生产的管理，执行安全生产责任制度，采取有效措施，防止伤亡和其他安全生产事故的发生。"

《建设工程安全生产管理条例》第 21 条规定："施工单位应当建立健全安全生产责任制度和安全生产教育培训制度，制定安全生产规章制度和操作规程，保证本单位安全生产条件所需资金的投入，对所承担的建设工程进行定期和专项安全检查，并做好安全检查记录。"

上述法条规定了建筑施工企业关于建立健全安全生产责任制度、安全生产教育培训制度、安全生产规章与操作规程制度方面的责任与义务。

5. 保证本单位安全生产条件所需资金的投入

安全生产的资金投入是保障施工单位具备安全生产条件的必要物质基础，大量建设工程生产安全事故表明，安全生产的资金投入不足是导致事故发生的重要原因之一。因此，建筑施工企业必须保证安全生产必要的资金投入，否则，应当承担相应的法律责任。

6. 总承包与分包单位的安全责任

《建筑法》第 45 条规定："施工现场安全由建筑施工企业负责。实行施工总承包的，由总承包单位负责。分包单位向总承包单位负责，服从总承包单位对施工现场的安全生产管理。"

《建设工程安全生产管理条例》第 24 条规定："建设工程实行施工总承包的，由总承包单位对施工现场的安全生产负总责。……总承包单位依法将建设工程分包给其他单位的，分包合同中应当明确各自的安全生产方面的权利、义务。总承包单位和分包单位对分包工程的安全生产承担连带责任。分包单位应当服从总承包单位的安全生产管理，分包单位不服从管理导致生产安全事故的，由分包单位承担主要责任。"

7. 施工现场安全防护制度

（1）编制安全技术措施和施工现场临时用电方案以及专项施工方案 《建筑法》第 38 条规定："建筑施工企业在编制施工组织设计时，应当根据建筑工程的特点制定相应的安全技术措施；对专业性较强的工程项目，应当编制专项安全施工组织设计，并采取安全技术措施。"

《建设工程安全生产管理条例》第 26 条规定，施工单位应当在施工组织设计中编制安全技术措施和施工现场临时用电方案。对下列达到一定规模的危险性较大的分部分项工程编制专项施工方案，并附具安全验算结果，经施工单位技术负责人、总监理工程师签字后实施，由专职安全生产管理人员进行现场监督：①基坑支护与降水工程；②土方开挖工程；③模板工程；④起重吊装工程；⑤脚手架工程；⑥拆除、爆破工程；⑦国务院住房城乡建设主管部门或者其他有关部门规定的其他危险性较大的工程。对上述所列工程中涉及深基坑、地下暗挖工程、高大模板工程的专项施工方案，施工单位还应当组织专家进行论证审查。

（2）安全施工技术交底 《建设工程安全生产管理条例》第27条规定，建设工程施工前，施工单位负责项目管理的技术人员应当对有关安全施工的技术要求向施工作业班组、作业人员做出详细说明，并由双方签字确认。

1）安全技术交底的基本要求。安全技术交底是指将预防和控制安全事故发生及减少其危害的技术以及工程项目、分部分项工程概况，向作业人员做出说明，即工程项目在进行分部分项工程作业前和每天作业前，工程项目的技术人员和各施工班组长将工程项目和分部分项工程概况、施工方法、安全技术措施及要求向全体施工人员进行说明。

安全技术交底的基本要求如下：①逐级交底，由总承包单位向分包单位、分包单位工程项目的技术人员向施工班组长、施工班组长向作业人员分别进行交底；②交底必须具体、明确、针对性强；③技术交底的内容应针对分部分项工程施工给作业人员带来的潜在危险因素和存在的问题；④应优先采用新的安全技术措施；⑤各工种的安全技术交底一般与分部分项安全技术交底同步进行，对施工工艺复杂、施工难度较大或作业条件危险的，应当单独进行各工种的安全技术交底；⑥交底应当采用书面形式，即将每天参加交底的人员名单和交底内容记录在班组活动记录中。

2）安全技术交底的主要内容。安全技术交底的主要内容包括：①工程项目和分部分项工程的概况；②工程项目和分部分项工程的危险部位；③针对危险部位采取的具体预防措施；④作业中应注意的安全事项；⑤作业人员应遵守的安全操作规程和规范；⑥作业人员发现事故隐患应采取的措施和发生事故后应及时采取的躲避和急救措施。

（3）施工现场的安全防护

1）建筑施工单位应当在施工现场采取维护安全、防范危险、预防火灾等措施。施工单位应当在施工现场入口处、施工起重机械、临时用电设施、脚手架、出入通道口、楼梯口、电梯井口、孔洞口、桥梁口、隧道口、基坑边沿、爆破物及有害危险气体和液体存放处等危险部位，设置明显的安全警示标志。安全警示标志必须符合国家标准。

2）施工现场暂时停止施工的，施工单位应当做好现场防护，所需费用由责任方承担，或者按照合同约定执行。

3）有条件的，应当对施工现场实行封闭管理。施工现场位于一般路段的围挡应高于1.8m，在市区主要路段的围挡应高于2.5m。施工作业区与办公区和生活区应有明显的划分隔离，并设有防护措施，保持一定的安全距离。办公区和生活区与作业区应当有隔离，以避免人员误入危险区。办公区和生活区的选址应当符合安全性要求。职工的膳食、饮水、休息场所等应符合卫生标准。施工单位不得在尚未竣工的建筑物内设置员工集体宿舍。

4）施工现场对毗邻的建筑物、构筑物、地下管线以及特殊作业环境可能造成损害的，建筑施工企业应当采取专项防护措施。

5）施工现场的消防管理。《建设工程安全生产管理条例》第31条规定：“施工单位应当在施工现场建立消防安全责任制度，确定消防安全责任人，制定用火、用电、使用易燃易爆材料等各项消防安全管理制度和操作规程，设置消防通道、消防水源，配备消防设施和灭火器材，并在施工现场入口处设置明显标志。”

6）安全设备管理。

① 施工单位应在有较大危险因素的生产经营场所和有关设施、设备上设置明显的安全警示标志。同时必须对安全设备进行经常性维护、保养，并定期检测，保证其正常运转。维

护、保养、检测应做好记录，并由有关人员签字。

② 施工单位不得使用国家明令淘汰、禁止使用的危及生产安全的工艺、设备。

③ 施工单位在使用施工起重机械和整体提升脚手架、模板等自升式架设设施前，应当组织有关单位进行验收，也可以委托具有相应资质的检验检测机构进行验收，使用承租的机械设备和施工机具及配件的，由施工总承包单位、分包单位、出租单位和安装单位共同进行验收。验收合格的方可使用。施工单位应当自施工起重机械和整体提升脚手架、模板等自升式架设设施验收合格之日起 30 日内，向住房城乡建设主管部门或者其他有关部门登记。登记标志应当置于或者附着于该设备的显著位置。

7）施工现场的环境保护。《建筑法》第 41 条规定："建筑施工企业应当遵守有关环境保护和安全生产的法律、法规的规定，采取控制和处理施工现场的各种粉尘、废气、废水、固体废物以及噪声、振动对环境的污染和危害的措施。"

《建设工程安全生产管理条例》第 30 条规定："施工单位应当遵守有关环境保护法律、法规的规定，在施工现场采取措施，防止或者减少粉尘、废气、废水、固体废物、噪声、振动和施工照明对人和环境的危害和污染。在城市市区内的建设工程，施工单位应当对施工现场实行封闭围挡。"施工单位防止环境污染的措施内容应主要包括：①妥善处理泥浆水，未经处理不得直接排入城市排水设施和河流；②除设有符合规定的装置外，不得在施工现场熔融沥青或者焚烧油毡、油漆以及其他会产生有毒、有害烟尘和恶臭气体的物质；③使用密封式的圈筒或者采取其他措施处理高空废弃物；④采取有效措施控制施工过程中的扬尘；⑤禁止将有毒有害废弃物用作土方回填；⑥对噪声、振动的施工机械，应采取有效控制措施，减轻噪声扰民。

【案例 8-3】

1. 背景

某建筑公司在城市市区承担一商厦工程的施工，在施工现场周边设置了 2m 高的围挡，但因施工日久失管，有几处已破损成洞。某日，有 2 个男孩因为淘气从有洞处钻入工地，不小心被堆放的钢筋碰伤，引起了孩子家长与建筑公司的赔偿纠纷。

2. 问题

本案例中建筑公司是否存在违法行为？

3. 分析

《建设工程安全生产管理条例》第 30 条第 3 款规定："在城市市区内的建设工程，施工单位应当对施工现场实行封闭围挡。"本案例中的建筑公司虽然对施工现场设置了围挡，但由于疏于管理和维护，使围挡出现多处孔洞而未能真正形成封闭，违反了上述规定。

8.5.3　工程监理单位的安全责任和义务

1. 审查安全技术措施及专项施工方案是否符合工程建设强制性标准

按照规定，施工单位应当编制施工组织设计和专业性较强的施工方案。施工组织设计就安全生产而言，是在工程建设中，根据安全生产标准规范，提出各部位、各工序的包括施工安全方法与手段的安全技术措施，也是建设单位委托监理单位进行监理业务的主要内容。

2. 依法对施工安全事故隐患进行处理

工程监理单位在实施监理过程中，发现存在安全事故隐患的，应当要求施工单位整改；情节严重的，应当要求施工单位暂时停止施工，并及时报告建设单位。施工单位拒不整改或者不停止施工的，工程监理单位应当及时向有关主管部门报告。

工程监理单位受建设单位的委托，有权要求施工单位对存在的安全事故隐患进行整改，有权要求施工单位暂时停止施工，并依法向建设单位和有关主管部门报告。

3. 承担建设工程安全生产的监理责任

工程监理单位和监理工程师应当按照法律、法规和工程建设强制性标准实施监理，要对建设工程安全生产承担监理责任。

按照《建设工程监理规范》的规定，工程监理实行总监理工程师负责制。总监理工程师享有合同赋予监理单位的全部权利，全面负责受委托的监理工作。总监理工程师应当对工程项目的安全监理负总责。工程项目的监理人员按照职责分工，确定安全监理的范围及重点，履行监督检查的职责，并对各自承担的安全监理工作负责。

8.5.4 勘察、设计单位的安全责任和义务

1. 勘察单位的安全责任

《建设工程安全生产管理条例》第 12 条规定：“勘察单位应当按照法律、法规和工程建设强制性标准进行勘察，提供的勘察文件应当真实、准确，满足建设工程安全生产的需要。勘察单位在勘察作业时，应当严格执行操作规程，采取措施保证各类管线、设施和周边建筑物、构筑物的安全。”

2. 设计单位的安全责任

（1）设计单位必须按照法律、法规和工程建设强制性标准进行设计　工程建设强制性标准是工程建设技术和经验的总结、积累，对保证建设工程质量和安全起着重要作用。因此，法规强调设计单位在设计过程中必须考虑生产安全，强制性标准是设计工作的技术依据，应当严格执行。

（2）提出防范生产安全事故的指导意见和措施意见　设计单位的工程设计文件对保证建筑结构安全非常重要，设计单位在编制设计文件时，应当结合建设工程的具体特点和实际情况，考虑施工安全操作和防护的需要，为施工单位制定安全防护措施提供技术指导。采用新结构、新材料、新工艺的工程以及特殊结构的工程，设计单位应当在设计中提出保障施工作业人员安全和预防生产安全事故的措施建议。

涉及施工安全的重点部位和环节应当在设计文件中注明，施工单位作业前，设计单位应当就设计意图、设计文件向施工单位做出说明和技术交底，并对防范生产安全事故提出指导意见。

（3）对设计成果承担责任　按照“谁设计谁负责”的国际通行做法，设计单位和注册建筑师等注册执业人员应当对其设计负责。设计单位的责任主要是指由于设计责任造成事故的，设计单位除承担行政责任外，还要对造成的损失进行赔偿；注册执业人员应当在设计文件上签字，对设计文件负责。

8.5.5 其他有关单位的安全责任和义务

1. 提供机械设备和配件的单位的安全责任

《建设工程安全生产管理条例》第 15 条规定：“为建设工程提供机械设备和配件的单位，应当按照安全施工的要求配备齐全有效的保险、限位等安全设施和装置。”

2. 机械设备和施工机具及配件出租单位的安全责任

《建设工程安全生产管理条例》第 16 条规定：“出租的机械设备和施工机具及配件，应当具有生产（制造）许可证、产品合格证。出租单位应当对出租的机械设备和施工机具及配件的安全性能进行检测，在签订租赁协议时，应当出具检测合格证明。禁止出租检测不合格的机械设备和施工机具及配件。”

3. 施工起重机械和整体提升脚手架、模板等自升式架设设施安装、拆卸单位的安全责任

（1）安装与拆卸　从事施工起重机械和整体提升脚手架、模板等自升式架设设施安装、拆卸活动的单位，必须具有相应的资质。安装、拆卸施工起重机械和整体提升脚手架、模板等自升式架设设施，应当编制拆装方案，制定安全措施，并由专业技术人员现场监督。

（2）检验检测

1）施工起重机械和整体提升脚手架、模板等自升式架设设施安装完毕后，安装单位应当自检，出具自检合格证明，并向施工单位进行安全使用说明，办理验收手续并签字。

2）《建设工程安全生产管理条例》第 18 条规定，施工起重机械和整体提升脚手架、模板等自升式架设设施在达到国家规定的检验检测期限时，必须经具有专业资质的检验检测机构检测。经检测不合格的，不得继续使用。

3）《建设工程安全生产管理条例》第 19 条规定：“检验检测机构对检测合格的施工起重机械和整体提升脚手架、模板等自升式架设设施，应当出具安全合格证明文件，并对检测结果负责。”

8.6 生产安全事故的应急救援和调查处理

建筑业属于事故多发的行业之一。由于建设工程中生产安全事故的发生不可能完全杜绝，在加强施工安全监督管理、坚持预防为主的同时，为了减少建设工程安全事故中的人员伤亡和财产损失，还必须建立建设工程生产安全事故的应急救援制度。

安全事故人命关天，任何拖延和耽误都有可能威胁到生命和财产安全，都有可能导致损失的扩大。因此，必须在事故发生以前，未雨绸缪，制定好应急救援措施，一旦发生事故，可以在最短的时间内，将损失降低到最小。

安全事故都是严重的责任事故，事故发生后，首先，施工单位应按规定及时上报有关部门。实行总承包的项目，由总承包单位负责上报，接到报告的部门应按规定如实上报。其次，在发生安全事故的现场，施工单位应当采取有效的措施。最后，在调查清楚事故原因的基础上，对相关责任人的责任做出明确的界定，只有这样才能避免类似事故的重复发生。

【案例8-4】

1. 背景

某建筑施工企业有从业人员1 500多人。该单位安全部门的负责人多次向主要负责人提出要建立应急救援组织。但单位负责人另有看法，认为建立这样一个组织，平时用不上，还需要花钱养着，划不来。真有了事情，可以向上级报告，请求他们给予支援就行了。由于单位负责人有这样的认识，该施工单位就一直没有建立应急救援组织。

2. 问题

该建筑施工单位的做法是否正确？

3. 分析

建筑施工单位有1 500多名从业人员，明显属于《安全生产法》第79条规定的应当建立应急救援组织的情况。但该单位负责人却不算安全账，不建立应急救援组织。这种行为是违反《安全生产法》有关规定的，有关负有安全生产监督管理职责的部门应责令其予以纠正。

8.6.1 生产安全事故的等级划分标准

根据国务院颁布的《生产安全事故报告和调查处理条例》，生产安全事故（以下简称事故）依据造成的人员伤亡或者直接经济损失划分为以下等级：

1）特别重大事故。特别重大事故是指造成30人以上死亡，或者100人以上重伤（包括急性工业中毒，下同），或者1亿元以上直接经济损失的事故。

2）重大事故。重大事故是指造成10人以上30人以下死亡，或者50人以上100人以下重伤，或者5 000万元以上1亿元以下直接经济损失的事故。

3）较大事故。较大事故是指造成3人以上10人以下死亡，或者10人以上50人以下重伤，或者1 000万元以上5 000万元以下直接经济损失的事故。

4）一般事故。一般事故是指造成3人以下死亡，或者10人以下重伤，或者1 000万元以下直接经济损失的事故。

所称的“以上”包括本数，所称的“以下”不包括本数。

8.6.2 施工单位生产安全事故应急救援预案的制定和责任的落实

1. 制定应急救援预案，建立应急救援组织

1）所有的施工单位都应制定应急救援预案，建立专门从事应急救援工作的组织机构。一旦发生生产安全事故，应急救援组织能够迅速、有效地投入救援工作，防止事故的进一步扩大，最大限度地减少人员伤亡和财产损失。对一些施工规模较小、从业人员较少、发生事故时应急救援任务相对较轻的施工单位，可以配备兼职的能够胜任的应急救援人员，来保证应急救援预案的实施。

2）应急救援人员应经过培训和必要的演练，使其了解本行业安全生产的方针、政策和安全救护规程；掌握救援行动的方法、技能和注意事项；熟悉本单位安全生产情况；掌握应急救援器材、设备的性能、使用方法。

3）施工单位要根据生产经营活动的性质、特点以及应急救援工作的实际需要，有针对、有选择地配备应急救援器材、设备。保证这些器材、设备处于正常运转状态。

4）对职工进行消防安全培训，普及消防知识。对于不同的预案，要有计划地组织救援人员培训，定期进行演练，以使配备的应急救援物资、人员符合实战需要。

2. 施工单位在施工现场落实应急预案责任的划分

《建设工程安全生产管理条例》第 49 条规定："施工单位应当根据建设工程施工的特点、范围，对施工现场易发生重大事故的部位、环节进行监控，制定施工现场生产安全事故应急救援预案。实行施工总承包的，由总承包单位统一组织编制建设工程生产安全事故应急救援预案，工程总承包单位和分包单位按照应急救援预案，各自建立应急救援组织或者配备应急救援人员，配备救援器材、设备，并定期组织演练。"

为了贯彻"安全第一、预防为主"的安全生产方针，施工单位应根据工程特点、施工范围，在开工前对施工过程进行安全策划，对可能出现的危险因素进行识别，列出重大危险源，制定消除或减小危险性的安全技术方案、措施，对易发生重大事故的作业，脚手架、施工用电、基坑支护、模板支撑、起重吊装、塔吊、物料提升机及其他垂直运输设备，爆破、拆除工程等应有专项技术方案并落实控制措施进行监控；制定施工现场生产安全事故应急救援预案，对可能发生的事故及随之引发的伤害和其他影响采取抢救行动。

实行施工总承包的，施工总承包单位要对施工现场的施工组织和安全生产进行统一管理和全面负责，因此工程项目的生产安全事故应急救援预案应由总承包单位统一组织、编制，分包单位应服从总承包单位的管理，总承包单位与分包单位按照事故应急救援预案，各自建立应急救援组织或配备应急救援人员。对配备的救援器材、设备，要定期维护保养，并定期组织培训演练。

8.6.3　建设工程事故的报告制度

《建筑法》第 51 条规定："施工中发生事故时，建筑施工企业应当采取紧急措施减少人员伤亡和事故损失，并按照国家有关规定及时向有关部门报告。"

《安全生产法》第 80 条规定："生产经营单位发生生产安全事故后，事故现场有关人员应当立即报告本单位负责人。单位负责人接到事故报告后，应当迅速采取有效措施，组织抢救，防止事故扩大，减少人员伤亡和财产损失，并按照国家有关规定立即如实报告当地负有安全生产监督管理职责的部门，不得隐瞒不报、谎报或者迟报，不得故意破坏事故现场、毁灭有关证据。"

《建设工程安全生产管理条例》第 50 条规定："施工单位发生生产安全事故，应当按照国家有关伤亡事故报告和调查处理的规定，及时、如实地向负责安全生产监督管理的部门、建设行政主管部门或者其他有关部门报告；特种设备发生事故的，还应当同时向特种设备安全监督管理部门报告。接到报告的部门应当按照国家有关规定，如实上报。实行施工总承包的建设工程，由总承包单位负责上报事故。"

根据上述法条，在建筑施工中发生事故时，建筑施工企业除必须依法立即采取减少人员伤亡和财产损失的紧急措施外，还必须按照国家有关规定及时向有关主管部门报告。国务院颁布的《生产安全事故报告和调查处理条例》对事故报告的时间及程序、事故报告的内容和接到事故报告后应采取的措施均做出了明确规定。

1. 事故报告的时间及程序

事故发生后，事故现场有关人员应当立即向本单位负责人报告；单位负责人接到报告后，应当于1小时内向事故发生地县级以上人民政府安全生产监督管理部门和负有安全生产监督管理职责的有关部门报告。

情况紧急时，事故现场有关人员可以直接向事故发生地县级以上人民政府安全生产监督管理部门和负有安全生产监督管理职责的有关部门报告。

安全生产监督管理部门和负有安全生产监督管理职责的有关部门接到事故报告后，应当依照下列规定上报事故情况，并通知公安机关、劳动保障行政部门、工会和人民检察院：

1）特别重大事故、重大事故逐级上报至国务院安全生产监督管理部门和负有安全生产监督管理职责的有关部门。

2）较大事故逐级上报至省、自治区、直辖市人民政府安全生产监督管理部门和负有安全生产监督管理职责的有关部门。

3）一般事故上报至设区的市级人民政府安全生产监督管理部门和负有安全生产监督管理职责的有关部门。

安全生产监督管理部门和负有安全生产监督管理职责的有关部门依照上述规定上报事故情况，应当同时报告本级人民政府。国务院安全生产监督管理部门和负有安全生产监督管理职责的有关部门以及省级人民政府接到发生特别重大事故、重大事故的报告后，应当立即报告国务院。

必要时，安全生产监督管理部门和负有安全生产监督管理职责的有关部门可以越级上报事故情况。

安全生产监督管理部门和负有安全生产监督管理职责的有关部门逐级上报事故情况，每级上报的时间不得超过2小时。

《特种设备安全监察条例》第66条规定："特种设备事故发生后，事故发生单位应当立即启动事故应急预案，组织抢救，防止事故扩大，减少人员伤亡和财产损失，并及时向事故发生地县以上特种设备安全监督管理部门和有关部门报告。"因此，在特种设备发生事故时，应当向特种设备安全监督管理部门报告。这是因为特种设备的事故救援和调查处理专业性、技术性更强，由特种设备安全监督管理部门组织有关救援和调查处理更方便一些。

对于接到报告的部门，应当按照国家有关规定，如实上报。就真实性来看，如实上报要求：①客观上报，对事故情况如实报告，包括事故发生时间、地点、规模、伤亡人数、救援情况等；②全部上报，就是不得部分上报，部分不报，必须将事故发生的整体原本上报，并具体说明细节情况。

实行施工总承包的，在总承包工程中发生伤亡事故，应由总承包单位负责统计上报事故情况。

2. 事故报告的内容

报告事故应当包括下列内容：①事故发生单位概况；②事故发生的时间、地点以及事故现场情况；③事故的简要经过；④事故已经造成或者可能造成的伤亡人数（包括下落不明的人数）和初步估计的直接经济损失；⑤已经采取的措施；⑥其他应当报告的情况。

事故报告后出现新情况的，应当及时补报。新情况是指：①自事故发生之日起30日内，事故造成的伤亡人数发生变化的；②道路交通事故、火灾事故自发生之日起7日内，事故造成的伤亡人数发生变化的。

3. 接到事故报告后应采取的措施

1）事故发生单位负责人接到事故报告后，应当立即启动事故相应应急预案，或者采取有效措施，组织抢救，防止事故扩大，减少人员伤亡和财产损失。

2）事故发生地有关地方人民政府、安全生产监督管理部门和负有安全生产监督管理职责的有关部门接到事故报告后，其负责人应当立即赶赴事故现场，组织事故救援。

3）事故发生后，有关单位和人员应当妥善保护事故现场以及相关证据，任何单位和个人不得破坏事故现场、毁灭相关证据。

4）因抢救人员、防止事故扩大以及疏通交通等原因，需要移动事故现场物件的，应当做出标志，绘制现场简图并做出书面记录，妥善保存现场重要痕迹、物证。

5）事故发生地公安机关根据事故的情况，对涉嫌犯罪的，应当依法立案侦查，采取强制措施和侦查措施。犯罪嫌疑人逃匿的，公安机关应当迅速追捕归案。

6）安全生产监督管理部门和负有安全生产监督管理职责的有关部门应当建立值班制度，并向社会公布值班电话，受理事故报告和举报。

4. 安全事故现场保护制度

《建设工程安全生产管理条例》第51条规定："发生生产安全事故后，施工单位应当采取措施防止事故扩大，保护事故现场。需要移动现场物品时，应当做出标记和书面记录，妥善保管有关证物。"

施工现场发生生产安全事故后，施工单位负责人应当组织对现场安全事故的抢救，实行总承包的项目，总承包单位应统一组织事故的抢救工作，要根据事故的情况按应急救援预案或企业有关事故处理的制度迅速采取有效措施，组织抢救，防止事故扩大，减少人员伤亡和财产损失。同时要保护事故现场，因抢救工作需要移动现场部分物品时，必须做出标志，绘制事故现场图，并详细记录，妥善保管有关证物。为调查分析事故发生的原因，提供真实的证据。

故意破坏事故现场、毁灭有关证据，为将来进行事故调查、确定事故责任制造障碍者，要承担相应的责任。分包单位要根据总承包单位统一组织的应急救援预案和各自的职责分工，投入抢救工作，防止事态扩大。

8.6.4 建设工程事故调查

1. 事故调查的职权范围

特别重大事故由国务院或者国务院授权有关部门组织事故调查组进行调查。

重大事故、较大事故、一般事故分别由事故发生地省级人民政府、设区的市级人民政府、县级人民政府负责调查。省级人民政府、设区的市级人民政府、县级人民政府可以直接组织事故调查组进行调查，也可以授权或者委托有关部门组织事故调查组进行调查。

未造成人员伤亡的一般事故，县级人民政府也可以委托事故发生单位组织事故调查组进行调查。

上级人民政府认为必要时，可以调查由下级人民政府负责调查的事故。

自事故发生之日起30日内（道路交通事故、火灾事故自发生之日起7日内），因事故伤亡人数变化导致事故等级发生变化，依照规定应当由上级人民政府负责调查的，上级人民政府可以另行组织事故调查组进行调查。

特别重大事故以下等级的事故，事故发生地与事故发生单位不在同一个县级以上行政区域的，由事故发生地人民政府负责调查，事故发生单位所在地人民政府应当派人参加。

2. 事故调查组的组成

事故调查组的组成应当遵循精简、效能的原则。根据事故的具体情况，事故调查组由有关人民政府、安全生产监督管理部门、负有安全生产监督管理职责的有关部门、监察机关、公安机关以及工会派人组成，并应当邀请人民检察院派人参加。事故调查组可以聘请有关专家参与调查。

事故调查组组长由负责事故调查的人民政府指定。事故调查组组长主持事故调查组的工作。事故调查组成员应当具有事故调查所需要的知识和专长，并与所调查的事故没有直接利害关系。

3. 事故调查组的职责

事故调查组应当履行下列职责：

1）查明事故发生的经过、原因、人员伤亡情况及直接经济损失。

2）认定事故的性质和事故责任。

3）提出对事故责任者的处理建议。

4）总结事故教训，提出防范和整改措施。

5）提交事故调查报告。

4. 事故调查的实施

事故调查组有权向有关单位和个人了解与事故有关的情况，并要求其提供相关文件、资料，有关单位和个人不得拒绝。事故发生单位的负责人和有关人员在事故调查期间不得擅离职守，并应当随时接受事故调查组的询问，如实提供有关情况。事故调查中发现涉嫌犯罪的，事故调查组应当及时将有关材料或者其复印件移交司法机关处理。

事故调查中需要进行技术鉴定的，事故调查组应当委托具有国家规定资质的单位进行技术鉴定。必要时，事故调查组可以直接组织专家进行技术鉴定。技术鉴定所需时间不计入事故调查期限。

事故调查组成员在事故调查工作中应当诚信公正、恪尽职守，遵守事故调查组的纪律，保守事故调查的秘密。未经事故调查组组长允许，事故调查组成员不得擅自发布有关事故的信息。

5. 事故调查报告的期限与内容

事故调查组应当自事故发生之日起60日内提交事故调查报告，特殊情况下，经负责事故调查的人民政府批准，提交事故调查报告的期限可以适当延长，但延长的期限最长不超过60日。

事故调查报告应当包括下列内容：①事故发生单位概况；②事故发生经过和事故救援情况；③事故造成的人员伤亡和直接经济损失；④事故发生的原因和事故性质；⑤事故责任的认定以及对事故责任者的处理建议；⑥事故防范和整改措施。

事故调查报告应当附具有关证据材料。事故调查组成员应当在事故调查报告上签名。

事故调查报告报送负责事故调查的人民政府后，事故调查工作即告结束。事故调查的有关资料应当归档保存。

8.6.5 事故的处理

重大事故、较大事故、一般事故，负责事故调查的人民政府应当自收到事故调查报告之日起15日内做出批复；特别重大事故，30日内做出批复，特殊情况下，批复时间可以适当延长，但延长的时间最长不超过30日。

有关机关应当按照人民政府的批复，依照法律、行政法规规定的权限和程序，对事故发生单位和有关人员进行行政处罚，对负有事故责任的国家工作人员进行处分。

事故发生单位应当按照负责事故调查的人民政府的批复，对本单位负有事故责任的人员进行处理。

负有事故责任的人员涉嫌犯罪的，依法追究刑事责任。

事故发生单位应当认真吸取事故教训，落实防范和整改措施，防止事故再次发生。防范和整改措施的落实情况应当接受工会和职工的监督。

安全生产监督管理部门和负有安全生产监督管理职责的有关部门应当对事故发生单位落实防范和整改措施的情况进行监督检查。

事故处理的情况由负责事故调查的人民政府或者其授权的有关部门、机构向社会公布，依法应当保密的除外。

本章小结

本章对建设安全生产管理法规进行了较详细的阐述，主要介绍了建设安全生产管理概述、建设安全生产管理的方针和原则、建设安全生产的监督管理体制、安全生产管理基本制度、安全生产责任制度、生产安全事故的应急救援和调查处理等内容。

在建设安全生产管理概述中，要了解建设安全生产管理的概念等内容。

在建设安全生产管理的方针和原则中，要了解建设安全生产管理的方针与原则。

在建设安全生产的监督管理体制中，要了解监督管理机制、住房城乡建设主管部门的职责及权利，以及群防群治制度。

在安全生产管理基本制度中，要重点掌握建设工程安全生产许可制度、建设工程安全认证制度，了解建设安全生产教育培训制度和安全生产劳动保护制度。

在安全生产责任制度中，要掌握建设单位的安全责任和义务；重点掌握建筑施工企业的安全责任和义务；了解工程监理单位的安全责任和义务，勘察、设计单位的安全责任和义务，以及其他相关单位的安全责任和义务。

在生产安全事故的应急救援和调查处理中，要了解生产安全事故的等级划分标准、应急救援预案的制度和责任的落实、建设工程事故的报告制度，以及建设工程事故调查和处理。

习　题

一、单项选择题

1. 建筑工程安全生产管理制度中最基本的管理制度是（　　）。

A. 安全生产责任制度　　　　B. 群防群治制度

C. 安全责任追究制度　　D. 安全生产检查制度

2. 某重点工程按照法律规定不需办理施工许可证，持有开工报告即可开工建设，对此，建设单位应将保证安全施工的措施报送（　　）。

A. 开工报告发证机构审查　　B. 开工报告发证机构备案

C. 住房城乡建设主管部门批准　　D. 住房城乡建设主管部门备案

3. 某施工企业于2004年3月1日取得安全生产许可证，该许可证至（　　）届满。

A. 2006年3月1日　　B. 2007年3月1日

C. 2008年3月1日　　D. 2009年3月1日

4. 企业在安全生产许可证有效期内，未发生死亡事故的，安全生产许可证届满时（　　）。

A. 经原颁发管理机关同意可不再审查，有效期延期3年

B. 必须再次审查，有效期增加2年

C. 不再审查，有效期直至发生死亡事故

D. 必须再次审查，重新办理

5. 建筑施工企业应当依照安全生产许可证的管理规定向（　　）以上住房城乡建设主管部门申请领取安全生产许可证。

A. 省级　　B. 市级　　C. 部级　　D. 县级

6. 为施工现场从事危险作业人员办理意外伤害保险是（　　）的责任。

A. 总承包单位　　B. 分包单位　　C. 监理单位　　D. 建设单位

7. 工程总承包单位为某建设工程项目中从事危险作业的人员办理意外伤害保险，该保险责任期限到该项目（　　）之日为止。

A. 提交竣工验收报告　　B. 竣工验收合格

C. 竣工验收备案　　D. 交付使用

8. 按照《建设工程安全生产管理条例》的规定，建设单位的安全责任除了向施工单位提供现场相关资料、依法履行合同、提供安全生产费用及不推销劣质材料设备外，还包括（　　）。

A. 编制施工现场临时用电方案的责任　　B. 统一协调总、分包单位安全生产的责任

C. 编制安全技术措施的责任　　D. 对拆除工程进行备案的责任

9. 为了保护工程建设活动中从业人员的生命安全，有关主体的行为必须符合《建设工程安全生产管理条例》的规定。下列选项中违反该规定的是（　　）。

A. 监理单位发现安全隐患要求施工单位整改

B. 建设单位随意要求压缩合同约定的工期

C. 业主要求设计单位和注册建筑师等注册执业人员对设计负责

D. 施工单位的安全生产管理人员直接制止项目负责人的违章指挥

10. 施工单位专职安全生产管理人员负责对安全生产进行现场监督检查。发现安全事故隐患，应当及时向（　　）报告；对违章指挥、违章操作的，应当立即制止。

A. 项目负责人　　B. 安全生产管理机构

C. 县级以上人民政府　　D. 项目负责人和安全生产管理机构

11. 某新设立的建筑施工总承包公司，依据《建设工程安全生产管理条例》的规定，下列做法正确的是（　　）。

A. 应当设安全生产管理机构，配备兼职安全生产管理人员
B. 不必设安全生产管理机构，但需配备兼职安全生产管理人员
C. 不必设安全生产管理机构，但需配备专职安全生产管理人员
D. 应当设安全生产管理机构，配备专职安全生产管理人员

12. 关于施工总承包单位与分包单位安全责任的划分，下列表述不正确的是（　　）。
A. 由总承包单位对施工现场的安全生产负总责
B. 总承包单位和分包单位对各自承包范围内的安全生产自行承担责任
C. 总承包单位和分包单位对分包工程的安全生产承担连带责任
D. 分包单位不服从总承包单位管理导致生产安全事故的，由分包单位承担主要责任

13. 建筑安全监督机构在检查施工现场时，发现某施工单位在没有竣工的建筑物内设置员工集体宿舍，则施工单位（　　）。
A. 经工程所在地建设安全监督机构同意，可以继续使用
B. 经工程所在地住房城乡建设主管部门同意，可以继续使用
C. 必须将宿舍迁出
D. 经工程所在地质量监督机构同意，可以继续使用

14. 工程监理单位应当按照法律、法规和工程建设强制性标准实施监理，审查施工组织设计、对安全生产隐患进行报告和依法监理是其法定的义务，其中依法监理意味着（　　）。
A. 可责令施工单位暂停施工　　B. 可通过建设单位终止施工合同
C. 要承担相应的法律责任　　D. 可对违章作业行为进行处罚

15. 起重吊装工程是一个危险性工程，对于起重吊装工程的说法不正确的是（　　）。
A. 施工单位应该在施工组织设计中编制安全技术措施
B. 需要编制专项施工方案并附安全验算结果
C. 专项施工方案经专职安全管理人员签字后实施
D. 由专职安全管理人员进行现场监督

16. 某施工单位租赁一建筑设备公司的塔吊，经组织有关方验收合格，施工单位应在验收合格之日起（　　）内，向住房城乡建设主管部门或者其他有关部门登记。
A. 5 日　　B. 10 日　　C. 20 日　　D. 30 日

17. 关于安全施工技术交底，下列说法正确的是（　　）。
A. 施工单位负责项目管理的技术人员向施工作业人员的交底
B. 专职安全生产管理人员向施工作业人员交底
C. 施工单位负责项目管理的技术人员向专职安全生产管理人员交底
D. 施工作业人员向施工单位负责人交底

18. 施工单位的安全生产费用不应该用于（　　）。
A. 购买施工安全防护用具　　B. 安全设施的更新
C. 安全施工措施的落实　　D. 职工安全事故的赔偿

19. 施工单位应当组织专家对专项施工方案进行论证、审查的工程是（　　）。
A. 脚手架工程　　B. 爆破工程　　C. 模板工程　　D. 地下暗挖工程

20. 甲建筑公司承建乙市一隧道项目，现缺乏一种进口挖掘机，公司领导决定采用租赁方式向乙市建筑机械租赁公司租赁，以节约资金。乙市建筑机械租赁公司的此种进口挖掘机

确实性能良好，但缺少产品合格证，下列说法正确的是（　　）。

A. 不能出租

B. 可以出租

C. 经乙市住房城乡建设主管部门批准后可以出租

D. 经乙市人民政府批准后可以出租

21. 下列对于建筑施工单位各类人员的管理中，不符合《安全生产法》规定的是（　　）。

A. 一般作业人员未经安全生产教育培训合格不得上岗作业

B. 特种作业人员要持特种作业操作资格证书上岗作业

C. 主要负责人在按规定对其安全生产知识和管理能力考核合格后方可任职

D. 安全生产管理人员经过正式培训后才能任职

22. 大学生张某暑假到某工地打工，项目负责人曾与民工王某口头商定，不管出现任何事故，公司最多赔付5 000元，后在施工中，由于王某疏忽致使扣件掉落，砸伤了张某，发生医疗费7 000元。下述说法正确的是（　　）。

A. 公司最多赔偿5 000元

B. 张某应要求王某赔偿

C. 公司应赔偿医疗费7 000元

D. 公司应赔偿6 000元医疗费，另1 000元由王某赔偿

23. 张某在脚手架施工时，发现部分扣件松动而可能倒塌，所以停止了作业，这属于从业人员在行使（　　）。

A. 知情权　　B. 拒绝权　　C. 紧急避险权　　D. 检举权

24. 下列行为中没有违反《安全生产法》的行为是（　　）。

A. 甲发现了安全事故隐患后没有向现场安全管理人员报告，后发生事故

B. 乙发现脚手架要倒塌，在没有采取其他措施情况下迅速逃离现场

C. 项目经理强行要求有“恐高症”的丙高空作业

D. 丁没有按照本单位要求在施工现场戴安全帽

25. 某施工单位从业人员1 000人，根据《安全生产法》关于安全生产事故应急救援的规定，下列作法中正确的是（　　）。

A. 应当建立应急救援组织

B. 可不建立应急救援组织，但应指定专职应急救援人员

C. 可不建立应急救援组织，但应指定兼职应急救援人员

D. 可不建立应急救援组织，但应当配备必要的应急救援器材设备

26. 某施工现场塔吊吊篮坠落，造成3死多伤的安全事故，根据《安全生产法》对事故报告与处理的规定，下列选项中除（　　）外都是违法行为。

A. 作业工人小李在事故发生后立即告知了正在午休的项目经理

B. 安全事故发生地的地方人民政府在安全事故发生后，组织有关人员对安全事故调查，调查结果确定一个月后将事故情况上报

C. 安全事故发生地的地方人民政府在上报的报告中有意遗漏伤亡人数

D. 单位负责人因为正在与他人谈判签约，所以接到安全事故报告后没有迅速赶到事故现场

27. 某工程基础施工现场发生了土方坍塌事故，将一些正在工作的工人掩埋，工人张某在现场目睹了整个事故的全过程，由于张某看到的是掩埋了五名工人，他就推测这五名工人均已经死亡，于是立即向本单位负责人报告说五名工人遇难。此数字与实际数字不符。对此，你认为该工人的做法（　　）。

A. 违法

B. 如果其实际看到的不是五名工人，就违法

C. 不违法

D. 不能确定是否违法

28. 承上题，如果张某看到这件事后没有立即向本单位负责人报告，则（　　）。

A. 不违法，是否去报告是公民的权利

B. 不违法，因为张某不是安全管理人员

C. 违法，因为可能导致救援迟缓，伤亡扩大

D. 不一定，是否违法取决于其是否同时向安全生产主管部门报告

29. 工人小李在作业中发现脚手架要垮塌，赶紧逃离了现场，随之垮塌的脚手架造成一死多伤的安全事故，则小李的行为（　　）。

A. 违法，因为只有在通知其他工人后才可逃离

B. 违约，因为没有按照合同履行劳动的义务

C. 不违法，这是在行使紧急避险权

D. 不违法，因为这是不可抗力

二、多项选择题

1. 某工业厂房进行改建，工业厂房附近有一个二层楼，一楼存放的是白磷、红磷、硫等化学物品，二楼暂时闲置。由于空间狭窄，施工单位与建设单位协商使用二层楼，下列说法正确的有（　　）。

A. 二楼可以作为员工宿舍　　B. 二楼可以作为现场临时仓储用房

C. 经安全部门同意可作为员工宿舍　　D. 整栋楼不得作为员工宿舍

E. 整栋楼不得作为办公用房

2. 某建筑构件公司由于安全生产资金投入不足造成两人受伤，（　　）应当对此承担责任。

A. 该公司法定代表人　　B. 该公司经理

C. 该公司财务总监　　D. 该公司的安全管理人员

E. 该公司的工会小组负责人

3. 某施工单位项目经理部在城市街区进行深基坑开挖工程，依照《安全生产法》的规定，以下表述正确的有（　　）。

A. 施工单位应当登记建档

B. 施工单位应当制定紧急预案

C. 施工单位制定的应急措施应经安全监督部门批准

D. 施工单位制定的应急措施应经安全监督部门论证

E. 施工单位制定的应急措施应经安全监督部门备案

4. 张某系某施工单位工人，办理了工伤社会保险与人身意外伤害保险。在从事某工程

外墙面装修时，不慎坠落，造成三级残废，下列表述正确的有（　　）。

A. 张某可要求享受工伤保险

B. 张某有权要求本单位赔偿

C. 张某享受工伤保险，但不得要求单位赔偿

D. 张某享受工伤保险，还可要求单位赔偿

E. 张某向保险公司主张人身意外伤害保险索赔时，不得要求工伤社会保险

5. 安全生产监督管理部门的下述做法错误的有（　　）。

A. 要求施工单位购买其认可的安全防护用品

B. 向施工单位推荐安全设备产品目录

C. 在安全设备检验时，仅收取检验成本费

D. 在检查中发现事故隐患，责令立即排除

E. 在检查中发现从业人员未戴安全帽，即要求停工整顿

6. 某开发商拟拆除某商场，已经办理拆迁许可证。按照法律规定，还应当将（　　）资料报送建设工程所在地的县级以上地方人民政府住房城乡建设主管部门备案。

A. 施工单位资质等级证明

B. 拟拆除建筑物、构筑物及可能危及毗邻建筑的说明

C. 拆迁安置补偿方案

D. 拆除施工组织方案

E. 供气、供热、通信、广播电视等地下管线资料

7. 某施工单位拟租赁一家设备公司的塔吊，依照《建设工程安全生产管理条例》，设备公司应当出具塔吊的（　　）。

A. 发票　　B. 原始合同　　C. 检测合格证明

D. 生产许可证　　E. 产品合格证

8. 王某被任命为一大型工程的施工项目经理，关于其安全职责的表述正确的有（　　）。

A. 应当制定安全生产规章制度

B. 落实安全生产责任制度、安全生产规章制度和操作规程

C. 确保安全生产费用的有效使用

D. 制定安全施工措施、消除安全事故隐患

E. 及时、如实报告安全生产事故

9. 根据《建设工程安全生产管理条例》的规定，下列关于安全生产要求的表述正确的有（　　）。

A. 登高架设作业人员须取得特种作业操作资格证书后，方可上岗

B. 登高架设作业人员经过企业的安全教育培训合格后，即可上岗

C. 脚手架工程应编制专项施工方案，并附具安全验算

D. 脚手架工程的施工方案必须经专家论证

E. 脚手架工程的施工方案经总监理工程师签字后方可实施

10. 根据《建设工程安全生产管理条例》的规定，必须按照国家有关规定经过专门的安全作业培训，并取得特种作业操作资格证书后，方可上岗作业的人员有（　　）。

A. 垂直运输机械作业人员　　B. 安装拆卸工

C. 爆破作业人员　　D. 起重信号工

E. 钢筋工

11. 在下列（　）建设工程中，设计单位应当在设计中提供保障施工人员安全和预防生产安全事故的措施建议。

A. 全部使用国有资金投资的　　B. 国家重点

C. 关系公共利益和公共安全的　　D. 采用新结构、新材料、新工艺的

E. 特殊结构的

12. 工程监理单位在实施施工监理过程中，发现安全事故隐患，其能够采取的措施有（　）。

A. 罚款　　B. 要求施工单位整改

C. 要求施工单位暂时停工　　D. 要求施工单位停业整顿

E. 向有关主管部门报告

13. 下列关于安全生产许可证的说法中正确的有（　）。

A. 安全生产许可证的有效期为 5 年

B. 未取得安全生产许可证的企业，不得从事建筑施工活动

C. 住房城乡建设主管部门在颁发施工许可证时，必须审查安全生产许可证

D. 企业未发生死亡事故的，许可证有效期届满时自动延期

E. 企业未发生死亡事故的，许可证有效期届满时，经原办证机关同意，可延期

14. 《建筑施工企业安全生产许可证管理规定》的适用范围为建筑施工企业，即从事（　）的新建、扩建、改建等有关活动的企业。

A. 土木工程　　B. 线路工程　　C. 设备安装工程

D. 装修工程　　E. 电子工程

15. 下列属于安全许可证取得条件的有（　）。

A. 建立、健全安全生产责任制

B. 保证本单位安全生产条件所需资金投入

C. 参加工伤保险

D. 施工监理单位需配备专人负责安全生产

E. 施工单位必须为工程质量投保

三、简答题

1. 安全生产教育和培训的内容有哪些？
2. 如何进行建筑施工现场的安全防护管理？
3. 安全生产许可证的取得条件和工作流程有哪些？
4. 简述施工单位的施工安全生产责任。
5. 安全事故发生后如何进行应急救援与调查处理？

四、案例题

2006 年，某工程公司在某大桥施工中与该公司职工罗某承包合同，约定由罗某承包大桥行车道板的架设安装。该合同还约定，施工中发生伤、亡、残事故，由罗某负责。合同签订后，罗某曾在开工前召集民工开会强调安全问题，要求民工在安放道板下的胶垫时必须使用铁钩，防止道板坠落伤人。没想到事故还是发生了，10 月 6 日下午，民工刘某在安放道

板下的胶垫时未使用铁钩，直接用手放置。由于支撑道板的千斤顶滑落，重达10多吨的道板坠下并将刘某的左手砸伤。罗某立即送刘某到医院住院治疗，21天后出院。期间各项费用总计5 309.3元，已由罗某全部承担。但经医生诊断，刘某左手失去了劳动能力。之后，刘某多次要求工程公司与罗某赔偿误工费等费用，但是都被他们以刘某违反安全操作规程造成工伤为由，拒绝赔偿。2007年3月，刘某向人民法院提起诉讼。

问题：人民法院应如何处理?

第9章

建设工程施工现场环境保护、节约能源和文物保护法律制度

案例导入

某酒店是一家中美合资的三星级酒店。该酒店开业后每天噪声不断，周围居民苦不堪言，纷纷向当地环保部门投诉。经环保部门检测，该酒店的噪声超过国家标准，且未办理“三同时”手续。于是环保部门做出该酒店停业的决定，并要求在停业期间限期治理。与此同时，周围居民和酒店部分职工以酒店噪声超过排放标准为由向当地人民法院提出了民事赔偿诉讼。

请分析：该酒店以自己为中外合资企业为由，提出应当享受优惠政策，可以不执行《中华人民共和国环境保护法》的有关规定，这一理由是否成立？环保部门做出的决定是否符合法律规定？人民法院是否应当受理居民和酒店职工的诉讼？

9.1 施工现场环境保护制度

《建筑法》规定，建筑施工企业应当遵守有关环境保护和安全生产法律、法规的规定，采取控制和处理施工现场的各种粉尘、废气、废水、固体废物以及噪声、振动对环境的污染和危害的措施。

9.1.1 施工现场大气污染防治的规定

《中华人民共和国大气污染防治法》规定，城市人民政府应当采取绿化责任制、加强建设施工管理、扩大地面铺装面积、控制渣土堆放和清洁运输等措施，提高人均占有绿地面积，减少市区裸露地面和地面尘土，防治城市扬尘污染。

在城市市区进行建设施工或者从事其他产生扬尘污染活动的单位，必须按照当地环境保护的规定，采取防治扬尘污染的措施。运输、装卸、储存能够散发有毒有害气体或者粉尘物质的，必须采取密闭措施或者其他防护措施。在人口集中地区存放煤炭、煤矸石、煤渣、煤灰、砂石、灰土等物料，必须采取防燃、防尘措施，防止污染大气。严格限制向大气排放含有毒物质的废气和粉尘。确需排放的，必须经过净化处理，不超过规定的排放标准。

施工现场大气污染的防治，重点是防治扬尘污染。对于扬尘控制，2007年9月原建设部颁布的《绿色施工导则》中规定：

1）运送土方、垃圾、设备及建筑材料等，不污损场外道路。运输容易散落、飞扬、流

漏的物料的车辆，必须采取措施封闭严密，保证车辆清洁。施工现场出口应设置洗车槽。

2）土方作业阶段，采取洒水、覆盖等措施，达到作业区目测扬尘高度小于1.5m，不扩散到场区外的目的。

3）结构施工、安装装饰装修阶段，作业区目测扬尘高度小于0.5m。对易产生扬尘的堆放材料应采取覆盖措施；对粉末状材料应封闭存放；场区内可能引起扬尘的材料及建筑垃圾搬运应有降尘措施，如覆盖、洒水等；浇筑混凝土前清理灰尘和垃圾时尽量使用吸尘器，避免使用吹风器等易产生扬尘的设备；机械剔凿作业时可用局部遮挡、掩盖、水淋等防护措施；高层或多层建筑清理垃圾应搭设封闭性临时专用道或采用容器吊运。

4）施工现场非作业区达到目测无扬尘的要求。对现场易飞扬物质采取有效措施，如洒水、地面硬化、围挡、密网覆盖、封闭等，防止扬尘产生。

5）构筑物机械拆除前，做好扬尘控制计划。可采取清理积尘、拆除体洒水、设置隔挡等措施。

6）构筑物爆破拆除前，做好扬尘控制计划。可采用清理积尘、淋湿地面、预湿墙体、屋面敷水袋、楼面蓄水、建筑外设高压喷雾状水系统、搭设防尘排栅和直升机投水弹等综合降尘措施。选择风力小的天气进行爆破作业。

7）在场界四周隔挡高度位置测得的大气总悬浮颗粒物（TSP）月平均浓度与城市背景值的差值不大于0.08mg/m^3。

9.1.2 施工现场噪声污染防治的规定

1. 建设项目环境噪声污染的防治

一些建设项目如城市道桥、铁路（包括轻轨）、工业厂房等，其建成后的使用可能会对周围环境产生噪声污染。因此，建设单位必须在建设前期就规定环境噪声污染的防治措施，并在建设过程中同步建设环境噪声污染防治设施。

《中华人民共和国环境噪声污染防治法》（以下简称《环境噪声污染防治法》）规定，新建、改建、扩建的建设项目，必须遵守国家有关建设项目环境保护管理的规定。

建设项目可能产生环境噪声污染的，建设单位必须提出环境影响报告书，规定环境噪声污染的防治措施，并按照国家规定的程序报环境保护行政主管部门批准。环境影响报告书中，应当有该建设项目所在地单位和居民的意见。

建设项目的环境噪声污染防治设施必须与主体工程同时设计、同时施工、同时投产使用。例如，建设经过已有的噪声敏感建筑物集中区域的高速公路和城市高架、轻轨道路，有可能造成环境噪声污染的，应当设置声屏障或者采取其他有效的控制环境噪声污染的措施；在已有的城市交通干线的两侧建设噪声敏感建筑物的，建设单位应当按照国家规定间隔一定距离，并采取减轻、避免交通噪声影响的措施等。

建设项目在投入生产或者使用之前，其环境噪声污染防治设施必须经原审批环境影响报告书的环境保护行政主管部门验收；达不到国家规定要求的，该建设项目不得投入生产或者使用。

2. 施工现场环境噪声污染的防治

施工噪声是指在建设工程施工过程中产生的干扰周围生活环境的声音。随着城市化进程的不断加快及工程建设的大规模开展，施工噪声污染问题日益突出，尤其是在城市人口稠密地区的建设工程施工中产生的噪声污染，不仅影响周围居民的正常生活，而且损害城市的环境形象。施工单位与周围居民因噪声而引发的纠纷也时有发生，群众投诉日渐增多。因此，应当依法加强施工现场噪声管理，采取有效措施防治施工噪声污染。

（1）排放建筑施工噪声应当符合建筑施工场界环境噪声排放标准　《环境噪声污染防治法》规定，在城市市区范围内向周围生活环境排放建筑施工噪声的，应当符合国家规定的建筑施工场界环境噪声排放标准。

所谓噪声排放，是指噪声源向周围生活环境辐射噪声。按照 2011 年 12 月经修改后颁布的《建筑施工场界环境噪声排放标准》（GB 12523—2011）的规定，建筑施工过程中场界环境噪声不得超过规定的排放限值。建筑施工过程中场界噪声排放限值，昼间为 70dB（A），夜间为 55dB（A），夜间噪声最大声级超过限值的幅度不得高于 15dB（A）。昼间是指 6：00～22：00 之间的时段；夜间是指 22：00～次日 6：00 之间的时段。

dB 是英文 Decibel 的缩写，是噪声分贝的单位。（A）是指频率加权特性为 A，A 计权声级是目前世界上噪声测量中应用最广泛的一种。

（2）使用机械设备可能产生环境噪声污染的申报　《环境噪声污染防治法》规定，在城市市区范围内，建筑施工过程中使用机械设备，可能产生环境噪声污染的，施工单位必须在工程开工 15 日前向工程所在地县级以上地方人民政府环境保护行政主管部门申报该工程的项目名称、施工场所和期限、可能产生的环境噪声值以及所采取的环境噪声污染防治措施的情况。

国家对环境噪声污染严重的落后设备实行淘汰制度。国务院经济综合主管部门应当会同国务院有关部门公布限期禁止生产、禁止销售、禁止进口的环境噪声污染严重的设备名录。

（3）禁止夜间进行产生环境噪声污染施工作业的规定　《环境噪声污染防治法》规定，在城市市区噪声敏感建筑物集中区域内，禁止夜间进行产生环境噪声污染的建筑施工作业，但抢修、抢险作业和因生产工艺上要求或者特殊需要必须连续作业的除外。因特殊需要必须连续作业的，必须有县级以上人民政府或者其有关主管部门的证明。以上规定的夜间作业，必须公告附近居民。

所谓噪声敏感建筑物集中区域，是指医疗区、文教科研区和以机关或者居民住宅为主的区域。所谓噪声敏感建筑物，是指医院、学校、机关、科研单位、住宅等需要保持安静的建筑物。

（4）政府监管部门的现场检查　《环境噪声污染防治法》规定，县级以上人民政府环境保护行政主管部门和其他环境噪声污染防治工作的监督管理部门、机构，有权依据各自的职责对管辖范围内排放环境噪声的单位进行现场检查。被检查的单位必须如实反映情况，并提供必要的资料。检查部门、机构应当为被检查的单位保守技术秘密和业务秘密。检查人员进行现场检查，应当出示证件。

【案例 9-1】

1. 背景

2012 年 6 月 19 日晚上 11 点，某市环境保护行政主管部门接到居民投诉，称某项目工地有夜间施工噪声扰民情况。执法人员立刻赶赴施工现场，并在施工场界进行了噪声测量。经现场勘查：施工噪声源主要是商品混凝土运输车、混凝土输送泵和施工电梯等设备的施工作业噪声，施工场界噪声经测试为72.4dB。通过调查，执法人员核实此次夜间施工作业既不属于抢修、抢险作业，也不属于因生产工艺要求必须进行的连续作业，并无有关主管部门出具的因特殊需要必须连续作业的证明。

2. 问题

1）本案例中，施工单位的夜间施工作业行为是否合法？

2）对本案例中施工单位的夜间施工作业行为应如何处理？

3. 分析

1）本案例中，施工单位的夜间施工作业行为构成了环境噪声污染违法行为。《环境噪声污染防治法》第30条规定："在城市市区噪声敏感建筑物集中区域内，禁止夜间进行产生环境噪声污染的建筑施工作业，但抢修、抢险作业和因生产工艺上要求或者特殊需要必须连续作业的除外。因特殊需要必须连续作业的，必须有县级以上人民政府或者其有关主管部门的证明。前款规定的夜间作业，必须公告附近居民。"经执法人员核实，该施工单位夜间作业既不属于抢修、抢险作业，也不属于因生产工艺上要求必须进行的连续作业，并没有有关主管部门出具的因特殊需要必须连续作业的证明。

另外，《环境噪声污染防治法》第28条规定："在城市市区范围内向周围生活环境排放建筑施工噪声的，应当符合国家规定的建筑施工场界环境噪声排放标准。"经执法人员检测，施工场界噪声为72.4dB，超过了《建筑施工场界环境噪声排放标准》关于夜间噪声限制的标准。

2）《环境噪声污染防治法》第56条规定："在城市市区噪声敏感建筑物集中区域内，夜间进行禁止进行的产生环境噪声污染的建筑施工作业的，由工程所在地县级以上地方人民政府环境保护行政主管部门责令改正，可以并处罚款。"据此，对该施工单位应由该市环境保护行政主管部门依法责令改正，可以并处罚款。

9.1.3 施工水污染防治的规定

《中华人民共和国水污染防治法》规定，排放水污染物，不得超过国家或者地方规定的水污染物排放标准和重点水污染物排放总量控制指标。

直接或者间接向水体排放污染物的企业事业单位和个体工商户，应当按照国务院环境保护行政主管部门的规定，向县级以上地方人民政府环境保护行政主管部门申报登记拥有的水污染物排放设施、处理设施和在正常作业条件下排放水污染物的种类、数量和浓度，并提供防治水污染方面的有关技术资料。

禁止向水体排放油类、酸液、碱液或者剧毒废液。禁止在水体清洗装储过油类或者有毒污染物的车辆和容器。禁止向水体排放、倾倒放射性固体废物或者含有高放射性和中放射性物质的废水。向水体排放含低放射性物质的废水，应当符合国家有关放射性污染防治的规定和标准。

禁止向水体排放、倾倒工业废渣、城镇垃圾和其他废弃物。禁止将含有汞、镉、砷、铬、铅、氰化物、黄磷等的可溶性剧毒废渣向水体排放、倾倒或者直接埋入地下。存放可溶性剧毒废渣的场所，应当采取防水、防渗漏、防流失的措施。禁止在江河、湖泊、运河、渠道、水库最高水位线以下的滩地和岸坡堆放、存储固体废弃物和其他污染物。

在饮用水水源保护区内，禁止设置排污口。在风景名胜区水体、重要渔业水体和其他具有特殊经济文化价值的水体的保护区内，不得新建排污口。在保护区附近新建排污口，应当保证保护区水体不受污染。

禁止利用渗井、渗坑、裂隙和溶洞排放、倾倒含有毒污染物的废水、含病原体的污水和其他废弃物。禁止利用无防渗漏措施的沟渠、坑塘等输送或者存储含有毒污染物的废水、含病原体的污水和其他废弃物。

兴建地下工程设施或者进行地下勘探、采矿等活动，应当采取防护性措施，防止地下水污染。人工回灌补给地下水，不得恶化地下水质。

《绿色施工导则》进一步规定：

1）施工现场污水排放应达到《污水综合排放标准》（GB 8978—1996）的要求。

2）在施工现场应针对不同的污水，设置相应的处理设施，如沉淀池、隔油池、化粪池等。

3）污水排放应委托有资质的单位进行废水水质检测，提供相应的污水检测报告。

4）保护地下水环境。采用隔水性能好的边坡支护技术。在缺水地区或地下水位持续下降的地区，基坑降水尽可能少地抽取地下水；当基坑开挖抽水量大于 50 万 m^3 时，应进行地下水回灌，并避免地下水被污染。

5）对于化学品等有毒材料、油料的储存地，应有严格的隔水层设计，做好渗漏液收集和处理工作。

9.1.4　施工现场固体废物污染防治的规定

施工现场的固体废物主要是建筑垃圾和生活垃圾。固体废物又分为一般固体废物和危险废物。所谓危险废物，是指列入国家危险废物名录或者根据国家规定的危险废物鉴别标准和鉴别方法认定的具有危险特性的固体废物。

1. 一般固体废物污染环境的防治

《中华人民共和国固体废物污染环境防治法》规定，产生固体废物的单位和个人，应当采取措施，防止或者减少固体废物对环境的污染。收集、储存、运输、利用、处置固体废物的单位和个人，必须采取防扬散、防流失、防渗漏或者其他防止污染环境的措施；不得擅自倾倒、堆放、丢弃、遗撒固体废物。禁止任何单位或者个人向江河、湖泊、运河、渠道、水库及其最高水位线以下的滩地和岸坡等法律、法规规定禁止倾倒、堆放废弃物的地点倾倒、堆放固体废物。

转移固体废物出省、自治区、直辖市行政区域储存、处置的，应当向固体废物移出地的省、自治区、直辖市人民政府环境保护行政主管部门提出申请。移出地的省、自治区、直辖市人民政府环境保护行政主管部门应当经接受地的省、自治区、直辖市人民政府环境保护行政主管部门同意后，方可批准转移该固体废物出省、自治区、直辖市行政区域。未经批准的，不得转移。

工程施工单位应当及时清运工程施工过程中产生的固体废物，并按照环境卫生行政主管部门的规定进行利用或者处置。

2. 危险废物污染环境防治的特别规定

对危险废物的容器和包装物以及收集、储存、运输、处置危险废物的设施、场所，必须设置危险废物识别标志。以填埋方式处置危险废物不符合国务院环境保护行政主管部门规定的，应当缴纳危险废物排污费。危险废物排污费用于污染环境的防治，不得挪作他用。

禁止将危险废物提供或者委托给无经营许可证的单位从事收集、储存、利用、处置的经营活动。运输危险废物，必须采取防止污染环境的措施，并遵守国家有关危险货物运输管理的规定。禁止将危险废物与旅客在同一运输工具上载运。

收集、储存、运输、处置危险废物的场所、设施、设备和容器、包装物及其他物品转作他用时，必须经过消除污染的处理，方可使用。

产生、收集、储存、运输、利用、处置危险废物的单位，应当制定意外事故的防范措施和应急预案，并向所在地县级以上地方人民政府环境保护行政主管部门备案；环境保护行政主管部门应当进行检查。因发生事故或者其他突发性事件，造成危险废物严重污染环境的单位，必须立即采取措施消除或者减轻对环境的污染危害，及时通报可能受到污染危害的单位和居民，并向所在地县级以上地方人民政府环境保护行政主管部门和有关部门报告，接受调查处理。

3. 施工现场固体废物的减量化和回收再利用

《绿色施工导则》规定，制定建筑垃圾减量化计划，如住宅建筑，每万平方米的建筑垃圾不宜超过400t。

加强建筑垃圾的回收再利用，力争建筑垃圾的再利用和回收率达到30%，建筑物拆除产生的废弃物的再利用和回收率大于40%。对于碎石类、土石方类建筑垃圾，可采用地基填埋、铺路等方式提高再利用率，力争再利用率大于50%。

施工现场生活区设置封闭式垃圾容器，施工场地生活垃圾实行袋装化，及时清运。对建筑垃圾进行分类，并收集到现场封闭式垃圾站，集中运出。

9.2 施工节约能源制度

《中华人民共和国循环经济促进法》（以下简称《循环经济促进法》）规定，建筑设计、建设、施工等单位应当按照国家有关规定和标准，对其设计、建设、施工的建筑物及构筑物采用节能、节水、节地、节材的技术工艺和小型、轻型、再生产品。有条件的地区，应当充分利用太阳能、地热能、风能等可再生能源。

1. 节材与材料资源利用

《循环经济促进法》规定，国家鼓励利用无毒无害的固体废物生产建筑材料，鼓励使用散装水泥，推广使用预拌混凝土和预拌砂浆。禁止损毁耕地烧砖。在国务院或者省、自治区、直辖市人民政府规定的期限和区域内，禁止生产、销售和使用黏土砖。

《绿色施工导则》进一步规定：①施工图会审时，应审核节材与材料资源利用的相关内容，达到材料损耗率比定额损耗率降低30%；②根据施工进度、库存情况等合理安排材料的采购、进场时间和批次，减少库存；③现场材料堆放有序；④储存环境适宜，措施得当；

⑤保管制度健全，责任落实；⑥材料运输工具适宜，装卸方法得当，防止损坏和遗洒；⑦根据现场平面布置情况就近卸载，避免和减少二次搬运；⑧采取技术和管理措施提高模板、脚手架等的周转次数；⑨优化安装工程的预留、预埋、管线路径等方案；⑩应就地取材，施工现场500km以内生产的建筑材料用量占建筑材料总重量的70%以上。

此外，还分别就结构材料、围护材料、装饰装修材料、周转材料提出了明确要求。例如，结构材料节材与材料资源利用的技术要点有：

1）推广使用预拌混凝土和商品砂浆。准确计算采购数量、供应频率、施工速度等，在施工过程中动态控制。结构工程使用散装水泥。

2）推广使用高强钢筋和高性能混凝土，减少资源消耗。

3）推广钢筋专业化加工和配送。

4）优化钢筋配料和钢构件下料方案。钢筋及钢结构制作前应对下料单及样品进行复核，无误后方可批量下料。

5）优化钢结构制作和安装方法。大型钢结构宜采用工厂制作，现场拼装；宜采用分段吊装、整体提升、滑移、顶升等安装方法，减少方案的措施用材量。

6）采取数字化技术，对大体积混凝土、大跨度结构等专项施工方案进行优化。

2. 节水与水资源利用

《循环经济促进法》规定，国家鼓励和支持使用再生水。企业应当发展串联用水系统和循环用水系统，提高水的重复利用率。企业应当采用先进技术、工艺和设备，对生产过程中产生的废水进行再生利用。

《绿色施工导则》进一步对提高用水效率、非传统水源利用和安全用水做出了规定。

（1）提高用水效率

1）施工中采用先进的节水施工工艺。

2）施工现场喷洒路面、绿化浇灌不宜使用市政自来水。现场搅拌用水、养护用水应采取有效的节水措施，严禁无措施浇水养护混凝土。

3）施工现场供水管网应根据用水量设计布置，管径合理、管路简捷，采取有效措施减少管网和用水器具的漏损。

4）现场机具、设备、车辆冲洗用水必须设立循环用水装置。施工现场办公区、生活区的生活用水采用节水系统和节水器具，提高节水器具配置比率。项目临时用水应使用节水型产品，安装计量装置，采取针对性的节水措施。

5）施工现场建立可再利用水的收集处理系统，使水资源得到梯级循环利用。

6）施工现场分别对生活用水与工程用水确定用水定额指标，并分别计量管理。

7）大型工程的不同单项工程、不同标段、不同分包生活区，凡具备条件的应分别计量用水量。在签订不同标段分包或劳务合同时，将节水定额指标纳入合同条款，进行计量考核。

8）对混凝土搅拌站点等用水集中的区域和工艺点进行专项计量考核。施工现场建立雨水、中水或可再利用水的收集利用系统。

（2）非传统水源利用

1）优先采用中水搅拌、中水养护，有条件的地区和工程应收集雨水养护。

2）处于基坑降水阶段的工地，宜优先采用地下水作为混凝土搅拌用水、养护用水、冲洗用水和部分生活用水。

3）现场机具、设备、车辆冲洗，喷洒路面，绿化浇灌等用水，优先采用非传统水源，尽量不使用市政自来水。

4）大型施工现场，尤其是雨量充沛地区的大型施工现场建立雨水收集利用系统，充分收集自然降水用于施工和生活中适宜的部位。

5）力争施工中非传统水源和循环水的再利用量大于30%。

（3）安全用水　在非传统水源和现场循环再利用水的使用过程中，应制定有效的水质检测与卫生保障措施，确保避免对人体健康、工程质量以及周围环境产生不良影响。

3. 节能与能源利用

《绿色施工导则》对节能措施，机械设备与机具，生产、生活及办公临时设施，施工用电及照明分别做出了规定。

（1）节能措施

1）制定合理施工能耗指标，提高施工能源利用率。

2）优先使用国家、行业推荐的节能、高效、环保的施工设备和机具，如选用变频技术的节能施工设备等。

3）施工现场分别设定生产、生活、办公和施工设备的用电控制指标，定期进行计量、核算、对比分析，并有预防与纠正措施。

4）在施工组织设计中，合理安排施工顺序、工作面，以减少作业区域的机具数量，相邻作业区充分利用共有的机具资源。安排施工工艺时，应优先考虑耗用电能的或其他能耗较少的施工工艺。避免设备额定功率远大于使用功率或超负荷使用设备的现象。

5）根据当地气候和自然资源条件，充分利用太阳能、地热等可再生能源。

（2）机械设备与机具

1）建立施工机械设备管理制度，开展用电、用油计量，完善设备档案，及时做好维修保养工作，使机械设备保持低耗、高效的状态。

2）选择功率与负载相匹配的施工机械设备，避免大功率施工机械设备低负载长时间运行。机电安装可采用节电型机械设备，如逆变式电焊机和能耗低、效率高的手持电动工具等，以利节电。机械设备宜使用节能型油料添加剂，在可能的情况下，考虑回收利用，节约油量。

3）合理安排工序，提高各种机械的使用率和满载率，降低各种设备的单位耗能。

（3）生产、生活及办公临时设施

1）利用场地自然条件，合理设计生产、生活及办公临时设施的体形、朝向、间距和窗墙面积比，使其获得良好的日照、通风和采光。南方地区可根据需要在其外墙窗设遮阳设施。

2）临时设施宜采用节能材料，墙体、屋面使用隔热性能好的材料，减少夏天空调、冬天取暖设备的使用时间及耗能量。

3）合理配置采暖、空调、风扇数量，规定使用时间，实行分段分时使用，节约用电。

（4）施工用电及照明

1）临时用电优先选用节能电线和节能灯具，临电线路合理设计、布置，临电设备宜采用自动控制装置。采用声控、光控等节能照明灯具。

2）照明设计以满足最低照度为原则，照度不应超过最低照度的20%。

4. 节地与施工用地保护

《绿色施工导则》对临时用地指标、临时用地保护、施工总平面布置分别做出了规定。

（1）临时用地指标

1）根据施工规模及现场条件等因素合理确定临时设施，如临时加工厂、现场作业棚及材料堆场、办公生活设施等的占地指标。临时设施的占地面积应按用地指标所需的最低面积设计。

2）要求平面布置合理、紧凑，在满足环境、职业健康与安全及文明施工要求的前提下尽可能减少废弃地和死角，临时设施占地面积有效利用率大于90%。

（2）临时用地保护

1）应对深基坑施工方案进行优化，减少土方开挖和回填量，最大限度地减少对土地的扰动，保护周边自然生态环境。

2）红线外临时占地应尽量使用荒地、废地，少占用农田和耕地。工程完工后，及时对红线外占地恢复原地形、地貌，使施工活动对周边环境的影响降至最低。

3）利用和保护施工用地范围内原有绿色植被。对于施工周期较长的现场，可按建筑永久绿化的要求，安排场地新建绿化。

（3）施工总平面布置

1）施工总平面布置应做到科学、合理，充分利用原有建筑物、构筑物、道路、管线为施工服务。

2）施工现场搅拌站、仓库、加工厂、作业棚、材料堆场等布置应尽量靠近已有交通线路或即将修建的正式或临时交通线路，缩短运输距离。

3）临时办公和生活用房应采用经济、美观、占地面积小、对周边地貌环境影响较小，且适合于施工平面布置动态调整的多层轻钢活动板房、钢骨架水泥活动板房等标准化装配式结构。生活区与生产区应分开布置，并设置标准的分隔设施。

4）施工现场围墙可采用连续封闭的轻钢结构预制装配式活动围挡，减少建筑垃圾，保护土地。

5）施工现场道路按照永久道路和临时道路相结合的原则布置。施工现场内形成环形通路，减少道路占用土地。

6）临时设施布置应注意远近结合（本期工程与下期工程），努力减少和避免大量临时建筑拆迁和场地搬迁。

9.3　施工文物保护制度

我国地域辽阔，历史悠久，是世界上文化传统不曾中断的多民族统一国家。历史遗存至今的大量文物古迹，形象地记载着中华民族形成发展的进程，不但是认识历史的证据，也是增强民族凝聚力、促进民族文化可持续发展的基础。我国优秀的文物古迹，不但是我国各族人民的，也是全人类共同的财富。

为此，我国相继颁布了《中华人民共和国文物保护法》（以下简称《文物保护法》）、《中华人民共和国水下文物保护管理条例》（以下简称《水下文物保护管理条例》）、《中华人民共和国文物保护法实施条例》（以下简称《文物保护法实施条例》）、《历史文化名城名镇名村保护条例》等法律、行政法规，并参照以《国际古迹保护与修复宪章》（《威尼斯宪章》）为代表的国际原则，制定了《中国文物古迹保护准则》。

9.3.1 受国家保护的文物范围

1. 国家保护文物的范围

《文物保护法》规定，在中华人民共和国境内，下列文物受国家保护：①具有历史、艺术、科学价值的古文化遗址、古墓葬、古建筑、石窟寺和石刻、壁画；②与重大历史事件、革命运动或者著名人物有关的以及具有重要纪念意义、教育意义或者史料价值的近代现代重要史迹、实物、代表性建筑；③历史上各时代珍贵的艺术品、工艺美术品；④历史上各时代重要的文献资料以及具有历史、艺术、科学价值的手稿和图书资料等；⑤反映历史上各时代、各民族社会制度、社会生产、社会生活的代表性实物。

具有科学价值的古脊椎动物化石和古人类化石同文物一样受国家保护。

2. 水下文物的保护范围

《水下文物保护管理条例》规定，水下文物是指遗存于下列水域的具有历史、艺术和科学价值的人类文化遗产：①遗存于中国内水、领海内的一切起源于中国的、起源国不明的和起源于外国的文物；②遗存于中国领海以外依照中国法律由中国管辖的其他海域内的起源于中国的和起源国不明的文物；③遗存于外国领海以外的其他管辖海域以及公海区域内的起源于中国的文物。

以上规定内容不包括1911年以后的与重大历史事件、革命运动以及著名人物无关的水下遗存。

3. 文物保护单位和文物的分级

《文物保护法》规定，古文化遗址、古墓葬、古建筑、石窟寺、石刻、壁画、近代现代重要史迹和代表性建筑等不可移动文物，根据它们的历史、艺术、科学价值，可以分别确定为全国重点文物保护单位，省级文物保护单位，市、县级文物保护单位。

历史上各时代重要实物、艺术品、文献、手稿、图书资料、代表性实物等可移动文物，分为珍贵文物和一般文物；珍贵文物分为一级文物、二级文物和三级文物。

4. 属于国家所有的文物范围

中华人民共和国境内地下、内水和领海中遗存的一切文物，属于国家所有。国有文物所有权受法律保护，不容侵犯。

（1）属于国家所有的不可移动文物范围　古文化遗址、古墓葬、石窟寺属于国家所有。国家指定保护的纪念建筑物、古建筑、石刻、壁画、近代现代代表性建筑等不可移动文物，除国家另有规定的以外，属于国家所有。国有不可移动文物的所有权不因其所依附的土地所有权或者使用权的改变而改变。

（2）属于国家所有的可移动文物范围　下列可移动文物，属于国家所有：①中国境内出土的文物，国家另有规定的除外；②国有文物收藏单位以及其他国家机关、部队和国有企业、事业组织等收藏、保管的文物；③国家征集、购买的文物；④公民、法人和其他组织捐赠给国家的文物；⑤法律规定属于国家所有的其他文物。

属于国家所有的可移动文物的所有权不因其保管、收藏单位的终止或者变更而改变。

（3）属于国家所有的水下文物范围　《水下文物保护管理条例》规定，遗存于中国内水、领海内的一切起源于中国的、起源国不明的和起源于外国的文物，以及遗存于中国领海以外依照中国法律由中国管辖的其他海域内的起源于中国的和起源国不明的文物，属于国家所有，国家对其行使管辖权。

遗存于外国领海以外的其他管辖海域以及公海区域内的起源于中国的文物，国家享有辨认器物物主的权利。

5. 属于集体所有和私人所有的文物保护范围

《文物保护法》规定，属于集体所有和私人所有的纪念建筑物、古建筑和祖传文物以及依法取得的其他文物，其所有权受法律保护。文物的所有者必须遵守国家有关文物保护的法律、法规的规定。

9.3.2　文物保护单位保护范围和建设控制地带

《文物保护法》规定，一切机关、组织和个人都有依法保护文物的义务。

1. 文物保护单位的保护范围

《文物保护法实施条例》规定，文物保护单位的保护范围是指对文物保护单位本体及周围一定范围实施重点保护的区域。文物保护单位的保护范围，应当根据文物保护单位的类别、规模、内容以及周围环境的历史和现实情况合理划定，并在文物保护单位本体之外保持一定的安全距离，确保文物保护单位的真实性和完整性。

全国重点文物保护单位和省级文物保护单位自核定公布之日起 1 年内，由省、自治区、直辖市人民政府划定必要的保护范围，做出标志说明，建立记录档案，设置专门机构或者指定专人负责管理。

设区的市、自治州级和县级文物保护单位自核定公布之日起 1 年内，由核定公布该文物保护单位的人民政府划定保护范围，做出标志说明，建立记录档案，设置专门机构或者指定专人负责管理。

文物保护单位的标志说明，应当包括文物保护单位的级别、名称、公布机关、公布日期、立标机关、立标日期等内容。民族自治地区的文物保护单位的标志说明，应当同时用规范汉字和当地通用的少数民族文字书写。

2. 文物保护单位的建设控制地带

《文物保护法实施条例》规定，文物保护单位的建设控制地带是指在文物保护单位的保护范围外，为保护文物保护单位的安全、环境、历史风貌对建设项目加以限制的区域。文物保护单位的建设控制地带，应当根据文物保护单位的类别、规模、内容以及周围环境的历史和现实情况合理划定。

全国重点文物保护单位的建设控制地带，经省、自治区、直辖市人民政府批准，由省、自治区、直辖市人民政府的文物行政主管部门会同城乡规划行政主管部门划定并公布。

省级、设区的市、自治州级和县级文物保护单位的建设控制地带，经省、自治区、直辖市人民政府批准，由核定公布该文物保护单位的人民政府的文物行政主管部门会同城乡规划行政主管部门划定并公布。

3. 历史文化名城、名镇、名村的保护

《文物保护法》规定，保存文物特别丰富并且具有重大历史价值或者革命纪念意义的城市，由国务院核定公布为历史文化名城。

保存文物特别丰富并且具有重大历史价值或者革命纪念意义的城镇、街道、村庄，由省、自治区、直辖市人民政府核定公布为历史文化街区、村镇，并报国务院备案。

《历史文化名城名镇名村保护条例》进一步规定，具备下列条件的城市、镇、村庄，可以申报历史文化名城、名镇、名村：①保存文物特别丰富；②历史建筑集中成片；③保留着传统格局和历史风貌；④历史上曾经作为政治、经济、文化、交通中心或者军事要地，或者发生过重要历史事件，或者其传统产业、历史上建设的重大工程对本地区的发展产生过重要影响，或者能够集中反映本地区建筑的文化特色、民族特色。

4. 在文物保护单位保护范围和建设控制地带施工的规定

《文物保护法》规定，在文物保护单位的保护范围和建设控制地带内，不得建设污染文物保护单位及其环境的设施，不得进行可能影响文物保护单位安全及其环境的活动。对已有的污染文物保护单位及其环境的设施，应当限期治理。

（1）承担文物保护单位的修缮、迁移、重建工程的单位应当具有相应的资质证书 《文物保护法实施条例》规定，承担文物保护单位的修缮、迁移、重建工程的单位，应当同时取得文物行政主管部门发给的相应等级的文物保护工程资质证书和住房城乡建设主管部门发给的相应等级的资质证书。其中，不涉及建筑活动的文物保护单位的修缮、迁移、重建，应当由取得文物行政主管部门发给的相应等级的文物保护工程资质证书的单位承担。

申领文物保护工程资质证书，应当具备下列条件：①有取得文物博物专业技术职务的人员；②有从事文物保护工程所需的技术设备；③法律、行政法规规定的其他条件。

申领文物保护工程资质证书，应当向省、自治区、直辖市人民政府文物行政主管部门或者国务院文物行政主管部门提出申请。省、自治区、直辖市人民政府文物行政主管部门或者国务院文物行政主管部门应当自收到申请之日起30个工作日内做出批准或者不批准的决定。决定批准的，发给相应等级的文物保护工程资质证书；决定不批准的，应当书面通知当事人并说明理由。

（2）在历史文化名城、名镇、名村保护范围内从事建设活动的相关规定 《历史文化名城名镇名村保护条例》规定，在历史文化名城、名镇、名村保护范围内禁止进行下列活动：①开山、采石、开矿等破坏传统格局和历史风貌的活动；②占用保护规划确定保留的园林绿地、河湖水系、道路等；③修建生产、储存爆炸性、易燃性、放射性、毒害性、腐蚀性物品的工厂、仓库等；④在历史建筑上刻画、涂污。

在历史文化名城、名镇、名村保护范围内进行下列活动，应当保护其传统格局、历史风貌和历史建筑；制定保护方案，经城市、县人民政府城乡规划行政主管部门会同同级文物行政主管部门批准，并依照有关法律、法规的规定办理相关手续：①改变园林绿地、河湖水系等自然状态的活动；②在核心保护范围内进行影视摄制、举办大型群众性活动；③其他影响传统格局、历史风貌或者历史建筑的活动。

在历史文化街区、名镇、名村核心保护范围内，不得进行新建、扩建活动。但是，新建、扩建必要的基础设施和公共服务设施除外。

在历史文化街区、名镇、名村核心保护范围内，拆除历史建筑以外的建筑物、构筑物或者其他设施的，应当经城市、县人民政府城乡规划行政主管部门会同同级文物行政主管部门批准。

任何单位或者个人不得损坏或者擅自迁移、拆除历史建筑。

（3）在文物保护单位保护范围和建设控制地带内从事建设活动的相关规定　《文物保护法》规定，文物保护单位的保护范围内不得进行其他建设工程或者爆破、钻探、挖掘等作业。但是，因特殊情况需要在文物保护单位的保护范围内进行其他建设工程或者爆破、钻探、挖掘等作业的，必须保证文物保护单位的安全，并经核定公布该文物保护单位的人民政府批准，在批准前应当征得上一级人民政府文物行政主管部门同意；在全国重点文物保护单位的保护范围内进行其他建设工程或者爆破、钻探、挖掘等作业的，必须经省、自治区、直辖市人民政府批准，在批准前应当征得国务院文物行政主管部门同意。

在文物保护单位的建设控制地带内进行建设工程，不得破坏文物保护单位的历史风貌；工程设计方案应当根据文物保护单位的级别，经相应的文物行政主管部门同意后，报城乡规划行政主管部门批准。

9.3.3　施工发现文物报告和保护的规定

《文物保护法》规定，地下埋藏的文物，任何单位或者个人都不得私自发掘。考古发掘的文物，任何单位或者个人都不得侵占。

1. 配合建设工程进行考古发掘工作的规定

进行大型基本建设工程，建设单位应当事先报请省、自治区、直辖市人民政府文物行政主管部门组织从事考古发掘的单位在工程范围内有可能埋藏文物的地方进行考古调查、勘探。

确因建设工期紧迫或者有自然破坏危险，对古文化遗址、古墓葬急需进行抢救发掘的，由省、自治区、直辖市人民政府文物行政主管部门组织发掘，并同时补办审批手续。

2. 施工发现文物的报告和保护

《文物保护法》规定，在进行建设工程或者在农业生产中，任何单位或者个人发现文物，应当保护现场，立即报告当地文物行政主管部门，文物行政主管部门接到报告后，如无特殊情况，应当在 24 小时内赶赴现场，并在 7 日内提出处理意见。

依照以上规定发现的文物属于国家所有，任何单位或者个人不得哄抢、私分、藏匿。

3. 水下文物的报告和保护

《水下文物保护管理条例》规定，任何单位或者个人以任何方式发现遗存于中国内水、领海内的一切起源于中国的、起源国不明的和起源于外国的文物，以及遗存于中国领海以外依照中国法律由中国管辖的其他海域内的起源于中国的和起源国不明的文物，应当及时报告国务院文物行政主管部门或者地方文物行政主管部门；已打捞出水的，应当及时上缴国务院文物行政主管部门或者地方文物行政主管部门处理。

任何单位或者个人以任何方式发现遗存于外国领海以外的其他管辖海域以及公海区域内的起源于中国的文物，应当及时报告国务院文物行政主管部门或者地方文物行政主管部门；已打捞出水的，应当及时提供给国务院文物行政主管部门或者地方文物行政主管部门辨认、鉴定。

【案例9-2】

1. 背景

2010 年 5 月 28 日，某市文物局接到群众举报，某高速铁路某段施工人员在取土区挖出沉船遗骸和部分文物，随之出现了民工滥挖和哄抢状况。该县文物保护管理所接到市文物局电话后，即刻赶到现场，经查情况属实。市文物局责成县文物保护管理所速报省文物局，省文物研究所 3 位专业人员于 2010 年 5 月 30 日到现场进行勘察。

这一事件引起高铁管理部门、市发展和改革委员会、市文物局的高度重视。为配合高速铁路建设，同时保护好地下文物，避免施工中再次发生类似事件，经市文物局提议，3 家单位迅速联合举办高铁文物保护学习班，15 位沿线施工单位负责人参加了学习。各施工单位反复告诫作业人员，不论在哪里发现文化遗存，都应立即停工，保护好现场，并在第一时间通报文物行政主管部门；如不及时上报，造成文物被破坏，就会触犯刑律。培训工作很快显现积极效果，6 月 6 日，高铁某段施工人员向市文物局报告，施工中发现了古墓葬；不到两小时，此信息上报到省文物局，文物行政主管部门对现场采取了保护性措施。

2. 问题

1）本案例中哪些行为违反了《文物保护法》的规定？

2）施工过程中发现文物时施工单位应该采取什么措施？

3）对文物保护违法行为应如何处理？

3. 分析

1）根据《文物保护法》第 32 条的规定："在进行建设工程或者在农业生产中，任何单位或者个人发现文物，应当保护现场，立即报告当地文物行政部门……任何单位或者个人不得哄抢、私分、藏匿。"本案例中，高速铁路施工人员在取土区挖出沉船遗骸和部分文物时，不仅没有依法及时报告，而且滥挖和哄抢文物，造成了文物破坏。施工人员的哄抢、滥挖行为以及不及时上报文物行政主管部门的行为，违反了《文物保护法》的规定。

2）根据《文物保护法》第 32 条的规定，在施工过程中发现文物时，首先应当保护现场，停止施工，立即报告当地文物行政主管部门；其次，应当配合考古发掘单位，保护出土文物或者遗迹的安全，在发掘未结束前不得继续施工。

3）根据《文物保护法》第 64、65 条的规定，对于盗窃、哄抢、私分或者非法侵占国有文物，构成犯罪的，依法追究刑事责任；造成文物灭失、损毁的，依法承担民事责任；构成违反治安管理行为的，由公安机关依法给予治安管理处罚。

本章小结

本章主要对施工现场环境保护制度、施工节约能源制度、施工文物保护制度等内容进行了阐述。

在施工现场环境保护制度中，要掌握环境保护"三同时"制度，熟悉大气、噪声、水和固体废物环境污染防治的规定。

在施工节约能源制度中，要掌握施工节能的有关规定。

在施工文物保护制度中，要掌握在文物保护单位保护范围和建设控制地带施工的规定，熟悉受国家保护的文物范围、施工发现文物报告和保护的规定。

习　题

一、单项选择题

1. 某建筑工地毗邻居民区，项目开工在即，为了尽量减少对周围环境的噪声排放，项目经理对项目经理部人员提醒了以下几点，其中不正确的是（　　）。

A. 必须提交环境影响报告书，规定环境噪声污染的防治措施

B. 开工 15 日前要去环境保护行政主管部门申报项目情况

C. 打桩机白天作业要将噪声控制在 85dB 以下，晚上 10 点至早上 6 点之间要控制在 55dB 以下

D. 遇到特殊情况需要夜间作业的时候，如混凝土连续浇筑，要事前取得有关主管部门的证明，并公告居民

2. 某施工单位在土方施工作业过程中，为有效防止扬尘大气污染，施工现场应采取的措施不包括（　　）。

A. 运送土方车辆封闭严密　　B. 施工现场出口设置洗车槽

C. 堆放的土方洒水、覆盖　　D. 垃圾就地焚烧处理

3. 某建设项目，监理工程师在巡视时发现施工人员没有按照民用建筑节能强制性标准来施工，提出了整改要求，但是施工人员拒不整改，该监理工程师应当（　　）。

A. 要求暂时停工　　B. 报告建设单位

C. 报告有关主管部门　　D. 报告建设单位和有关主管部门

4. 国家禁止使用（　　）作为建筑材料。

A. 固体废物生产的建筑材料　　B. 散装水泥

C. 预拌混凝土　　D. 黏土砖

5. 根据《文物保护法实施条例》的规定，文物保护单位的修缮、迁移、重建工程的建筑活动，必须由（　　）的单位承担。

A. 具备文物保护工程资质证书

B. 具备建筑业企业资质证书

C. 同时具备文物保护工程资质和建筑业企业资质

D. 具备文物保护工程资质和具备建筑业企业资质的企业组成联合体

6. 某市政施工单位因特殊需要拟在某名人故居附近实施挖掘作业，该名人故居系省文物保护单位，则必须经（　　）批准方可开工。

A. 省文物行政主管部门　　B. 省住房城乡建设主管部门

C. 省人民政府　　D. 国务院文物行政主管部门

7. 某施工单位挖掘作业人员邓某在作业时意外发现一段城墙遗址，邓某应当立即停止作业，保护现场，并立即报告（　　）。

A. 本单位负责人　　B. 总监理工程师

C. 当地住房城乡建设主管部门　　D. 当地文物行政主管部门

8. 在城市市区噪声敏感建筑物集中区域内，可以夜间作业且无须取得主管部门证明的是（　　）。

A. 配合建设单位24小时联动试车　　B. 为避免冬期施工进行抢工

C. 自来水管爆裂进行抢修　　D. 全运会项目开幕期间临近必须抢工

9. 根据《循环经济促进法》和《绿色施工导则》的规定，（　　）。

A. 国家禁止利用固体废物生产建筑材料

B. 施工现场养护和搅拌应优先采用市政自来水

C. 施工现场照明以满足最低照度为原则

D. 施工现场通道应形成矩阵形，减少道路用地

10. 施工单位未按照民用建筑节能强制性标准施工，造成建设项目损失的，可能承担的法律责任不包括（　　）。

A. 违约责任　　B. 行政责任　　C. 刑事责任　　D. 侵权责任

二、多项选择题

1. 根据施工现场固体废物的减量化和回收再利用的要求，施工单位应采取的有效措施包括（　　）。

A. 生活垃圾袋装化　　B. 建筑垃圾分类化

C. 建筑垃圾及时清运　　D. 设置封闭式垃圾容器

E. 建筑垃圾集中化

2. 某施工单位在某学院教学楼扩建项目施工中，为保证工程进度，拟在夜间进行连续施工作业，根据《环境噪声污染防治法》规定，必须满足以下（　　）条件，方可进行。

A. 取得建设单位同意

B. 取得县级以上人民政府或有关主管部门的证明

C. 征得附近居民的同意

D. 公告附近居民

E. 征得城市管理部门同意

3. 为了有效地防治扬尘大气污染，施工现场采取比较得当的措施包括（　　）。

A. 运送土方车辆密闭严密　　B. 施工现场出口设置洗车槽

C. 堆放的土方洒水、覆盖　　D. 建筑垃圾分类堆放

E. 地面硬化处理

4. 工地上需要整改的环境违法行为有（　　）。

A. 食堂将泔水、废油、剩饭菜处理后排入附近河流

B. 在工地现场将沥青焚烧处理

C. 未经环保部门许可，将土方运送到外省工地

D. 将硫酸、油漆等剩余废料倒入作业垃圾堆场

E. 浇筑地下连续墙直至深夜，且未取得主管部门证明

5. 某省辖区某市市区内发现的古文化遗址被确定为全国重点文物保护单位，则其建设控制地带由（　　）划定。

A. 省文物行政主管部门　　B. 市文物行政主管部门
C. 省级规划行政主管部门　　D. 市级规划行政主管部门
E. 国务院文物行政主管部门

6. 在城市市区噪声敏感区域内，禁止夜间进行产生噪声污染的施工作业，但（　　）除外。

A. 工期要求紧张的　　B. 抢修、抢险作业
C. 已经公告附近居民的　　D. 国家或地方重点工程
E. 因生产工艺要求或特殊需要必须连续作业的

7.《历史文化名城名镇名村保护条例》规定，在历史文化名城、名镇、名村保护范围内禁止以下（　　）活动。

A. 修建储存腐蚀性物品的仓库　　B. 开采矿产
C. 进行影视剧摄制活动　　D. 举办大型群众性活动
E. 修建生产易燃性物品的工厂

8. 跃兴建筑公司在市区内修建某写字楼工程，在工程施工中的（　　）行为违反了相关的环境保护法律。

A. 抢修工程进行到凌晨 2 点
B. 在施工现场采取措施防止扬尘污染
C. 在工地附近的小河中清洗机油存储容器
D. 及时清运、处理建筑垃圾，在工地的空地中焚烧废旧的沥青卷材
E. 将部分建筑垃圾倾倒在施工现场附近的空地中

9. 环境保护“三同时”制度是指（　　）。

A. 同时设计　　B. 同时施工
C. 同时投产使用　　D. 同时评价
E. 同时验收

10. 施工节能的规定包括（　　）。

A. 节材和材料资源利用　　B. 节水与水资源利用
C. 节能与能源利用　　D. 节地与施工用地保护
E. 节电与发电资源利用

三、简答题

1. 简述施工现场环境噪声污染的防治。
2. 简述施工现场水污染的防治。
3. 简述施工节能的规定。
4. 简述施工现场发现文物报告并保护的规定。

四、案例题

2009 年 11 月 22 日，某小区居民张先生向该市环保局投诉，称小区旁的一处建筑工地正进行施工，尘土飞扬，还传来阵阵刺鼻味道，严重影响了当地居民生活。市环保局随即对该工地进行检查，发现该工地正进行土石方回填及屋面防水施工。由于运土方的车辆没有采取进出场地清洗、密闭措施，导致运土车辆沿线漏洒了许多泥土，激起大量扬尘；屋面防水工程使用的沥青，在熬制过程中挥发出大量刺激（刺鼻）性气体，对小区居民生活造成了

严重影响。

市环保局要求该施工单位进行限期整改。但是，该施工单位未采取任何整改措施，依然照常进行施工作业。

问题：

1）施工单位违反了哪些法律规定？

2）市环保局应当对其做出什么处罚？

第 10 章

解决建设工程纠纷法律制度

案例导入

某建筑公司承揽了某住宅小区的施工任务，并与建设单位签订了施工合同，2006 年 8 月 30 日竣工。但是，建设单位却没有按照合同约定及时支付工程款。

请分析：该建筑公司可以采取哪些法律途径维护自己的权利？如果该建筑公司选择诉讼的方式，则应当向哪级人民法院起诉？

10.1 建设工程纠纷的主要种类

所谓法律纠纷，是指公民、法人、其他组织之间因人身、财产或其他法律关系所发生的对抗冲突（或者争议），主要包括民事纠纷、行政纠纷、刑事纠纷。民事纠纷是平等主体间的有关人身、财产权的纠纷；行政纠纷是行政机关之间或行政机关同公民、法人和其他组织之间由于行政行为而产生的纠纷；刑事纠纷是因犯罪而产生的纠纷。

建设工程纠纷主要包括建设工程民事纠纷和建设工程行政纠纷。

10.1.1 建设工程民事纠纷

1. 定义

建设工程民事纠纷，是在建设工程活动中平等主体之间发生的以民事权利义务法律关系为内容的争议。民事纠纷作为法律纠纷的一种，一般来说，是因为违反了民事法律规范而引起的。民事纠纷可分为两大类：一类是财产关系方面的民事纠纷，如合同纠纷、损害赔偿纠纷等；另一类是人身关系方面的民事纠纷，如名誉权纠纷、继承权纠纷等。

2. 民事纠纷的特点

1）民事纠纷主体之间的法律地位平等。

2）民事纠纷的内容是对民事权利义务的争议。

3）民事纠纷的可处分性。这主要是针对有关财产关系的民事纠纷，而有关人身关系的民事纠纷多具有不可处分性。

3. 常见的民事纠纷

在建设工程领域，较为普遍和重要的民事纠纷主要是合同纠纷和侵权纠纷。

（1）合同纠纷　合同纠纷是指因合同的生效、解释、履行、变更、终止等行为而引起的合同当事人之间的所有争议。合同纠纷的内容，主要表现在争议主体对于导致合同法律关系产生、变更与消灭的法律事实以及法律关系的内容有着不同的观点与看法。合同纠纷的范围涵盖了一项合同从成立到终止的整个过程。在建设工程领域，合同纠纷主要有工程总承包合同纠纷、工程勘察合同纠纷、工程设计合同纠纷、工程施工合同纠纷、工程监理合同纠纷、工程分包合同纠纷、材料设备采购合同纠纷以及劳动合同纠纷等。

（2）侵权纠纷　侵权纠纷是指一方当事人对另一方侵权而产生的纠纷。在建设工程领域也易发生侵权纠纷，如施工单位在施工中未采取相应防范措施造成对他方损害而产生的侵权纠纷，未经许可使用他方的专利、工法等而造成的知识产权侵权纠纷等。

发包人和承包人就有关工期、质量、造价等产生的建设工程合同争议，是建设工程领域最常见的民事纠纷。

10.1.2　建设工程行政纠纷

1. 定义

建设工程行政纠纷，是在建设工程活动中行政机关之间或行政机关同公民、法人和其他组织之间由于行政行为而引起的纠纷，包括行政争议和行政案件。

2. 行政机关的行政行为的特征

1）行政行为是执行法律的行为。任何行政行为均须有法律根据，具有从属法律性，没有法律的明确规定或授权，行政主体不得做出任何行政行为。

2）行政行为具有一定的裁量性。这是由立法技术本身的局限性和行政管理的广泛性、变动性、应变性所决定的。

3）行政主体在实施行政行为时具有单方意志性，不必与行政相对方协商或征得其同意，便可依法自主做出。

4）行政行为是以国家强制力保障实施的，带有强制性。行政相对方必须服从并配合行政行为，否则行政主体将予以制裁或强制执行。

5）行政行为以无偿为原则，以有偿为例外。只有当特定行政相对人承担了特别公共负担，或者分享了特殊公共利益时，方可为有偿的。

3. 易引发行政纠纷的行政行为

1）行政许可，即行政机关根据公民、法人或者其他组织的申请，经依法审查，准予其从事特定活动的行政管理行为，如施工许可、专业人员执业资格注册、企业资质等级核准、安全生产许可等。行政许可易引发的行政纠纷通常有行政机关的行政不作为、违反法定程序等。

2）行政处罚，即行政机关或其他行政主体依照法定职权、程序对于违法但尚未构成犯罪的相对人给予行政制裁的具体行政行为。常见的行政处罚为警告、罚款、没收违法所得、取消投标资格、责令停止施工、责令停业整顿、降低资质等级、吊销资质证书等。行政处罚易导致的行政纠纷，通常有行政处罚超越职权、滥用职权、违反法定程序、事实认定错误、适用法律错误等。

3）行政奖励，即行政机关依照条件和程序，对为国家、社会和建设事业做出重大贡献的单位和个人，给予物质或精神鼓励的具体行政行为，如表彰建设系统先进集体、劳动模范和先进工作者等。行政奖励易引发的行政纠纷，通常有违反程序、滥用职权、行政不作为等。

4）行政裁决，即行政机关或法定授权的组织，依照法律授权，对平等主体之间发生的与行政管理活动密切相关的、特定的民事纠纷（争议）进行审查，并做出裁决的具体行政行为，如对特定的侵权纠纷、损害赔偿纠纷、权属纠纷、国有资产产权纠纷以及劳动工资、经济补偿纠纷等的裁决。行政裁决易引发的行政纠纷，通常有行政裁决违反法定程序、事实认定错误、适用法律错误等。

10.2　建设工程民事纠纷的法律解决途径

民事纠纷的法律解决途径主要有四种，即和解、调解、仲裁、诉讼。

10.2.1　和解

1. 概念

和解是民事纠纷的当事人在自愿互谅的基础上，就已经发生的争议进行协商、妥协与让步并达成协议，自行（无第三方参与劝说）解决争议的一种方式。通常它不仅从形式上消除当事人之间的对抗，还从心理上消除对抗。

2. 特点

1）和解可以在民事纠纷的任何阶段进行，无论是否已经进入诉讼或仲裁程序，只要终审裁判未生效或者仲裁裁决未做出，当事人均可自行和解。

2）和解也可与仲裁、诉讼程序相结合。当事人达成和解协议，已提请仲裁的，可以请求仲裁庭根据和解协议做出裁决书或调解书；已提起诉讼的，可以请求法庭在和解协议基础上制作调解书，或者由当事人双方达成和解协议，由人民法院记录在卷。

3. 和解的效力

和解达成的协议不具有强制约束力，如果一方当事人不按照和解协议执行，另一方当事人不可以请求人民法院强制执行，但可以向人民法院提起诉讼，也可以根据约定申请仲裁。

4. 和解的类型

和解的应用很灵活，可以在多种情形下达成和解协议。

（1）诉讼前的和解　诉讼前的和解是指发生诉讼以前，双方当事人互相协商达成协议，解决双方的争执。这是一种民事法律行为，是当事人依法处分自己民事实体权利的表现。

（2）诉讼中的和解　诉讼中的和解是当事人在诉讼进行中互相协商，达成协议，解决双方的争执。《民事诉讼法》规定："双方当事人可以自行和解。"这种和解在人民法院做出判决前，都可以进行；当事人可以就整个诉讼标的达成协议，也可以就诉讼的个别问题达成协议。

（3）执行中的和解　执行中的和解是在发生法律效力的民事判决、裁定后，人民法院在执行中，当事人互相协商，达成协议，解决双方的争执。

（4）仲裁中的和解　《仲裁法》规定，当事人申请仲裁后，可以自行和解。

10.2.2　调解

1. 定义

调解是指双方当事人以外的第三方应纠纷当事人的请求，以法律、法规和政策或合同约定以及社会公德为依据，对纠纷双方进行疏导、劝说，促使他们相互谅解，进行协商，自愿达成协议，解决纠纷的活动。

2. 调解的方式

我国的调解方式主要有人民调解、行政调解、仲裁调解、法院调解和专业机构调解等。

（1）人民调解 《中华人民共和国人民调解法》规定："本法所称人民调解，是指人民调解委员会通过说服、疏导等方式，促使当事人在平等协商基础上自愿达成调解协议，解决民间纠纷的活动。"人民调解制度作为一种司法辅助制度，是人民群众自己解决纠纷的法律制度，也是一种具有中国特色的司法制度。

（2）行政调解 行政调解是指国家行政机关应纠纷当事人的请求，依据法律、法规和政策，对属于其职权管辖范围内的纠纷，通过耐心的说服教育，使纠纷双方当事人互相谅解，在平等协商的基础上达成一致协议，促成当事人解决纠纷。

（3）仲裁调解 仲裁调解是仲裁机构对受理的仲裁案件进行的调解。

（4）法院调解 《民事诉讼法》规定："人民法院审理民事案件，应当根据自愿和合法的原则进行调解。"法院调解是人民法院对受理的民事案件、经济纠纷案件和轻微刑事案件在双方当事人自愿的基础上进行的调解，是诉讼内调解。法院调解书经双方当事人签收后，即具有法律效力，效力与判决书相同。在民事诉讼中，除适用特别程序的案件和当事人有严重违法行为，需给予行政处罚的经济纠纷案件的情形外，各案件均可适用调解。

（5）专业机构调解 专业调解机构进行调解达成的调解协议对当事人双方均有约束力。目前，具有独立调解规则的专业调解机构并不多。专业调解机构备有调解员名单，供当事人在个案中指定。调解员由专业调解机构聘请经济、贸易、金融、投资、知识产权、工程承包、运输、保障、法律等领域里具有专门知识及实际经验、公道正派的人士担任。

10.2.3 仲裁

1. 定义

仲裁是当事人根据在纠纷发生前或纠纷发生后达成的协议，自愿将纠纷提交第三方（仲裁机构）做出裁决，纠纷各方都有义务执行该裁决的一种解决纠纷的方式。

2. 适用范围

1）根据《仲裁法》的规定，该法的调整范围仅限于民商事仲裁，即"平等主体的公民、法人和其他组织之间发生的合同纠纷和其他财产权益纠纷"。

2）劳动争议仲裁等不受《仲裁法》的调整，依法应当由行政机关处理的行政争议等不能仲裁。

3. 仲裁的基本特点

（1）自愿性 当事人的自愿性是仲裁最突出的特点。仲裁是最能充分体现当事人意思自治原则的争议解决方式。仲裁以当事人的自愿为前提，即是否将纠纷提交仲裁，向哪个仲裁委员会申请仲裁，仲裁庭如何组成，仲裁员的选择，以及仲裁的审理方式、开庭形式等，都是在当事人自愿的基础上，由当事人协商确定的。

（2）专业性 专家裁案，是民商事仲裁的重要特点之一。民商事仲裁往往涉及不同行业的专业知识，如建设工程纠纷的处理不仅涉及与工程建设有关的法律法规，还常常需要运用大量的工程造价、工程质量方面的专业知识，以及熟悉建筑业自身特有的交易习惯和行业惯例。仲裁机构的仲裁员是来自各行业具有一定专业水平的专家，精通专业知识、熟悉行业规则，对公正高效处理纠纷，确保仲裁结果公正准确，发挥着关键作用。

（3）独立性 《仲裁法》规定，仲裁委员会独立于行政机关，与行政机关没有隶属关系。仲裁委员会之间也没有隶属关系。

在仲裁过程中，仲裁庭独立进行仲裁，不受任何行政机关、社会团体和个人的干涉，也不受其他仲裁机构的干涉，具有独立性。

（4）保密性 仲裁以不公开审理为原则。同时，当事人及其代理人、证人、翻译、仲裁员、仲裁庭咨询的专家和指定的鉴定人、仲裁委员会有关工作人员也要遵守保密义务，不得对外界透露案件实体和程序的有关情况。因此，可以有效地保护当事人的商业秘密和商业信誉。

（5）快捷性 仲裁实行一裁终局制度，仲裁裁决一经做出即发生法律效力。仲裁裁决不能上诉，这使得当事人之间的纠纷能够迅速得以解决。

（6）裁决在国际上得到承认和执行 截至 2010 年 10 月，已有 145 个国家和地区加入了《承认和执行外国仲裁裁决公约》（也称《纽约公约》）。根据该公约，仲裁裁决可以在这些缔约方得到承认和执行。该公约于 1987 年 4 月 22 日起对中国生效。

4. 仲裁制度

仲裁是解决民商事纠纷的重要方式之一。

（1）仲裁的基本制度

1）协议仲裁制度。仲裁协议是当事人仲裁自愿的体现，当事人申请仲裁，仲裁委员会受理仲裁、仲裁庭对仲裁案件的审理和裁决，都必须以当事人依法订立的仲裁协议为前提。《仲裁法》规定，没有仲裁协议，一方申请仲裁的，仲裁委员会不予受理。

2）或裁或审制度。仲裁和诉讼是两种不同的争议解决方式，当事人只能选用其中的一种。《仲裁法》规定：“当事人达成仲裁协议，一方向人民法院起诉的，人民法院不予受理，但仲裁协议无效的除外。”因此，有效的仲裁协议可以排除人民法院对案件的司法管辖权，只有在没有仲裁协议或者仲裁协议无效的情况下，人民法院才可以对当事人的纠纷予以受理。

3）一裁终局制度。仲裁实行一裁终局的制度。裁决做出后，当事人就同一纠纷再申请仲裁或者向人民法院起诉的，仲裁委员会或者人民法院不予受理。

（2）仲裁协议

1）仲裁协议的形式。仲裁协议是指当事人自愿将已经发生或者可能发生的争议通过仲裁解决的书面协议。

《仲裁法》规定：“仲裁协议包括合同中订立的仲裁条款和以其他书面形式在纠纷发生前或者纠纷发生后达成的请求仲裁的协议。”据此，仲裁协议应当采用书面形式，口头方式达成的仲裁意思表示无效。仲裁协议既可以表现为合同中的仲裁条款，也可以表现为独立于合同而存在的仲裁协议书。在实践中，合同中的仲裁条款是最常见的仲裁协议形式。

2）仲裁协议的内容。仲裁协议应当具有下列内容：

① 请求仲裁的意思表示。请求仲裁的意思表示是指条款中应该有“仲裁”俩字，表明当事人的仲裁意愿。该意愿应当是确定的，而不是模棱两可的。有的当事人在合同中约定发生争议可以提交仲裁，也可以提交诉讼，根据这种约定就无法判定当事人有明确的仲裁意愿。因此，《最高人民法院关于适用〈中华人民共和国仲裁法〉若干问题的解释》规定，这

样的仲裁协议无效。

② 仲裁事项。仲裁事项，既可以是当事人之间合同履行过程中的或与合同有关的一切争议，也可以是合同中某一特定问题的争议；既可以是事实问题的争议，也可以是法律问题的争议，其范围取决于当事人的约定。

③ 选定的仲裁委员会。选定的仲裁委员会是指仲裁委员会的名称应该准确。《最高人民法院关于适用〈中华人民共和国仲裁法〉若干问题的解释》规定，仲裁协议约定的仲裁机构名称不准确，但能够确定具体的仲裁机构的，应当认定选定了仲裁机构。仲裁协议约定两个以上仲裁机构的，当事人可以协议选择其中的一个仲裁机构申请仲裁；当事人不能就仲裁机构选择达成一致的，仲裁协议无效。仲裁协议约定由某地的仲裁机构仲裁且该地仅有一个仲裁机构的，该仲裁机构视为约定的仲裁机构。该地有两个以上仲裁机构的，当事人可以协议选择其中的一个仲裁机构申请仲裁；当事人不能就仲裁机构选择达成一致的，仲裁协议无效。

这三项内容必须同时具备，仲裁协议才能有效。

【案例 10-1】

1. 背景

上海某公司和张家港某公司于2003 年 8 月 4 日签订的《设备购销合同》（以下简称合同）中的有关仲裁条款为："在本合同下或与本合同相关的任何以及所有无法友好解决的争议应通过仲裁解决。仲裁应根据中国国际经济贸易仲裁委员会调解和仲裁规则进行。仲裁应在北京进行。仲裁结果应为终局性的，对双方均有约束力。"在合同履行期间，双方就有关事项发生争议。上海某公司（申请人）向中国国际经济贸易仲裁委员会（以下简称仲裁委员会）申请仲裁。

仲裁委员会受理本案后，向双方当事人发出仲裁通知。张家港某公司（被申请人）收到仲裁通知后，向仲裁委员会提出管辖异议，称申请人和被申请人签订的合同中虽然涉及了仲裁约定，但对具体仲裁机构的约定不明确。合同中只是约定了争议可以通过仲裁解决及仲裁适用的规则，并且明确了"仲裁应在北京进行"，却没有明确具体的仲裁机构。根据相关法律的规定，如果要仲裁的话，必须双方明确约定并选择特定的仲裁机构，但本案中合同双方却未能予以明确。因此，该纠纷应当移送被告所在地或合同履行地人民法院管辖。

申请人认为被申请人的抗辩理由不能成立。因为根据合同中的仲裁条款，申请人和被申请人均明确表达了其通过仲裁的方式解决双方争议的意愿。合同项下的争议应当提交中国国际经济贸易仲裁委员会仲裁解决，被申请人所谓的双方就仲裁机构约定不明确的主张缺乏合同和法律依据。

2. 问题

本案例中的中国国际经济贸易仲裁委员会对此案是否具有管辖权？

3. 分析

《仲裁法》第 16 条规定，当事人在仲裁协议中应当具有选定的仲裁委员会。在该合同中，虽没有写明具体的仲裁机构，但是根据该合同的约定："仲裁应根据中国国际经济贸易仲裁委员会调解和仲裁规则进行。”双方约定了仲裁适用的仲裁规则。根据《最高人民法院关于适用〈中华人民共和国仲裁法〉若干问题的解释》第 4 条的规定：“仲裁协议仅约定纠纷适用的仲裁规则的，视为未约定仲裁机构，但当事人达成补充协议或者按照约定的仲裁规则能够确定仲裁机构的除外。”《中国国际经济贸易仲裁委员会仲裁规则》第 4 条第 4 款规定：“当事人约定按照本规则进行仲裁但未约定仲裁机构的，视为同意将争议提交仲裁委员会仲裁。”

综上所述，本案例中能够根据该合同约定的仲裁规则确定仲裁机构。因此，中国国际经济贸易仲裁委员会对本案具有管辖权。

3）仲裁协议的效力

① 对当事人的法律效力。仲裁协议一经有效成立，即对当事人产生法律约束力。发生纠纷后，当事人只能向仲裁协议中所约定的仲裁机构申请仲裁，而不能就该纠纷向人民法院提起诉讼。

② 对人民法院的约束力。有效的仲裁协议排除人民法院的司法管辖权。《仲裁法》规定，当事人达成仲裁协议，一方向人民法院起诉未声明有仲裁协议，人民法院受理后，另一方在首次开庭前提交仲裁协议的，人民法院应当驳回起诉，但仲裁协议无效的除外。

③ 对仲裁机构的法律效力。仲裁协议是仲裁委员会受理仲裁案件的基础，是仲裁庭审理和裁决案件的依据。没有有效的仲裁协议，仲裁委员会就不能获得仲裁案件的管辖权。同时，仲裁委员会只能对当事人在仲裁协议中约定的争议事项进行仲裁，对超出仲裁协议约定范围的其他争议无权仲裁。

④ 仲裁协议的独立性。仲裁协议独立存在，合同的变更、解除、终止或者无效，不影响仲裁协议的效力。

（3）仲裁的开庭和裁决

1）仲裁庭的组成。仲裁庭的组成形式包括合议仲裁庭和独任仲裁庭两种，即仲裁庭可以由 3 名仲裁员或者 1 名仲裁员组成。

① 合议仲裁庭。当事人约定由 3 名仲裁员组成仲裁庭的，应当各自选定或者各自委托仲裁委员会主任指定 1 名仲裁员，第 3 名仲裁员由当事人共同选定或者共同委托仲裁委员会主任指定。第 3 名仲裁员是首席仲裁员。

② 独任仲裁庭。当事人约定 1 名仲裁员成立仲裁庭的，应当由当事人共同选定或者共同委托仲裁委员会主任指定仲裁员。但是，当事人没有在仲裁规定的期限内约定仲裁庭的组成方式或者选定仲裁员的，由仲裁委员会主任指定。

仲裁员有下列情形之一的，必须回避，当事人也有权提出回避申请：A. 是本案当事人或者当事人、代理人的近亲属；B. 与本案有利害关系；C. 与本案当事人、代理人有其他关系，可能影响公正仲裁的；D. 私自会见当事人、代理人，或者接受当事人、代理人的请客送礼的。

当事人提出回避申请，应当说明理由，并在首次开庭前提出。回避事由在首次开庭后知道的，可以在最后一次开庭结束前提出。

2）开庭和审理。仲裁应当开庭进行，当事人可以协议不开庭。当事人应当对自己的主张提供证据。仲裁庭认为有必要收集的证据，可以自行收集。证据应当在开庭时出示，当事人可以质证。当事人在仲裁过程中有权进行辩论。

仲裁庭可以做出缺席裁决。申请人无正当理由开庭时不到庭的，或在开庭审理时未经仲裁庭许可中途退庭的，视为撤回仲裁申请；如果被申请人提出了反请求，则不影响仲裁庭就反请求进行审理，并做出裁决。被申请人无正当理由开庭时不到庭的，或在开庭审理时未经仲裁庭许可中途退庭的，仲裁庭可以进行缺席审理，并做出裁决；如果被申请人提出了反请求，则视为撤回反请求。

为了保护当事人的商业秘密和商业信誉，仲裁不公开进行。当事人协议公开的，可以公开进行，但涉及国家秘密的除外。

3）仲裁中的和解与调解。当事人申请仲裁后，可以自行和解。达成和解协议的，可以请求仲裁庭根据和解协议做出裁决书，也可以撤回仲裁申请。当事人达成和解协议，撤回仲裁申请后反悔的，仍可以根据仲裁协议申请仲裁。

仲裁庭在做出裁决前，可以先行调解。当事人自愿调解的，仲裁庭应当调解。调解不成的，应当及时做出裁决。调解达成协议的，仲裁庭应当制作调解书或者根据协议的结果制作裁决书。调解书与裁决书具有同等法律效力。调解书经双方当事人签收后，即发生法律效力。在调解书签收前当事人反悔的，仲裁庭应当及时做出裁决。

4）仲裁裁决。仲裁裁决应当按照多数仲裁员的意见做出，少数仲裁员的不同意见可以记入笔录。仲裁庭不能形成多数意见时，裁决应当按照首席仲裁员的意见做出。裁决书自做出之日起发生法律效力。

裁决书的效力有：①裁决书一裁终局，当事人不得就已经裁决的事项再申请仲裁，也不得就此提起诉讼；②仲裁裁决具有强制执行力，一方当事人不履行的，对方当事人可以到人民法院申请强制执行；③仲裁裁决在所有《承认和执行外国仲裁裁决公约》缔约方可以得到承认和执行。

（4）仲裁裁决的执行

1）仲裁裁决的强制执行力。《仲裁法》规定，仲裁裁决做出后，当事人应当履行裁决。一方当事人不履行的，另一方当事人可以依照《民事诉讼法》的有关规定，向人民法院申请执行。

仲裁裁决的强制执行应当向有管辖权的人民法院提出申请。被执行人在中国境内的，国内仲裁裁决由被执行人住所地或被执行人财产所在地的人民法院执行；涉外仲裁裁决，由被执行人住所地或被执行人财产所在地的中级人民法院执行。

申请仲裁裁决强制执行必须在法律规定的期限内提出。根据《民事诉讼法》第239条的规定，申请执行的期间为两年。申请执行时效的中止、中断，适用法律有关诉讼时效中止、中断的规定。申请仲裁裁决强制执行的期限，自仲裁裁决书规定履行期限或仲裁机构的仲裁规则规定履行期间的最后1日起计算。仲裁裁决书规定分期履行的，依规定的每次履行期间的最后1日起计算。

2）仲裁裁决的不予执行。根据《仲裁法》《民事诉讼法》的规定，被申请人提出证据证明裁决有下列情形之一的，经人民法院组成合议庭审查核实，裁定不予执行：①当事人在合同中没有仲裁条款或者事后没有达成书面仲裁协议的；②裁决的事项不属于仲裁协议的范围或者仲裁机构无权仲裁的；③仲裁庭的组成或者仲裁的程序违反法定程序的；④认定事实的主要证据不足的；⑤适用法律确有错误的；⑥仲裁员在仲裁该案时有索贿受贿、徇私舞弊、枉法裁决行为的。

仲裁裁决被人民法院依法裁定不予执行的，当事人就该纠纷可以重新达成仲裁协议，并依据该仲裁协议申请仲裁，也可以向人民法院提起诉讼。

10.2.4　诉讼

1. 定义

民事诉讼是指人民法院在当事人和其他诉讼参与人的参加下，以审理、裁判、执行等方式解决民事纠纷的活动，以及由此产生的各种诉讼关系的总和。诉讼参与人包括原告、被告、第三人、证人、鉴定人、勘验人等。

2. 民事诉讼的基本特征

（1）公权性　民事诉讼是由人民法院代表国家意志、行使司法审判权，通过司法手段解决平等民事主体之间的纠纷。在人民法院主导下，诉讼参与人围绕民事纠纷的解决，进行着能产生法律后果的活动。它既不同于群众自治组织性质的人民调解委员会以调解方式解决纠纷，也不同于由民间性质的仲裁委员会以仲裁方式解决纠纷。

民事诉讼主要是人民法院与纠纷当事人之间的关系，但也涉及其他诉讼参与人，包括证人、鉴定人、翻译人员、专家辅助人员、协助执行人等；在诉讼和解时还表现为纠纷当事人之间的关系。

（2）程序性　民事诉讼是依照法定程序进行的诉讼活动，无论是法院还是当事人和其他诉讼参与人，都需要严格按照法律规定的程序和方式实施诉讼行为，违反诉讼程序常常会引起一定的法律后果或者达不到诉讼目的，如人民法院的裁判被上级人民法院撤销、当事人失去为某种诉讼行为的权利等。

民事诉讼分为第一审程序、第二审程序和执行程序三大诉讼阶段。并非每个案件都要经过这三个阶段，有的案件第一审就终结，有的经过第二审终结，有的不需要启动执行程序。但如果案件要经历诉讼全过程，就要按照上述顺序依次进行。

（3）强制性　强制性是公权力的重要属性。民事诉讼的强制性既表现在案件的受理上，又反映在裁判的执行上。调解、仲裁均建立在当事人自愿的基础上，只要有一方当事人不愿意进行调解、仲裁，则调解和仲裁将不会发生。但民事诉讼不同，只要原告的起诉符合法定条件，无论被告是否愿意，诉讼都会发生。此外，和解、调解协议的履行依靠当事人的自觉，不具有强制执行的效力，而人民法院的裁判则具有强制执行的效力，一方当事人不履行生效判决或裁定，另一方当事人可以申请人民法院强制执行。

3. 民事诉讼的法院管辖

民事诉讼中的管辖是指各级人民法院之间和同级人民法院之间受理第一审民事案件的分工和权限。

（1）级别管辖　级别管辖是指按照一定的标准，划分上下级人民法院之间受理第一审民事案件的分工和权限。我国人民法院有四级，分别是基层人民法院、中级人民法院、高级人民法院和最高人民法院，每一级均受理第一审民事案件。《民事诉讼法》主要根据案件的性质、复杂程度和案件影响来确定级别管辖。在实践中，争议标的金额的大小往往是确定级别管辖的重要依据，但各地人民法院确定的级别管辖争议标的数额标准不尽相同。

（2）地域管辖　地域管辖是指按照各人民法院的辖区和民事案件的隶属关系，划分同级人民法院受理第一审民事案件的分工和权限。地域管辖实际上是以人民法院与当事人、诉讼标的以及法律事实之间的隶属关系和关联关系来确定的，主要包括如下几种情况：

1）一般地域管辖。一般地域管辖，是以当事人与人民法院的隶属关系来确定诉讼管辖，通常实行“原告就被告”原则，即以被告住所地作为确定管辖的标准。《民事诉讼法》规定：

① 对公民提起的民事诉讼，由被告住所地人民法院管辖；被告住所地与经常居住地不一致的，由经常居住地人民法院管辖。其中，公民的住所地是指该公民的户籍所在地。经常居住地是指公民离开住所至起诉时已连续居住满1年的地方，但公民住院就医的地方除外。

② 对法人或者其他组织提起的民事诉讼，由被告住所地人民法院管辖。被告住所地是指法人或者其他组织的主要办事机构所在地或者主要营业地。

2）特殊地域管辖。特殊地域管辖是指以被告住所地、诉讼标的所在地、法律事实所在地为标准确定的管辖。《民事诉讼法》规定了九种特殊地域管辖的诉讼，其中与工程建设领域关系最为密切的是因合同纠纷提起的诉讼。

《民事诉讼法》规定：“因合同纠纷提起的诉讼，由被告住所地或者合同履行地人民法院管辖。”合同履行地是指合同约定的履行义务的地点，主要是指合同标的的交付地点。合同履行地应当在合同中明确约定，没有约定或约定不明的，当事人既不能协商确定，又不能按照合同有关条款和交易习惯确定的，按照《合同法》第62条的有关规定确定。即“履行地点不明确，给付货币的，在接受货币一方所在地履行；交付不动产的，在不动产所在地履行；其他标的，在履行义务一方所在地履行。”对于建设工程施工合同纠纷，2004年10月发布的《最高人民法院关于审理建设工程施工合同纠纷案件适用法律问题的解释》中规定：“建设工程施工合同纠纷以施工行为地为合同履行地。”

发生合同纠纷的，《民事诉讼法》还规定了协议管辖制度。所谓协议管辖，是指合同当事人在纠纷发生前后，在法律允许的范围内，以书面形式约定案件的管辖法院。协议管辖仅适用于合同纠纷。《民事诉讼法》规定，合同的当事人可以在书面合同中协议选择被告住所地、合同履行地、合同签订地、原告住所地、标的物所在地人民法院管辖，但不得违反《民事诉讼法》对级别管辖和专属管辖的规定。

3）专属管辖。专属管辖是指法律规定某些特殊类型的案件专门由特定的人民法院管辖。专属管辖是排他性管辖，排除了诉讼当事人协议选择管辖法院的权利。专属管辖与一般地域管辖和特殊地域管辖的关系是：凡法律规定为专属管辖的诉讼，均适用专属管辖。

《民事诉讼法》中规定了三种适用专属管辖的案件，其中因不动产纠纷提起的诉讼，由不动产所在地人民法院管辖，如房屋买卖纠纷、土地使用权转让纠纷等。应当注意的是，根据《最高人民法院关于审理建设工程施工合同纠纷案件适用法律问题的解释》的规定，建设工程施工合同纠纷不适用专属管辖，而应当按照《民事诉讼法》的规定，适用合同纠纷的地域管辖原则，即由被告住所地或合同履行地人民法院管辖。发包人和承包人也可根据《民事诉讼法》的规定，在发包人住所地、承包人住所地、合同签订地、施工行为地（工程所在地）的范围内，通过协议确定管辖法院。

（3）移送管辖和指定管辖

1）移送管辖。人民法院发现受理的案件不属于本院管辖的，应当移送有管辖权的人民法院，受移送的人民法院应当受理。受移送的人民法院认为受移送的案件依照规定不属于本院管辖的，应当报请上级人民法院指定管辖，不得再自行移送。

2）指定管辖。有管辖权的人民法院由于特殊原因，不能行使管辖权的，由上级人民法院指定管辖。人民法院之间因管辖权发生争议的，由争议双方协商解决；协商解决不了的，报请其共同上级人民法院指定管辖。

（4）管辖权异议　管辖权异议是指当事人向受诉人民法院提出的该法院对案件无管辖权的主张。《民事诉讼法》规定，人民法院受理案件后，当事人对管辖权有异议的，应当在提交答辩状期间提出。人民法院对当事人提出的异议，应当审查。异议成立的，裁定将案件移交有管辖权的人民法院；异议不成立的，裁定驳回。根据《最高人民法院关于审理民事级别管辖异议案件若干问题的规定》，受诉人民法院应当在受理异议之日起 15 日内做出裁定；对人民法院就级别管辖异议做出的裁定，当事人不服提起上诉的，第二审人民法院应当依法审理并做出裁定。

4. 民事诉讼当事人和代理人的规定

（1）当事人　民事诉讼中的当事人是指因民事权利和义务发生争议，以自己的名义进行诉讼，请求人民法院进行裁判的公民、法人或其他组织。狭义的民事诉讼当事人包括原告和被告。广义的民事诉讼当事人包括原告、被告、共同诉讼人和第三人。

1）原告和被告。原告是指维护自己的权益或自己所管理的他人权益，以自己名义起诉，从而引起民事诉讼程序的当事人。被告是指原告诉称侵犯原告民事权益而由人民法院通知其应诉的当事人。

《民事诉讼法》规定，公民、法人和其他组织可以作为民事诉讼的当事人。法人由其法定代表人进行诉讼。其他组织由其主要负责人进行诉讼。

公民、法人和其他组织虽然都可以成为民事诉讼中的原告或被告，但在实践中，情况还是比较复杂的，需要进一步结合《最高人民法院关于适用〈中华人民共和国民事诉讼法〉若干问题的意见》及相关规定进行正确认定。

2）共同诉讼人。共同诉讼人是指当事人一方或双方为 2 人以上（含 2 人），诉讼标的是共同的，或者诉讼标的是同一种类的，人民法院认为可以合并审理并经当事人同意，一同在人民法院进行诉讼的人。

3）第三人。第三人是指对他人争议的诉讼标的有独立的请求权，或者虽无独立的请求权，但案件的处理结果与其有法律上的利害关系，而参加到原告、被告已经开始的诉讼中进行诉讼的人。

（2）诉讼代理人　诉讼代理人是指根据法律规定或当事人的委托，代理当事人进行民事诉讼活动的人。与代理分为法定代理、委托代理和指定代理相一致，诉讼代理人通常也可分为法定诉讼代理人、委托诉讼代理人和指定诉讼代理人。在建设工程领域，最常见的是委托诉讼代理人。

《民事诉讼法》规定，当事人、法定代理人可以委托 1 ~ 2 人作为诉讼代理人。下列人员可以被委托为诉讼代理人：①律师、基层法律服务工作者；②当事人的近亲属或者工作人员；③当事人所在社区、单位以及有关社会团体推荐的公民。

委托他人代为诉讼的，须向人民法院提交由委托人签名或盖章的授权委托书，授权委托书必须记明委托事项和权限。《民事诉讼法》规定："诉讼代理人代为承认、放弃、变更诉讼请求，进行和解，提起反诉或者上诉，必须有委托人的特别授权。”针对实践中经常出现的授权委托书仅写“全权代理”而无具体授权的情形，最高人民法院还特别规定，在这种情况下不能认定为诉讼代理人已获得特别授权，即诉讼代理人无权代为承认、放弃、变更诉讼请求，进行和解、提起反诉或者上诉。

【案例 10-2】

1. 背景

甲公司开发某商业地产项目，乙建筑公司（以下简称乙公司）经过邀请招标程序中标并签订了施工总承包合同。施工中，乙公司将水电安装工程分包给丙水电设备建筑安装公司（以下简称丙公司）。丙公司又将部分水电安装的施工劳务作业违法分包给包工头蔡某。施工中，因甲公司拖欠乙公司工程款，继而乙公司拖欠丙公司工程款，丙公司又拖欠蔡某的劳务费。当蔡某知道这个情况后，在起诉丙公司的同时，将甲公司也起诉到人民法院，要求支付被拖欠的劳务费。甲公司认为自己与蔡某没有合同关系，遂提出诉讼主体异议；丙公司认为蔡某没有劳务施工资质，不具备签约能力，合同无效，也不能成为原告。

2. 问题

蔡某可否在起诉丙公司的同时，也起诉甲公司即发包方？

3. 分析

根据《最高人民法院关于审理建设工程施工合同纠纷案件适用法律问题的解释》第 26 条的规定：“实际施工人以转包人、违法分包人为被告起诉的，人民法院应当依法受理。实际施工人以发包人为被告主张权利的，人民法院可以追加转包人或者违法分包人为本案当事人。发包人只在欠付工程价款范围内对实际施工人承担责任。”据此，本案例中蔡某作为实际施工人，不仅可以起诉违法分包的丙公司，也可以起诉作为发包人的甲公司。但甲公司只在欠付工程价款范围内对实际施工人蔡某承担责任。

5. 民事诉讼时效的规定

（1）诉讼时效的概念　诉讼时效是指权利人在法定的时效期间内，未向人民法院提起诉讼请求保护其权利时，依据法律规定消灭其胜诉权的制度。

超过诉讼时效期间，在法律上发生的效力是权利人的胜诉权消灭。超过诉讼时效期间，权利人起诉，如果符合《民事诉讼法》规定的起诉条件，人民法院仍然应当受理。如果人民法院经受理后查明无中止、中断、延长事由的，判决驳回诉讼请求。但是，依照《最高人民法院关于审理民事案件适用诉讼时效制度若干问题的规定》，当事人未提出诉讼时效抗辩的，人民法院不应对诉讼时效问题进行释明及主动适用诉讼时效的规定进行裁判。当事人违反法律规定，约定延长或者缩短诉讼时效期间、预先放弃诉讼时效利益的，人民法院不予认可。

（2）不适用于诉讼时效的情形　当事人可以对债权请求权提出诉讼时效抗辩，但对下列债权请求权提出诉讼时效抗辩的，人民法院不予支持：①支付存款本金及利息请求权；②兑付国债、金融债券以及向不特定对象发行的企业债券本息请求权；③基于投资关系产生的缴付出资请求权；④其他依法不适用诉讼时效规定的债权请求权。

（3）诉讼时效期间的种类　根据《民法通则》及有关法律的规定，诉讼时效期间通常可划分为以下四类：

1）普通诉讼时效，即向人民法院请求保护民事权利的期间。普通诉讼时效期间通常为 2 年。

2）短期诉讼时效。下列诉讼时效期间为 1 年：①身体受到伤害要求赔偿的；②延付或拒付租金的；③出售质量不合格的商品未声明的；④寄存财物被丢失或损毁的。

3）特殊诉讼时效。特殊诉讼时效不是由《民法通则》规定的，而是由相关特别法规定的诉讼时效。例如，《合同法》规定，因国际货物买卖合同和技术进出口合同争议的时效期间为 4 年；《中华人民共和国海商法》规定，就海上货物运输向承运人要求赔偿的请求权，时效期间为 1 年。

4）权利的最长保护期限。诉讼时效期间从知道或应当知道权利被侵害时起计算。但是，从权利被侵害之日起超过 20 年的，人民法院不予保护。

（4）诉讼时效期间的起算　《民法通则》规定，诉讼时效期间从知道或者应当知道权利被侵害时起计算。

最高人民法院《关于贯彻执行〈中华人民共和国民法通则〉若干问题的意见（试行）》和《最高人民法院关于审理民事案件适用诉讼时效制度若干问题的规定》中规定了下列诉讼时效期间的计算方法：

1）人身损害赔偿的诉讼时效期间，伤害明显的，从受伤害之日起计算；伤害当时未曾发现，后经检查确诊并能证明是由侵害引起的，从伤势确诊之日起计算。

2）当事人约定同一债务分期履行的，诉讼时效期间从最后一期履行期限届满之日起计算。

3）未约定履行期限的合同，依照《合同法》第 61、62 条的规定，可以确定履行期限的，诉讼时效期间从履行期限届满之日起计算；不能确定履行期限的，诉讼时效期间从债权人要求债务人履行义务的宽限期届满之日起计算，但债务人在债权人第一次向其主张权利之时明确表示不履行义务的，诉讼时效期间从债务人明确表示不履行义务之日起计算。

4）合同被撤销，返还财产、赔偿损失请求权的诉讼时效期间从合同被撤销之日起计算。

5）返还不当得利请求权的诉讼时效期间，从当事人一方知道或者应当知道不当得利事实及对方当事人之日起计算。

6）管理人因无因管理行为产生的给付必要管理费用、赔偿损失请求权的诉讼时效期间，从无因管理行为结束并且管理人知道或者应当知道本人之日起计算。

本人因不当无因管理行为产生的赔偿损失请求权的诉讼时效期间，从其知道或者应当知道管理人及损害事实之日起计算。

（5）诉讼时效中止和中断

1）诉讼时效中止。《民法通则》规定，在诉讼时效期间的最后 6 个月内，因不可抗力或者其他障碍不能行使请求权的，诉讼时效中止。从中止时效的原因消除之日起，诉讼时效期间继续计算。

根据上述规定，诉讼时效中止，应当同时满足以下两个条件：①权利人由于不可抗力或者其他障碍，不能行使请求权；②导致权利人不能行使请求权的事由发生在诉讼时效期间的最后 6 个月内。

诉讼时效中止，即诉讼时效期间暂时停止计算。在导致诉讼时效中止的原因消除后，也就是权利人可以行使请求权时起，诉讼时效期间继续计算。

2）诉讼时效中断。《民法通则》规定，诉讼时效因提起诉讼、当事人一方提出要求或者同意履行义务而中断。从中断时起，诉讼时效期间重新计算。

《最高人民法院关于审理民事案件适用诉讼时效制度若干问题的规定》中规定了诉讼时效中断的特殊情形：

① 具有下列情形之一的，应当认定为《民法通则》第 140 条规定的“当事人一方提出要求”，产生诉讼时效中断的效力：A. 当事人一方直接向对方当事人送交主张权利文书，对方当事人在文书上签字、盖章或者虽未签字、盖章但能够以其他方式证明该文书到达对方当事人的；B. 当事人一方以发送信件或者数据电文方式主张权利，信件或者数据电文到达或者应当到达对方当事人的；C. 当事人一方为金融机构，依照法律规定或者当事人约定从对方当事人账户中扣收欠款本息的；D. 当事人一方下落不明，对方当事人在国家级或者下落不明的当事人一方住所地的省级有影响的媒体上刊登具有主张权利内容的公告的，但法律和司法解释另有特别规定的，适用其规定。

② 权利人对同一债权中的部分债权主张权利，诉讼时效中断的效力及于剩余债权，但权利人明确表示放弃剩余债权的情形除外。

③ 当事人一方向人民法院提交起诉状或者口头起诉的，诉讼时效从提交起诉状或者口头起诉之日起中断。

④ 下列事项之一，人民法院应当认定与提起诉讼具有同等诉讼时效中断的效力：A. 申请仲裁；B. 申请支付令；C. 申请破产、申报破产债权；D. 为主张权利而申请宣告义务人失踪或死亡；E. 申请诉前财产保全、诉前临时禁令等诉前措施；F. 申请强制执行；G. 申请追加当事人或者被通知参加诉讼；H. 在诉讼中主张抵消；I. 其他与提起诉讼具有同等诉讼时效中断效力的事项。

⑤ 权利人向人民调解委员会以及其他依法有权解决相关民事纠纷的国家机关、事业单位、社会团体等社会组织提出保护相应民事权利的请求，诉讼时效从提出请求之日起中断。

⑥ 权利人向公安机关、人民检察院、人民法院报案或者控告，请求保护其民事权利的，诉讼时效从其报案或者控告之日起中断。上述机关决定不立案、撤销案件、不起诉的，诉讼时效期间从权利人知道或者应当知道不立案、撤销案件或者不起诉之日起重新计算；刑事案件进入审理阶段，诉讼时效期间从刑事裁判文书生效之日起重新计算。

⑦ 义务人做出分期履行、部分履行、提供担保、请求延期履行、制定清偿债务计划等承诺或者行为的，应当认定为《民法通则》第 140 条规定的当事人一方“同意履行义务”。

⑧ 对于连带债权人中的一人发生诉讼时效中断效力的事由，应当认定对其他连带债权人也发生诉讼时效中断的效力。

⑨ 债权人提起代位权诉讼的，应当认定对债权人的债权和债务人的债权均发生诉讼时效中断的效力。

⑩ 债权转让的，应当认定诉讼时效从债权转让通知到达债务人之日起中断。债务承担情形下，构成原债务人对债务承认的，应当认定诉讼时效从债务承担意思表示到达债权人之日起中断。

此外，最高人民法院《关于贯彻执行〈中华人民共和国民法通则〉若干问题的意见（试行）》也规定，诉讼时效因权利人主张权利或者义务人同意履行义务而中断后，权利人在新的诉讼时效期间内，再次主张权利或者义务人再次同意履行义务的，可以认定为诉讼时效再次中断。权利人向债务保证人、债务人的代理人或者财产代管人主张权利的，可以认定诉讼时效中断。

6. 民事诉讼的审判程序

审判程序是人民法院审理案件适用的程序，可以分为第一审程序、第二审程序和审判监督程序。

（1）第一审程序　第一审程序包括普通程序和简易程序。普通程序是《民事诉讼法》规定的民事诉讼当事人进行第一审民事诉讼和人民法院审理第一审民事案件所通常适用的诉讼程序。

适用普通程序审理的案件，根据《民事诉讼法》的规定，应当在立案之日起6个月内审结。有特殊情况需要延长的，由本院院长批准，可以延长6个月；还需要延长的，报请上级人民法院批准。

1）起诉和受理

① 起诉。《民事诉讼法》规定，起诉必须符合下列条件：A. 原告是与本案有直接利害关系的公民、法人和其他组织；B. 有明确的被告；C. 有具体的诉讼请求、事实和理由；D. 属于人民法院受理民事诉讼的范围和受诉人民法院管辖。

起诉方式，应当以书面起诉为原则，口头起诉为例外。在工程实践中，基本都是采用书面起诉方式。《民事诉讼法》规定，起诉应当向人民法院提交起诉状，并按照被告人数提出副本。

② 受理。《民事诉讼法》规定，人民法院收到起诉状，经审查，认为符合起诉条件的，应当在7日内立案并通知当事人。认为不符合起诉条件的，应当在7日内裁定不予受理。原告对裁定不服的，可以提起上诉。

2）开庭审理

① 法庭调查。法庭调查是在法庭上出示与案件有关的全部证据，对案件事实进行全面调查并由当事人进行质证的程序。

法庭调查按照下列程序进行：A. 当事人陈述；B. 告知证人的权利义务，证人做证，宣读未到庭的证人证言；C. 出示书证、物证和视听资料；D. 宣读鉴定结论；E. 宣读勘验笔录。

② 法庭辩论。法庭辩论是当事人及其诉讼代理人在法庭上行使辩论权，针对有争议的事实和法律问题进行辩论的程序。法庭辩论的目的，是通过当事人及其诉讼代理人的辩论，对有争议的问题逐一进行审查和核实，借此查明案件的真实情况和正确适用法律。

③ 法庭笔录。书记员应当将法庭审理的全部活动记入笔录，由审判人员和书记员签名。

法庭笔录应当当庭宣读，也可以告知当事人和其他诉讼参与人当庭或者在5日内阅读。当事人和其他诉讼参与人认为对自己的陈述记录有遗漏或者差错的，有权申请补正。如果不予补正，应当将申请记录在案。法庭笔录由当事人和其他诉讼参与人签名或者盖章。

④ 宣判。法庭辩论终结，应当依法做出判决。根据《民事诉讼法》的规定，判决前能够调解的，还可以进行调解。调解书经双方当事人签收后，即具有法律效力。调解不成的，

如调解未达成协议或者调解书送达前一方反悔的，人民法院应当及时判决。

原告经传票传唤，无正当理由拒不到庭的，或者未经法庭许可中途退庭的，可以按撤诉处理；被告反诉的，可以缺席判决。被告经传票传唤，无正当理由拒不到庭的，或者未经法庭许可中途退庭的，可以缺席判决。

人民法院一律公开宣告判决，同时必须告知当事人上诉权利、上诉期限和上诉的法院。最高人民法院的判决、裁定，以及超过上诉期限没有上诉的判决、裁定，是发生法律效力的判决、裁定。

（2）第二审程序　第二审程序又称上诉程序或终审程序，是指由于民事诉讼当事人不服地方各级人民法院尚未生效的第一审判决或裁定，在法定上诉期间内，向上一级人民法院提起上诉而引起的诉讼程序。由于我国实行两审终审制，上诉案件经第二审人民法院审理后做出的判决、裁定为终审的判决、裁定，诉讼程序即告终结。

1）上诉期间。当事人不服地方人民法院第一审判决的，有权在判决书送达之日起 15 日内向上一级人民法院提起上诉；不服地方人民法院第一审裁定的，有权在裁定书送达之日起 10 日内向上一级人民法院提起上诉。

2）上诉状。当事人提起上诉，应当递交上诉状。上诉状应当通过原审人民法院提出，并按照对方当事人的人数提出副本。

3）第二审人民法院对上诉案件的处理。第二审人民法院对上诉案件，经过审理，按照下列情形，分别处理：①原判决认定事实清楚，适用法律正确的，判决驳回上诉，维持原判决；②原判决适用法律错误的，依法改判；③原判决认定事实错误，或者原判决认定事实不清，证据不足的，裁定撤销原判决，发回原审人民法院重审，或者查清事实后改判；④原判决违反法定程序，可能影响案件正确判决的，裁定撤销原判决，发回原审人民法院重审。

第二审人民法院做出的具有给付内容的判决，具有强制执行力。如果有履行义务的当事人拒不履行，则对方当事人有权向人民法院申请强制执行。

对于发回原审人民法院重审的案件，原审人民法院仍将按照第一审程序进行审理。因此，当事人对重审案件的判决、裁定，仍然可以上诉。

（3）审判监督程序

1）审判监督程序的概念。审判监督程序即再审程序，是指由有审判监督权的法定机关和人员提起，或由当事人申请，由人民法院对发生法律效力的判决、裁定、调解书再次审理的程序。

2）审判监督程序的提起

① 人民法院提起再审的程序。

② 当事人申请再审的程序。

③ 人民检察院的抗诉。

7. 民事诉讼的执行程序

审判程序与执行程序是并列的独立程序。审判程序是产生裁判书的过程，执行程序是实现裁判书内容的过程。

（1）执行程序的概念　执行程序是指人民法院的执行机构依照法定的程序，对发生法律效力并具有给付内容的法律文书，以国家强制力为后盾，依法采取强制措施，迫使具有给付义务的当事人履行其给付义务的行为。

（2）执行根据 执行根据是当事人申请执行、人民法院移交执行以及人民法院采取强制措施的依据。执行根据是执行程序发生的基础，没有执行根据，当事人不能向人民法院申请执行，人民法院也不得采取强制措施。

执行根据主要有：①人民法院制作的发生法律效力的民事判决书、裁定书以及生效的调解书等；②人民法院做出的具有财产给付内容的发生法律效力的刑事判决书、裁定书；③仲裁机构制作的依法由人民法院执行的生效仲裁裁决书、仲裁调解书；④公证机关依法做出的赋予强制执行效力的公证债权文书；⑤人民法院做出的先予执行的裁定、执行回转的裁定以及承认并协助执行外国判决、裁定或裁决的裁定；⑥我国行政机关做出的法律明确规定由人民法院执行的行政决定。

（3）执行案件的管辖 发生法律效力的民事判决、裁定，以及刑事判决、裁定中的财产部分，由第一审人民法院或者与第一审人民法院同级的被执行的财产所在地人民法院执行。《最高人民法院关于适用〈中华人民共和国民事诉讼法〉执行程序若干问题的解释》中规定，申请执行人向被执行的财产所在地人民法院申请执行的，应当提供该人民法院辖区有可供执行财产的证明材料。

人民法院受理执行申请后，当事人对管辖权有异议的，应当自收到执行通知书之日起 10 日内提出。

（4）执行程序

1）当事人申请执行。人民法院做出的判决、裁定等法律文书，当事人必须履行。如果无故不履行，另一方当事人可向有管辖权的人民法院申请强制执行。申请强制执行应提交申请强制执行书，并附作为执行根据的法律文书。申请强制执行，还须遵守申请执行期限。申请执行的期间为 2 年。申请执行时效的中止、中断，适用法律有关诉讼时效中止、中断的规定。这里的期间，从法律文书规定履行期间的最后 1 日起计算；法律文书规定分期履行的，从规定的每次履行期间的最后 1 日起计算；法律文书未规定履行期间的，从法律文书生效之日起计算。

2）直接移交执行。对于具有执行内容的生效裁判文书，由审判该案的审判人员将案件直接交付执行人员，随即开始执行程序。提交执行的案件有以下三类：①具有给付或者履行内容的生效民事判决、裁定（包括先予执行的抚恤金、医疗费用等）；②具有财产执行内容的刑事判决书、裁定书；③审判人员认为涉及国家、集体或公民重大利益的案件。

3）向上一级人民法院申请执行。人民法院自收到申请执行书之日起超过 6 个月未执行的，申请执行人可以向上一级人民法院申请执行，上一级人民法院经审查，可以责令原人民法院在一定期限内执行，也可以决定由本院执行或者指令其他人民法院执行。

除上述四种民事纠纷解决方式外，由于建设工程活动及其纠纷的专业性、复杂性，我国在建设工程法律实践中还在探索其他解决纠纷的新方式，如争议评审机制等。

10.3 建设工程行政纠纷的法律解决途径

行政纠纷的法律解决途径主要有两种，即行政复议和行政诉讼。

10.3.1 行政复议

1. 定义

行政复议是公民、法人或其他组织（作为行政相对人）认为行政机关的具体行政行为侵犯其合法权益，依法请求法定的行政复议机关审查该具体行政行为的合法性、适当性，该复议机关依照法定程序对该具体行政行为进行审查，并做出行政复议决定的法律制度。这是公民、法人或其他组织通过行政救济途径解决行政争议的一种方法。

2. 行政复议的基本特点

1）提出行政复议的，必须是认为行政机关行使职权的行为侵犯其合法权益的公民、法人和其他组织。

2）当事人提出行政复议，必须是在行政机关已经做出行政决定之后，如果行政机关尚未做出决定，则不存在复议问题。复议的任务是解决行政争议，而不是解决民事或其他争议。

3）当事人对行政机关的行政决定不服，只能按照法律规定向有行政复议权的行政机关申请复议。

4）行政复议以书面审查为主，以不调解为原则。行政复议的结论做出后，即具有法律效力。只要法律未规定复议决定为终局裁决，当事人对复议决定不服的，仍可以按照《行政诉讼法》的规定，向人民法院提请诉讼。

3. 行政复议的申请、受理和决定的有关规定

（1）行政复议的申请　公民、法人或者其他组织认为具体行政行为侵犯其合法权益的，可以自知道该具体行政行为之日起60日内提出行政复议申请；但法律规定的申请期限超过60日的除外。因不可抗力或者其他正当理由耽误法定申请期限的，申请期限自障碍消除之日起继续计算。

依法申请行政复议的公民、法人或者其他组织是申请人。做出具体行政行为的行政机关是被申请人。申请人可以委托代理人代为参加行政复议。申请人申请行政复议，可以书面申请，也可以口头申请。

对于行政复议，应当按照《行政复议法》的规定向有权受理的行政机关申请，如对县级以上地方各级人民政府工作部门的具体行政行为不服的，由申请人选择，可以向该部门的本级人民政府申请行政复议，也可以向上一级主管部门申请行政复议。

申请行政复议，凡行政复议机关已经依法受理的，或者法律、法规规定应当先向行政复议机关申请行政复议、对行政复议决定不服再向人民法院提起行政诉讼的，在法定行政复议期限内不得向人民法院提起行政诉讼。公民、法人或者其他组织向人民法院提起行政诉讼，人民法院已经依法受理的，不得申请行政复议。

（2）行政复议的受理　行政复议机关收到行政复议申请后，应当在5日内进行审查，依法决定是否受理，并书面告知申请人；对符合行政复议申请条件，但不属于本机关受理范围的，应当告知申请人向有关行政复议机关提出。

在行政复议期间，行政机关不停止执行该具体行政行为，但有下列情形之一的，可以停止执行：①被申请人认为需要停止执行的；②行政复议机关认为需要停止执行的；③申请人申请停止执行，行政复议机关认为其要求合理，决定停止执行的；④法律规定停止执行的。

（3）行政复议的决定　行政复议原则上采取书面审查的办法，但申请人提出要求或者行政复议机关负责法制工作的机构认为有必要时，可以向有关组织和人员调查情况，听取申请人、被申请人和第三人的意见。行政复议决定做出前，申请人要求撤回行政复议申请的，经说明理由，可以撤回；撤回行政复议申请的，行政复议终止。

行政复议机关应当在受理行政复议申请之日起 60 日内做出行政复议决定，其主要类型有：

1）对于具体行政行为认定事实清楚，证据确凿，适用依据正确，程序合法，内容适当的，决定维持。

2）对于被申请人不履行法定职责的，决定其在一定期限内履行。

3）对于具体行政行为有下列情形之一的，决定撤销、变更或者确认该具体行政行为违法：①主要事实不清、证据不足的；②适用依据错误的；③违反法定程序的；④超越或者滥用职权的；⑤具体行政行为明显不当的。对于决定撤销或者确认该具体行政行为违法的，可以责令被申请人在一定期限内重新做出具体行政行为。

申请人在申请行政复议时可以一并提出行政赔偿请求，行政复议机关对符合《中华人民共和国国家赔偿法》有关规定应当给予赔偿的，在决定撤销、变更具体行政行为或者确认具体行政行为违法时，应同时决定被申请人依法给予赔偿。

10.3.2　行政诉讼

1. 定义

行政诉讼是公民、法人或其他组织依法请求人民法院对行政机关具体行政行为的合法性进行审查并依法裁判的法律制度。

2. 行政诉讼的主要特征

1）行政诉讼是人民法院解决行政机关实施具体行政行为时与公民、法人或其他组织发生的争议。

2）行政诉讼为公民、法人或其他组织提供法律救济的同时，具有监督行政机关依法行政的功能。

3）行政诉讼的被告与原告是恒定的，即被告只能是行政机关，原告则是作为行政行为相对人的公民、法人或其他组织，而不可能互易诉讼身份。

除法律、法规规定必须先申请行政复议的以外，行政纠纷当事人可以自主选择申请行政复议还是提起行政诉讼。行政纠纷当事人对行政复议决定不服的，除法律规定行政复议决定为最终裁决的以外，可以依照《行政诉讼法》的规定向人民法院提起行政诉讼。

3. 行政诉讼的法院管辖、起诉和受理

（1）行政诉讼的法院管辖　行政诉讼的法院管辖是指不同级别和地域的人民法院之间在受理第一审行政案件的权限分工。

1）级别管辖。行政诉讼案件一般都由基层人民法院管辖，有下列情形之一的，应当由中级人民法院管辖第一审行政案件：①确认发明专利权的案件、海关处理的案件；②对国务院各部门或者省、自治区、直辖市人民政府所做的具体行政行为提起诉讼的案件；③本辖区内重大、复杂的案件。

高级人民法院和最高人民法院只管辖本辖区范围内重大、复杂的行政诉讼案件。

2）一般地域管辖。行政案件由最初做出具体行政行为的行政机关所在地人民法院管辖。经复议的案件，复议机关改变原具体行政行为的，也可以由复议机关所在地人民法院管辖。对限制人身自由的行政强制措施不服提起的诉讼，由被告所在地或者原告所在地人民法院管辖。因不动产提起的行政诉讼，由不动产所在地人民法院管辖。

两个以上人民法院都有管辖权的案件，原告可以选择其中一个人民法院提起诉讼。原告向两个以上有管辖权的人民法院提起诉讼的，由最先收到起诉状的人民法院管辖。

（2）起诉。提起诉讼应当符合下列条件：①原告是认为具体行政行为侵犯其合法权益的公民、法人或者其他组织；②有明确的被告；③有具体的诉讼请求和事实根据；④属于人民法院受案范围和受诉人民法院管辖。

行政争议未经行政复议，由当事人直接向人民法院提起行政诉讼的，除法律另有规定的外，应当在知道做出具体行政行为之日起3个月内起诉。经过行政复议但对行政复议决定不服而依法提起行政诉讼的，应当在收到行政复议决定书之日起15日内起诉；若行政复议机关逾期不做复议决定的，除法律另有规定的外，应当在行政复议期满之日起15日内起诉。

（3）受理　人民法院接到起诉状，经审查，应当在7日内立案或者做出裁定不予受理。原告对裁定不服的，可以提起上诉。

4. 行政诉讼的审理、判决和执行

（1）审理　《行政诉讼法》规定，行政诉讼期间，除该法规定的情形外，不停止具体行政行为的执行。人民法院审理行政案件，不适用调解。除涉及国家秘密、个人隐私和法律另有规定的外，人民法院公开审理行政案件。

人民法院审理行政案件，以法律和行政法规、地方性法规为依据。地方性法规适用于本行政区域内发生的行政案件；审理民族自治地方的行政案件，并以该民族自治地方的自治条例和单行条例为依据。人民法院审理行政案件，参照国务院部、委根据法律和国务院的行政法规、决定、命令制定、发布的规章以及省、自治区、直辖市和省、自治区的人民政府所在地的市和经国务院批准的较大的市的人民政府根据法律和国务院的行政法规制定、发布的规章。

经人民法院两次合法传唤，原告无正当理由拒不到庭的，视为申请撤诉；被告无正当理由拒不到庭的，可以缺席判决。

（2）判决　人民法院对行政诉讼的第一审判决有如下几种：

1）认为具体行政行为证据确凿，适用法律、法规正确，符合法定程序的，判决维持。

2）认为具体行政行为有下列情形之一的，判决撤销或者部分撤销，并可以判决被告重新做出具体行政行为：①主要证据不足；②适用法律、法规错误；③违反法定程序；④超越职权；⑤滥用职权。

3）认为被告不履行或拖延履行法定职责的，判决其在一定限期内履行。

4）认定行政处罚显失公正（即同类型的行政处罚畸轻畸重，明显不公正）的，可以判决变更。

5）认为原告的诉讼请求依法不能成立的，直接判决否定原告的诉讼请求。

6）通过对被诉具体行政行为的审查，确认被诉具体行政行为合理或违法的判决。我国实行两审终审制。当事人不服人民法院第一审判决的，有权在判决书送达之日起15日内向上一级人民法院提起上诉；不服人民法院第一审裁定的，有权在裁定书送达之日起10日内向上一级人民法院提起上诉。逾期不提起上诉的，人民法院的第一审判决或者裁定发生法律效力。

第二审人民法院在第二审程序中对上诉案件进行审理，并依法做出驳回上诉、维持原判，或者撤销原判、依法改判，或者裁定撤销原判、发回原审人民法院重审。

当事人对已经发生法律效力的判决、裁定，认为确有错误的，可以向原审人民法院或者上一级人民法院提出申诉，但判决、裁定不停止执行。

（3）执行　当事人必须履行人民法院发生法律效力的判决、裁定。公民、法人或者其他组织拒绝履行判决、裁定的，行政机关可以向第一审人民法院申请强制执行，或者依法强制执行。

行政机关拒绝履行判决、裁定的，第一审人民法院可以采取以下措施：①对应当归还的罚款或者应当给付的赔偿金，通知银行从该行政机关的账户内划拨；②在规定期限内不执行的，从期满之日起，对该行政机关按日处50～100元的罚款；③向该行政机关的上一级行政机关或者监察、人事机关提出司法建议，接受司法建议的机关，根据有关规定进行处理，并将处理情况告知人民法院；④拒不执行判决、裁定，情节严重构成犯罪的，依法追究主管人员和直接责任人员的刑事责任。

公民、法人或者其他组织对具体行政行为在法定期间不提起诉讼又不履行的，行政机关可以申请人民法院强制执行，或者依法强制执行。

本章小结

本章主要对民事纠纷、行政纠纷等内容进行了阐述。

在建设工程纠纷的主要种类中，要了解建设工程纠纷的种类与处理方式。

在建设工程民事纠纷的法律解决途径中，要掌握仲裁、诉讼的相关知识，熟悉和解与调解的相关知识。

在建设工程行政纠纷的法律解决途径中，要熟悉行政复议的范围及程序、行政诉讼的受理范围，了解行政诉讼程序。

习　题

一、单项选择题

1. 关于和解的说法，错误的是（　　）。

A. 和解可以发生在民事诉讼的任何阶段

B. 当事人在申请仲裁或提起民事诉讼后仍然可以和解

C. 和解协议具有强制执行的效力

D. 当事人和解后可以请求人民法院调解，制作调解书

2. 下列纠纷中，适用《仲裁法》仲裁的是（　　）。

A. 劳动合同纠纷　　B. 继承纠纷

C. 对罚款不服发生的纠纷　　D. 总、分包之间的合同纠纷

3. 以下关于仲裁庭组成的表述，正确的是（　　）。

A. 仲裁庭可以由 3 名仲裁员或 1 名仲裁员组成，由 3 名仲裁员组成的设首席仲裁员

B. 由若干名仲裁员组成仲裁庭的，不设首席仲裁员

C. 仲裁庭由 2 名仲裁员组成，当事人双方各选定 1 名

D. 仲裁庭由当事人各方选定 2 名仲裁员组成

4. 仲裁庭由 3 名仲裁员组成时，其中首席仲裁员应由当事人（　　）指定。

A. 委托仲裁委员会　　B. 委托仲裁庭

C. 共同　　D. 共同委托仲裁委员会主任

5. 关于仲裁庭的开庭和裁决的叙述错误的是（　　）。

A. 申请人经过书面通知，没有正当理由不到庭或者未经仲裁庭许可中途退庭的，可以视为撤回仲裁申请

B. 被申请人经过书面通知，没有正当理由不到庭或者未经仲裁庭许可中途退庭的，可以缺席裁决

C. 仲裁一定不能公开进行

D. 当事人应该对自己的主张提供证据

6. 仲裁裁决做出后，当事人应当履行裁决。一方当事人不履行的，另一方当事人可以根据《民事诉讼法》的有关规定，向（　　）申请执行。

A. 仲裁委员会　　B. 人民法院

C. 公安机关　　D. 政府主管部门

7. 关于行政诉讼法律规定的说法，正确的是（　　）。

A. 在行政诉讼过程中，被告有权自行向原告和证人收集证据

B. 未经行政复议程序，不能提起行政诉讼

C. 人民法院审理行政诉讼案件不适用调解

D. 行政诉讼坚持谁主张谁举证原则

8. 下列关于诉讼管辖的表述正确的是（　　）。

A. 所有第一审民事案件均应当由基层人民法院管辖

B. 建设工程施工合同纠纷应当由不动产所在地人民法院管辖

C. 受移送人民法院认为移送的案件不属于本院管辖的，可继续移送有管辖权的人民法院

D. 房屋买卖纠纷不实行“原告就被告”原则

9. 根据《民事诉讼法》关于特殊地域管辖的规定，因合同纠纷提起的诉讼，由被告住所地或者（　　）人民法院管辖。

A. 原告住所地　　B. 合同履行地

C. 合同签订地　　D. 标的物所在地

10. 以下不属于民事诉讼当事人的是（　　）。

A. 原告、被告　　B. 共同诉讼人

C. 无独立请求权的第三人　　D. 诉讼代理人

二、多项选择题

1. 下列解决工程纠纷的方式中，裁决结果的执行具有强制性的方式有（　　）。

A. 和解　　B. 调解　　C. 仲裁

D. 诉讼　　　　　　　E. 商议

2. 关于地域管辖的说法中，正确的有（　　）。

A. 地域管辖是在人民法院组织系统内部，从横向确认人民法院的管辖范围，是在级别管辖的基础上确认的

B. 地域管辖的一般原则是“被告就原告”

C. 专属管辖具有排他性

D. 法律规定，基层人民法院管辖第一审民事案件

E. 因合同纠纷提起的诉讼，由被告住所地或者合同履行地人民法院管辖

3. 仲裁协议中必不可少的内容有（　　）。

A. 仲裁事项　　　　　　　　B. 仲裁委员会名称

C. 服从仲裁的意思表示　　　D. 请求仲裁的意思表示

E. 自觉履行仲裁裁决的意思表示

4. 以下各项纠纷中，属于《仲裁法》调整范围的有（　　）。

A. 某建筑公司与某设备安装公司之间的借款合同纠纷

B. 村民王某与村委会的耕地承包合同纠纷

C. 某施工单位和某商品混凝土厂家的供货合同纠纷

D. 建设单位和施工单位之间的施工合同纠纷

E. 钢筋工赵某和所供职施工单位之间的劳动纠纷

5. 建设工程纠纷和解解决有以下（　　）的特点。

A. 简便易行，能经济、及时地解决纠纷

B. 纠纷的解决依靠当事人的妥协与让步，没有第三方的介入

C. 有第三者介入作为调解人，调解人的身份没有限制

D. 有利于维护合同双方的友好合作关系，使合同能更好地得到履行

E. 和解协议不具有强制执行的效力，和解协议的执行依靠当事人的自觉履行

6. 以下起诉不予受理的有（　　）。

A. 原告与本案无直接利害关系　　B. 无明确的被告

C. 无具体的诉讼请求、事实和理由　D. 证据不足

E. 超过诉讼时效

7. 下列各项中，关于仲裁的特点，说法正确的有（　　）。

A. 程序和实体判决的严格依法性　　B. 仲裁员具备专业性

C. 仲裁制度具有公开性　　　　　　D. 裁决具有终局性

E. 执行的强制性

8. 行政复议期间，行政行为不停止执行，但有下列（　　）例外。

A. 申请人认为需要停止执行的　　B. 被申请人认为需要停止执行的

C. 复议机关认为需要停止执行的　D. 复议机关同意停止执行的

E. 法律规定应停止执行的

9. 下列（　　）事项不得申请行政复议。

A. 行政机关的人事处理决定

B. 行政处分

C. 行政机关对民事纠纷做出的调解处理

D. 行政机关做出的吊销营业执照的行政处罚

E. 行政机关做出的行政拘留的处罚

10. 下列选项中对于行政诉讼管辖的说法正确的有（　　）。

A. 确认发明专利的案件由中级人民法院受理

B. 经复议机关改变原具体行政行为所认定的主要事实的，可以由复议机关所在地或者最初做出具体行政行为的行政机关所在地的人民法院管辖

C. 限制人身自由的行政诉讼，只能由被告所在地人民法院管辖

D. 因不动产提起的行政诉讼，由不动产所在地的人民法院管辖

E. 原告向两个以上有管辖权的人民法院提起诉讼的，由两个人民法院协议解决管辖

三、简答题

1. 简述解决民事纠纷的主要方法。

2. 何为仲裁？简述仲裁的特点。

3. 简述行政诉讼的概念和特点。

四、案例题

某施工企业承接某开发商的住宅工程项目，在工程竣工后双方因结算款发生纠纷。施工企业按照合同的约定提起诉讼，索要其认为尚欠的结算款。开发商在人民法院做出判决之前，与施工企业就其起诉的所有事宜达成一致。

问题：

1）当事人能否在诉讼期间自行和解？

2）诉讼阶段的和解如何才能产生法律效力？

3）当事人就诉讼的所有事宜均已达成和解，则诉讼程序该如何继续？

参考文献

[1] 全国一级建造师执业资格考试用书编写委员会. 建设工程法规及相关知识 [M]. 4版. 北京：中国建筑工业出版社，2015.

[2] 全国二级建造师执业资格考试用书编写委员会. 建设工程法规及相关知识 [M]. 4版. 北京：中国建筑工业出版社，2013.

[3] 曹林同. 建筑法规 [M]. 哈尔滨：哈尔滨工业大学出版社，2012.

[4] 马庆华. 建设法规 [M]. 北京：北京邮电大学出版社，2012.

[5] 高玉兰. 建设工程法规 [M]. 北京：北京大学出版社，2010.